Hope without Optimism

낙관하지 않는 희망

HOPE WITHOUT OPTIMISM

테리 이글턴이 전하는 21세기 희망 메세지

낙관하지 않는 희망

테리 이글턴 지음
김성균 옮김

우물이 있는 집

<일러두기>

1. 지은이의 주는 책 뒤쪽에 후주로 표시되었고, 옮긴이의 주는 본문의 각주(*)로 편집되었다.
2. 이 번역서에 언급된 단행본(논저, 소설, 시집, 희곡)과 영화의 제목은 『 』, 논문, 단편소설, 에세이, 시詩, 유
   태교-기독교경전의 제목은 「 」, 정기간행물의 제목은 《 》로 표시되었다.

니컬러스 래쉬*에게

*   Nicholas Lash(1930~): 잉글랜드의 로마가톨릭 신학자 래쉬는 로마가톨릭 성직자로도 잠시
재직했고 1978~1999년에는 잉글랜드 케임브리지Cambridge 대학교에서 노리스-헐스 신
학교수Norris-Hulse Professor of Divinity를 역임했으며 『희망의 문제: 카를 마르크스에 관한
신학자의 성찰들A Matter of hope: a theologian's reflections on the thought of Karl Marx』 (1981),
『'종교'의 시초와 종말The Beginning and the end of 'religion'』(1996), 『거룩함, 발언, 침묵: 신
의 문제에 관한 성찰들Holiness, speech and silence: reflections on the question of God』(2004)
같은 저서들을 집필했다.

우리는 낙관주의자들이 아니다. 우리는 '만인의 사랑을 받으리라고 기대되는 사랑스러운 세계전망'을 제시하지 않는다. 우리는 어디에 있더라도 오직 정의正義를 편들면서 가난한 사람들을 위해 수행해야 할 소소하고 국지적인 과업 몇 가지를 떠맡을 따름이다.

— 허버트 맥케이브*

---

* Herbert John Ignatius McCabe(1926~2001): 잉글랜드에서 태어나 아일랜드에서 활동한 도미니크 수도회Dominican Order 성직자이자 신학자 겸 철학자로서 옥스퍼드Oxford 대학교에서 다년간 신학을 가르쳤고 『새로운 창조The New Creation』(1964), 『법, 사랑, 언어Law, Love and Language』(1968), 『가톨릭교회의 가르침The Teaching of the Catholic Church』(1986), 『신神이 중요하다God Matters』(1987), 『신은 여전히 중요하다God Still Matters』(2002) 같은 저서들을 집필했다.

서문

    유명하면서도 간단한 심리상담용 유리잔과 그것에 반쯤 담긴 맹물을 보면서 '저 유리잔은 이미 절반이나 비워졌을 뿐더러 저것에 담긴 액체도 꽤나 맛없고 어쩌면 치명적일 독물이 거의 확실하다'라고 생각하는 나 같은 사람은 아마도 희망에 관한 글을 쓸 최적격자는 아닐 것이다. '우리는 내일 죽을 테니까 오늘 먹고 마시며 즐기자'는 철학의 소유자들도 있고, '우리는 내일 죽을 것이다'라는, 나의 성정에 더 잘 부합하는, 철학의 소유자들도 있다. 그런데 나는 이런 나의 비관적인 성정을 무릅쓰고라도 희망에 관한 글을 쓰기로 작심했다. 왜냐면 우리가 브리튼의 학자 겸 작가인 레이먼드 윌리엄스Raymond Williams(1921~1988)가 말한 "사무치는 미래상실감the felt loss of a futuer"[1]을 직면해야 하는 시대에도 희망의 개념은 기묘하리만치 소홀히 다뤄져왔기 때문이다. 희망을 감히 운위하려는 사람들은 독일의 유태계 마르크스주의철학자 에른스트 블로흐Ernst Bloch(1885~1977)의 기념비적인 저서 『희망원칙The Principle of Hope』의 유령에 시달리며 괴로워하기 마련인데, 이런 사실도 희망이 그토록 소홀히 다뤄진 또 다른 이유이다. 내가 3장에서 논의할 블로흐의 저서는 서구 마르크스주의의 연대기에서 배출된 가장 탁월한 저서는 아닐지라도 가장 오래도록 영향력을 발휘해온 저서가 틀림없다.

블로흐의 저서에서도 주장되다시피, 철학자들은 여태껏 대체로 희망을 포기했다. 어느 도서관의 도서목록에서도 '철학자들이 여태껏 희망을 비굴하게 포기해왔다'는 사실을 암시하는 책들의 제목은 쉽사리 발견된다. 『아직 절반이나 남았다: 낙관주의, 희망, 신앙을 북돋우는 마흔 가지 이야기Half Full: Forty Inspiring Stories of Optimism, Hope, and Faith』, 『소소한 신앙, 희망, 환희A Little Faith, Hope and Hilarity』, (내가 개인적으로 흥미롭게 읽은)『희망의 시절: 케임브리지, 식민통치관청, 크리켓The Year of Hope: Cambridge, Colonial Administration in the South Seas and Cricket』뿐 아니라 미국의 배우 겸 작가 밥 호프Bob Hope(1903~2003)를 다룬 수많은 전기傳記도 그런 책들이다. 희망은 세상의 모든 천진난만한 도덕학자들과 정신적 응원단장들을 매료하는 주제인 듯이 보인다. 그래서 크리켓 선수출신자도 아니고 식민통치관청과도 무관하지만 희망개념의 정치적이고 철학적이며 신학적인 함의들을 흥미롭게 주시하는 나 같은 사람이 고찰해볼 만한 주제가 바로 희망일 것이다.

이 책은 내가 2014년 미국 버지니아Virginia 대학교에 초청되어 행한 페이지-바버 연속강의Page-Barbour Lectures의 내용을 토대로 집필한 것이다. 내가 강의하면서 머물던 버지니아 주 샬럿츠빌Charlottesville에서 나를 환대해주신 모든 분께, 그리고 특히 제니 게디스Jenney Geddes에게, 정말로 고마워하는 나의 마음을 전하고 싶다. 나의 강의일정을 가장 효율적으로 기획하여 진행시켜준 가장 친절하고 성실한 채드 웰먼Chad Wellmon에게도 각별히 고마워하는 나의 마음을 전하고 싶다.

테리 이글턴

차례

1장

낙관주의의 진부함

어떤 사람이 '상황은 나아질 것이다'고 믿을 타당한 이유는 여럿일 수 있다. 그러나 '그 사람은 낙관주의자라서 그렇게 믿으리라'고 누군가 예상한다면 그런 예상은 그런 믿음을 떠받칠 타당한 이유가 되지 못한다. 그런 예상은 '만사형통하리라고 믿을 사람은 알바니아인Albania人이리라'고 속단하거나 '사흘연속으로 내리는 비를 본 사람은 만사형통하리라고 믿으리라'고 속단하는 예상만큼 불합리하다. 만약 '만사형통할 타당한 이유'도 전혀 없고 '만사불통萬事不通하지 않을 타당한 이유'도 전혀 없다면, 낙관주의자의 믿음을 뒷받침할 근거도 전혀 없다. 실용주의적인 낙관주의자가 있을 수 있는데, 그런 낙관주의자는 '이 문제는 단번에 해결되지는 않아도 언젠가는 꼭 해결되리라'고 확신하는 감정을 품는다. 그러나 전문적 낙관주의자나 전형적 낙관주의자도 있을 수 있는데, 그런 낙관주의자는 남녀를 막론하고 일반적으로 자신만만한 감정을 품는 성정을 지녔으므로 특수한 상황들에 처해도 역시 자신만만한 감정을 품는다. 전문적이거나 전형적인 낙관주의자는 '인생은 총괄적으로는 고해苦海 같지는 않고 잃어버린 코걸이 같거나 상속받은 제임스 1세 시대*에 지어진 어느 영주의 저택 같다'고 생각할 것이다. 그래서 그는 자신의 희망을 값싸게 구매할 위기에 처한다. 실제로 '낙관주의는 희망의 문제일 가능성보다도 믿음의 문제일 가능성을 더 많이 지녔다'고 생각되기도 한다. 그런 생각의 근거는 '희망에 필수적으로 요구되는 열렬한 몰입'이 아니라 '만사형통하리라고 보는 견해'이다. 미국의 작가 헨리 제임스Henry James(1843~1916)는 '삶도 문학도 희망을 풍부하게 머금었다'고 생각했다. 그는 「허구예술」이라는 글에 "얄팍한 낙관주의의 착오들을 유발하는 (특히 영어권 소설의) 지반에는 깨진 유리조각들처럼 날카롭고 위험한 착오들의 파편들이 흩뿌려져 있다"고 썼다.[1]

일반적인 견해대로라면, 낙관주의는 자생self-sustaining한다.[2] 이 견해가 반박되기 어렵다면, 그 까닭은 냉소주의나 고지식한 성정처럼 낙관주의도 '특유의 각도로 사실들을 조명하는 원초적인 세계관'이라서 '사실들에 근거한 반박을 견디는 내구성'을 지녔기 때문이다. 그래서 '낙관주의는 시야에 들어오는 모든 것을 장밋빛으로 착색해버리는 장미색안

---

* Jacobean: 잉글랜드 국왕 제임스 1세James I(1566~1625)의 재위 기간(1603~1625).

경을 끼고 세상을 바라보는 사람의 관점이다'고 진부하게 은유될 수 있다. 도덕적 난시에 걸린 사람과 같은 낙관주의자는 모든 중대사를 자신에게 유리한 방향으로 예단하고 결정하여 자신의 천성에 부합도록 진실마저 왜곡해버린다. 비관주의*도 이런 정신적 왜곡성향을 아주 많이 포함하기 마련인데, 그런 의미에서 낙관주의적 성정과 비관주의적 성정이 공유하는 것은 일반적으로 생각되는 것보다 더 많다. 독일에서 태어나 미국에서 활동한 심리학자 에릭 에릭슨Erik Erikson(1902~1994)은 "부적응성 낙관주의"를 언급하는데, 그것은 '주위사람들의 욕망들'도 '그들의 욕망들과 자기욕망의 화합불가능성'도 의식하지 못해서 자기욕망한계들의 존재가능성을 인정하지 못하는 유아幼兒적 낙관주의를 이르는 말이다.[3] 에릭슨의 견해대로라면, 현실의 비타협적 성격을 인정하는 과정은 자아ego를 형성하는 데 반드시 필요한 과정이지만, 이 과정이야말로 상습적 낙관주의자나 전문적 낙관주의자가 완수하기 힘들어하는 과정이다.

단지 높은 희망들을 품은 사람만이 낙관주의자는 아니다. 심지어 습관적으로 울적해하는 비관주의자도 각별한 어떤 문제에는 긍정적으로 반응할 수 있다. '대체로 만사형통하리라'고 느끼지 않는 사람도 희망을 품을 수 있다. 낙관주의자는 단지 낙관주의자이기 때문에 인생을 낙관하는 사람일 가능성이 더 높다. 그는 흡족한 결론들을 예단하고 기대하

---

* pessimism: 이 낱말은 한국에서 '염세주의'로도 자주 번역되어 왔지만, 이 책에서는 '낙관주의'와 대비되는 개념을 부각시킬 수 있는 '비관주의'로 번역되는 편이 나을 것이다.

는데, 왜냐면 그렇게 예단하고 기대하는 성정을 그가 타고났기 때문이다. 그래서 그는 "행복한 사람에게는 행복할 충분한 이유가 있기 마련이다"는 사실을 이해하지 못한다.[4] 그러므로 희망과 다르게 전문적 낙관주의는 미덕이 아닌데, 그것은 주근깨나 평발이 미덕이 아닌 경우와 같다. 전문적 낙관주의는 인간이 깊게 성찰하거나 체계적으로 학습해서 획득하는 성품이 아니다. 전문적 낙관주의는 단순한 기질적 버릇이다. "언제나 인생의 밝은 면을 봐라"는 충고의 합리적 설득력은 "언제나 앞가르마를 타라"는 충고나 "아이리시 울프하운드*를 마주치면 언제나 모자를 살짝 벗어 아첨하듯이 인사하라"는 충고의 합리적 설득력과 비슷하다.

보는 사람의 관점대로 절반이나 비워진 것으로도 보이고 절반이나 채워진 것으로도 보이는 유리잔의 진부한 이미지 역시 이런 의미에서 예시될 만하다. 그 이미지는 '상태 자체는 상태를 보는 사람의 반응을 결정할 만한 어떤 것도 함유하지 않는다는 사실'을 드러낸다. 그 이미지는 그것을 보는 사람의 습관적 편견들에 결코 도전할 수 없다. 객관적으로 문제시될 것은 전혀 없다. 그 유리잔을 보는 사람에게는, 그의 심정이 태평하든 침울하든 상관없이, 유리잔에 담긴 액체의 양은 동일하게 보인다. 그 유리잔을 보는 사람이 느끼는 기분은 순전히 자의적인 것이다. 그리고 순전히 자의적인 판단도 어쨌건 판단으로 간주될 수 있을지는 확실히 의심스럽다.

---

* Irish wolfhound: 늑대를 사냥하도록 육종된 아일랜드산(産) 대형 사냥개.

인식론적으로 더 천진난만한 포스트모더니즘의 형식들에서는 신념들에 관한 어떤 논쟁도 불가능하듯이, 이 유리잔 이미지에 관한 어떤 논쟁도 확실히 불가능하다. 실제로 낙관주의자도 나 같은 비관주의자도 나름의 고유한 관점대로 세계를 바라보고 이해한다. 그래서 이 두 관점이 상호동등한 발언권을 가지고 논쟁을 개시하는 데 필요한 어떤 중립적 근거도 존재하지 않는다. 그런 논쟁에서는 어떤 근거도 이 두 관점별로 다르게 해석될 것이므로 결코 중립적 근거가 되지 못한다. 더구나 관점 역시 경험적으로 논박될 수 없다. 왜냐면 관점마다 나름의 진실성을 입증하는 방식대로 사실들을 다르게 해석할 것이기 때문이다. 비슷한 견지에서 낙관주의도 비관주의도 숙명주의의 형식을 띤다. 자신의 키를 165센티미터로 만들려는 사람이 할 수 있는 일이 없다면 낙관주의자가 되려는 사람이 할 수 있는 일은 더 없다. 갤리선에서 자신이 젓는 노櫓에 얽매인 노예처럼 자신의 유쾌한 기분에 얽매인 낙관주의자도 미래를 암담하게 느낄 가망성은 충분히 있다. 그러니까 인식론적 상대주의의 관점에서는 현실적으로 모든 것이 가능하듯이, 차라리 아무에게나 관대하게 구는 무골호인無骨好人의 관점에서는 낙관주의진영도 비관주의진영도 상대진영의 의견을 존중할 수 있다. 이 두 가지 경우를 명확히 판별하는 데 필요한 합리적 근거는 전혀 존재하지 않는다. 마찬가지로 도덕적 상대주의를 어느 정도 인정하는 관점에서 보면 자신의 집에 친구들을 초대하여 만찬을 즐기는 사람과 자신의 집 서까래에 친구들을 거꾸로 매달아놓고 그들의 호주머니를 터는 사람을 명확히 판별하는 데 필요한 합리적 근거도 전혀 존재하지 않는다. 그런 반면에 진정한 희망은 든든한 논거들의 뒷받침을 받아야만 한다. 그래서 '진정한 희망은 사랑을 닮았다'고 말해지는데, 이것은 신학계神學界에서 희망이 운위되는 특수한 방식이다. 진정한 희망은 희망을 믿음직하게 만드는 상황의 특징들을 확연하게 부각시킬 수 있어야 한다. 그렇게 하지 못하는 희망은 지레짐작, 즉 자신의 침대 밑에 문어 한 마리가 있다고 확신하는 사람의 지레짐작 같은 것에 불과하다. 희망은 틀리기 쉬울 수밖에 없지만 기질적 낙관성은 그렇지 않다.

심지어 낙관주의가 사실들의 뒷받침을 받지 못한다고 자인하더라도 낙관주의의 넘치는 기운은 들쭉날쭉한 상태로 남을 수 있다. 잉글랜드의 작가 겸 사회비판자 찰스 디킨스Charles Dickens(1812~1870)의 연재소설 『마틴 처즐위트의 생활과 모험들The Life and Adventures of Martin Chuzzlewit』(1843~1844)에 나오는 마크 테이플리Mark Tapley는 열광적이리만치 명랑해서 자신의 친절은 싸구려가 아니라고 증명하느라 '타인들을 절망에 빠뜨릴 수도 있을 끔찍한 상황들'을 찾아다닌다. 테이플리는 자기만족감을 느끼려고 되도록이면 비참한 상황들에 처하기를 바라므로, 소설에서 표현되는 관점들의 대다수와 마찬가지로 그의 낙관주의는 실제로 이기심egoism의 일종이다. 그런 이기적 낙관주의는 은밀하게 느끼는 자기만족감의 또 다른 형식인 감상주의sentimentalism와 유사하다. 이기심은 『마틴 처즐위트의 생활과 모험들』의 여느 대목에서도 발견되는데 심지어 테이플리의 정신적 아량마저도 특이한 성정 또는 기질적 버릇으로 묘사되지만 단연코 도덕적 현상으로는 묘사되지 않는다. 테이플리가 자신이 처한 상황의 개선을 실제로 바라지 않는다는 사실은 유의미한데, 왜냐면 개선된 상황은 그의 친절에 함유된 도덕적 가치를 박탈해버릴 수도 있기 때문이다. 그러므로 그의 명랑한 성정은 그의 주변에 불행을 퍼뜨리는 세력들과 공모한다. 낙관주의자와 비슷하게 비관주의자도 상황을 개선하려는 노력들을 의심하지만, 그런 까닭은 '비관주의자의 유쾌한 기분을 만끽할 기회들을 그런 노력들이 박탈할 수 있다'는 데 있지 않고 오히려 '그런 노력들은 거의 확실히 실패하리라고 비관주의자가 믿는다'는 데 있다.

낙관주의자들은 진보를 믿으려는 경향을 보인다. 그러나 만약 사물들이 개선될 수 있다면, 그것들의 현재조건은 바람직하지 않은 것으로 간주되기 시작할 것이 당연하다. 이런 의미에서 낙관주의는 18세기에 최선주의*로 알려졌던 것만큼 희망적인 것이 결코 아니다. 최선주의란 '우리는 모든 존재 가능한 세계 중에도 최선세계에서 살아간다'는 독일의 철학자 라이프니츠Leibniz(1646~1716)의 학설이다. 낙관주의는 최선주의만큼 낙관적인 것이 아니다. 최선주의자의 관점에서 보면 우리는 애초부터 모든 존재 가능한 우주적 배치들 중 최선배치를 향락해왔다. 그런 반면에 낙관주의자는 더 찬란한 미래를 기대하면서 현재의 결함들을 인정한다. 문제는 '완벽함은 지금 여기에서 이미 달성된 것이냐 아니면 우리가 지금 추구하는 목표이냐' 여부이다. 그러나 최선주의가 무

---

* optimalism: 이 낱말은 '최적주의最適主義' 또는 '적정주의適正主義'로도 번역된다.

기력한 도덕적 타성을 치료할 처방전을 — 그리하여 '세계는 개선될 수 없다'는 최선주의의 주장을 무너뜨릴지도 모를 처방전을 — 마련할 수 있는 경위는 어렵잖게 이해된다.

최선주의자들은 허무주의자들처럼 희망을 잃은 자들이다. 왜냐면 그들에게 희망은 불필요하기 때문이다. 그들은 어떤 변화요구도 무시하므로 '그런 변화는 개탄스러운 일이다'고 여기거나 '우리의 여건은 너무 심하게 부패해서 그런 변화를 용납하지 않는다'고 여기는 보수주자들의 동맹자들로 인식될 수 있다. 헨리 제임스는 "보수주의자가 반드시 낙관주의자는 아닐지라도, 나는 '낙관주의자가 보수주의자일 확률은 매우 높다'고 생각한다"[5]고 썼다. 낙관주의자들은 보수주의자들이다. 왜냐면 다복한 미래를 믿는 그들의 신념은 현재의 본질적 건전성을 믿는 그들의 신념에서 연원하기 때문이다. 실제로 낙관주의는 지배계급 이념들의 전형적 구성요소이다. 만약 정부가 시민들에게 '음지에서 배회하며 대재앙을 예언하는 끔찍한 종말론 같은 것의 존재'를 믿으라고 널리 공보하지 않는다면, 그런 까닭들 중 하나는 미래를 낙관하지 못하는 순진한 시민은 차라리 정치적 불만감을 품을 수도 있기 때문이다. 그래서 일반적 통념과 상반되게도, 암담한 미래전망은 오히려 급진적 태도일 수 있다. 오직 자신이 처한 상황을 위기상황으로 바라보는 사람만이 상황을 변화시켜야 할 필요성을 인식할 수 있다. 불만심리는 개혁을 재촉할 수 있다. 그런 반면에 낙관심리는 완전히 피상적인 대책들을 내놓기 십상이다. 진정한 희망은 최악상황에서, 낙관주의가 대체로 인정하기 싫어하는 극한상태에서, 가장 절실히 필요해진다. 물론 희망을 품지 않는 편을 선호하는 사람도 있을 것이다. 왜냐면 희망을 품어야 할 필요성은 불쾌한 사태가 이미 발생했다는 사실을 알리는 징후이기 때문이다. 예컨대, 히브리 경전들에서 희망은 암울한 언외의미言外意味를 갖는데, 희망은 곧 사악한 자들의 저주를 함의하기 때문이다. 만약 인간에게 미덕이 필요하다면, 그 까닭은 매우 많은 악인이 곳곳에 존재하기 때문이다.

독일의 철학자 프리드리히 니체Friedrich Nietzsche(1844~1900)는 『교육자 쇼펜하워Schopenhauer als Erzieher』(1874)에서 두 가지 명랑성을 구별한다. 그 중 하나는 '끔찍한 것들을 비극적으로 대면하는 심성을 분발시키는 명랑성'인데, 이것은 '고대 그리스인들의 명랑성'으로서 예시된다. 다른 하나는 '돌이킬 수 없는 것들을 자각하는 의식意識을 희생하여 낙천적 기분을 구매하는, 심성에 찍히는 피상적 낙인' 같은 명랑성이다. 그런 낙인 같은 명랑성은 괴물들을 감히 직시하지 못하는데, 왜냐면 그렇게 직시하는 과정은 괴물들을 상대한 정면대결을 의미하기 때문이다. 이런 의미에서 희망과 기질적 낙관주의는 일촉즉발의 대치상태에 있다. 니체의 관점에서 정신의 진정한 명랑성은 험난하고 가혹한 투쟁을 요구하는 것이라서 용기와 자기극복의 문제이다. 그런 명랑성은 유쾌함과 심각함의 차이를 없애버리는데, 이것이 바로 니체가 『이 사람을 보라Ecce Homo』(1888)에 "오직 무겁고 단단한 진리들밖에 없는 곳에서도 명랑한" 존재에 관해 쓸 수 있었던 까닭이다. 물론 니체가 낙관주의를 무시했다고 악평을 들을 만한 빌미를 만들었다는 사실도 확실하다. 『비극의 탄생』에서 니체는 마초* 정신을 발휘하여 낙관주의를 "약골의 신조"로 간주하면서 당대의 "노예계급"이 품은 위험한 혁명열망들과 결부시켜버렸다.

독일의 철학자 겸 사회학자 테오도르 아도르노Theodor Adorno(1903 ~1969)는 ― 특히 오스트리아의 심리학자 지그문트 프로이트Sigmund Freud(1856~1939)를 염두에 두고 ― '소박하고 꾸밈없는 진실을 우리에게 알려주는 사상가들이 인류에게 이바지한 공로는 천진난만한 유토피아주의자들의 공로보다 더 크다'고 언젠가 말하기도 했다. 우리는 아도르노의 동료이자 독일계 유태인 철학자 겸 문화비평가 발터 벤야민 Walter Benjamin(1892~1940)이 '심오한 우울증'뿐 아니라 '역사진보를 믿지 않는 불신감'마저 발판으로 삼아 특유의 혁명적 전망을 수립한 사연을 나중에 살펴볼 것이다. 벤야민은 자신의 그런 전망을 "비관주의"로 지칭했지만, 그것은 현실주의와 같게 보일 수도 있을 것이라서 도덕적 조건들 중에도 가장 획득되기 어려운 조건을 요구한다. 벤야민은 초현실주의를 다룬 유명한 에세이(시론試論)에서 일부 좌파들의 경솔한 낙관주의에 대항하는 정치적 목적들에 부응하도록 비관주의를 "조직화해야"할 긴급한 필요성을 언급하며 다음과 같이 주장한다. 필요한 것은 "시종일관하는 비관주의이다. 그것은 절대적으로 필요하다. 문학의 숙

---

* macho: 남성적 특성들을 과시하려는 성향을 강하게 드러내는 남자들 또는 남성우월주의 자들을 가리키는 통칭

명을 불신하고, 자유의 숙명을 불신하며, 유럽 인류의 숙명을 불신하되, 계급들의 모든 화해와 국가들의 모든 화해와 개인들의 모든 화해를 세 배나 더 강하게 불신하자. 그리하여 오직 이게 파르벤*만을 무한히 믿 고 공군空軍의 평화스러운 완벽성만을 무한히 믿자."[6] 벤야민의 이토 록 집요한 의혹주의疑惑主義는 인류복지에 이바지할 뿐만 아니라 신비 에 현혹되지 않는 냉철함을 고수하여 건설적으로 행동하려는 시도의 일환이다. 타인들에게는 바로 이런 비관적 전망이 정치적 변화의 가능 성을 의심하는 것으로 비칠 것이 확실하다. 아마도 어떤 무기력증은 총체적 격변에 속할 것이다. 만약 이런 추정이 사실이라면, 인간조건은 열악해질수록 변하기도 어려워진다. 물론 이것은 벤야민의 견해가 아 니다. 그의 견해대로라면, 낙관주의를 반박하는 논증은 정치변동의 근 본조건이다.

*

낙관주의와 비관주의는 개인들의 특성들일 수도 있는 동시에 세계 관들의 특성들일 수도 있다. 예컨대, 자유주의자들은 낙관주의적 경향

---

* IG Farben: 1925년에 설립되어 제2차 세계대전 이후 해체되기까지 세계 최대 규모로 운 용된 독일의 화학공업 카르텔. 독일어로 '신디케이트'를 뜻하는 '인테레센게마인샤프트 Interessengemeinschaft'의 약칭인 '이게IG'는 부분적으로는 미국의 초기 트러스트를 모형으 로 삼은 독일의 화학 업체들과 제약 업체들과 염료 제조업체들이 복잡하게 합병하는 과정 에서 성장했다. 특히 독일 뉘른베르크 Nürnberger에서 1947년에 실시된 제6차 전범재판IG Farben Trial에서 유죄 선고를 받은 자들은 모두 이게 파르벤의 간부들이었다.

을 띠는 반면에 보수주의자들은 비관주의적 경향을 띤다. 대체로 자유주의자는 '사유분방한 활동과 번영을 허락받은 남녀들은 예의바르게 처신한다'고 믿는 반면에 보수주의자는 그런 남녀들을 '규제하고 훈련시켜서 유용한 존재들로 만들어야 하는 흠지고 변덕스러운 피조물들'로 바라보는 경향을 띤다. 이런 차이와 비슷한 차이가 낭만주의자들과 고전주의자들 사이에도 존재한다. '인류는 죄악과 타락의 늪에 빠져들었다'고 생각하던 중세 유럽인들의 인간관人間觀은 르네상스 시대 유럽인들의 인간관보다 대체로 더 비관적인 성격을 띠었다. 미국 소설가 존 케네디 툴John Kennedy Toole(1937~1969)의 소설 『얼뜨기들의 동맹A Confederacy of Dunces』에서 주인공이자 중세문명의 고집스러운 옹호자인 이그나티우스 레일리Ignatius Reilly는 다음과 같이 선언한다. "나는 낙관주의를 역겨워한다. 그것은 사악하다. 인간은 타락했으므로 우주에서 인간의 신세는 여태껏 비참할 수밖에 없었다."

보수주의자들은 '우리가 비참하게 타락하기 전에 황금시대가 존재했다'고 가정하는 이른바 타락주의자들과 '모든 시대는 다른 모든 것과 마찬가지로 타락한다'고 여기는 자들로 나뉘는 경향을 보인다. 미국에서 태어나 브리튼에서 활동한 시인 겸 극작가 토머스 스턴스 엘리엇 Thomas Stearns Eliot(1888~1965)의 장시長詩 『황무지The Waste Land』(1922)는 이렇게 상호모순적인 두 가지 보수주의자들을 결합하는 작품으로 읽힐 수 있다. 19세기후반에도 예의범절 및 기술공학의 미덕들을 예찬할 뿐 아니라 도처에서 엔트로피* 및 퇴화와 결부되는 것들로 이해하면서 낙관하는 동시에 비관하는 이념론자ideologue들이 존재했다.[7] 마르크스주의자들도 기독교신자들도 인류의 현행조건을 바라볼 때에는 자유주의자들보다 더 비관적인 태도를 보이지만 인류의 미래전망들을 내다볼 때에는 자유주의자들보다 훨씬 더 희망적인 태도를 보인다. 어느 경우에든 이 두 가지 태도는 동전의 양면이다. 어떤 사람이 미래를 믿는다면, 그 까닭은 정확히 그 사람이 현재를 최악상황에 놓고 보기를 바라기 때문이다. 우리가 나중에 살펴볼 이런 비극적 관점은 명랑한 진보주의자들에게도 낯선 관점이고 무서운 표정을 짓는 예레미야**들에게도 낯선 관점이다.

인류역사가 실제로 진보해왔다는 사실은 거의 확실하다.[8] 그 사실을 외람되게 의심하는 자들도, 즉 수많은 포스트모더니즘 사상가들을 포함하는 자들의 집단도, 어쩌면 마녀사냥이나 노예소유경제나 12세기형 위생시설이나 비非마취식 외과수술을 복원하고파하는 마음만은 추호도 품지 않을 것이다. '핵무기들이 들썩거리며 참혹한 빈곤이 할퀴고 지나가는 세계에서 우리가 살아간다'는 사실도 '어떤 상황들은 여태껏 상상을 초월할 만치 나아졌다'는 진실을 반박할 만한 논거는 결코 아니다.

---

* entropy: 열역학熱力學 제2법칙을 따르는 물질 상태량의 일종으로 물질 구성 입자의 배열이나 질서의 정도를 나타내는 이 낱말은 정보 이론에서는 정보의 불확실성을 유발하는 무작위성無作爲性이나 무조직성無組織性을 가리키는 용어로 사용된다.

** Jeremiah: 유태교-기독교 경전 『구약전서』에 포함된 「예레미야」의 주인공으로 불길하고 비관적인 예언자를 상징한다.

문제는 소규모 진보progress가 아니라 대규모 진보Progress이다. '역사는 진보한다'고 믿는 신념과 '진보하는 역사의 수준은 상승한다'고 믿는 신념이 반드시 일치하지는 않는다. 일찍이 새로운 시대를 맞이하여 가장 낙천적으로 자화자찬하던 중류계급들은 '인류는 더 높은 수준으로 상승하는, 어쩌면 유토피아 상태로까지 상승하는, 특유의 기류를 따라 진화할 것이다'고 주장했다. 이른바 완벽가능주의perfectibilism는 조금이라도 완벽해질 수 없게 보이는 무엇이든 고집스레 거부할 실용주의적 과학자들과 정치인들의 확신들 사이에 정착했다. 이 책의 3장에서 우리는 에른스트 블로흐의 저작들에서 다뤄지는 '좌익계 완벽가능주의'를 살펴볼 것이다. 혹자는 이런 좌익계 완벽가능주의를(비록 블로흐는 채택하지 않지만) '낙관적 숙명주의'로 지칭하기도 한다. 이런 낙관주의와 숙명주의의 결합은 확실히 진기한 현상인데, 왜냐면 현대에 숙명주의는 비관주의진영에서 더 흔하게 발견되기 때문이다. 불가피한 것은 대체로 불쾌한 것이다. '절반이나 맹물로 채워진 유리잔'의 이미지(낙관주의)는 희망을 순수한 주관성으로 환원시키는 반면에 진보주의는 희망을 객관적 현실성으로 구체화시킨다. 잉글랜드의 생물학자 겸 철학자 겸 사회학자 허버트 스펜서Herbert Spencer(1820~1903)와 프랑스의 실증주의철학자 오귀스트 콩트Auguste Comte(1798~1857) 같은 학자들의 견해대로라면, 인류는 역사를 진행시키고 상승시키는 막강한 법칙들의 작동을 돕거나 방해할 수 있다. 그러나 무기력한 인류는 신의 섭리를 고치거나 바꿀 수 없듯이 자신들의 근본성격을 변경할 수도 없다. 이런 견해는 독일의 철학자 임마누엘 칸트Immanuel Kant(1724~1804)의 견해와 대동소이하다. 그는 '자연자체가 영원히 평화로운 미래를 보장하지만 무역과 상업 같은 자유로운 인간활동들을 통해서 보장한다'고 보았다. 그래서 요컨대, 희망은 현실구조자체現實構造自體가 되어버린다. 희망은 불가사리의 몸체를 구성하는 팔다리들처럼 세계를 구성하는 내재적 특징이다. 비록 우리가 희망을 망각해도 희망은 우리를 망각하지 않을 것이다. 희망은 남녀들을 정치적 혼수상태에 빠뜨릴 위험도 불사하는 하나의 전망이다. 왜냐면 찬란한 미래를 보장받은 남녀들은 그런 미래를 위해 싸우려고 분발해야 할 이유를 이해하기 어렵기 때문이다. 공산주의의 미래를 견실하게 존속시키려는 마르크스주의자들은 그런 미래를 쟁취해야 할 이유를 설명해야 할 것이다.

터무니없는 낙관주의들은 도덕적으로 의심받을 수 있다. 그런 낙관주의에 속하는 신정론神正論은 '악惡이 선善을 낳을 수 있다'는 식의 논리로써 악에 정당성을 부여하려는 시도이다. 그것은 마치 방파제 끝의 낙관주의를 우주차원으로 끌어올리려는 시도와 같다. 잉글랜드의 시인 앨릭잰더 포프Alexander Pope(1688~1744)가 라이프니츠와 자연신론*의 심대한 영향을 받아서 지은 「인간론Essay on Man」이라는 시詩에서 '악惡은 오해된 선善에 불과하다'고 노래된다. 만약 우리가 우주전체의 관점에서 강간과 노예제도를 바라볼 수 있었다면 '강간과 노예제도도 전

---

* 自然神論(=이신론理神論): 기독교경전을 비판적으로 연구하고 계시나 기적 따위를 부정하여 기독교 신앙의 내용을 이성적 진리에 한정시킨 합리주의적인 종교관.

체의 행복에서 본질적인 부분을 차지한다'고 인정했을지도 모른다. 도덕적 항의는 실제로 근시안적인 처사이다. 독일의 극작가 겸 시인 게오르크 뷔히너Georg Büchner(1813~1837)의 희곡 『당통의 죽음Dantons Tod』 (1835)에 나오는 어느 등장인물이 생각하듯이 "우리의 귀청을 찢을 듯이 시끄러운 불협화음 속에서도 화음들의 흐름만 골라 들을 수 있는 귀[耳]가 있다." 게다가 불행은 인간을 인간답게 만들 수 있다. 브리튼의 철학자 리처드 스윈번Richard Swinburne(1934~)이 썼다시피, 신神은 "히로시마 원자폭탄투하, 나치의 베르겐-벨젠Belsen 강제집단수용소, 리스본Lisbon 대지진이나 흑사병"을 용납하여 남녀들로 하여금 장난감의 세계보다는 현실세계에서 살아갈 수 있게 했으므로 정당화될 수 있다.[9] 장난감의 세계들은 우리를 팽팽하게 긴장시키는 도전목표들을 우리에게 충분히 제공하지 않는 만큼이나 우리의 도덕능력을 발휘할 만한 기회도 우리에게 거의 부여하지 않는다. 학자가 아닌 다른 어떤 사람이 그런 장난감의 세계를 제시하는 경우는 상상되기 어렵다.

물론 이토록 무례하리만치 고집스러운 신정론들은 '악惡이 비록 스스로를 배반할망정 이따금 선善을 낳을 수 있고, 그런 악이 부정되기 어려워도 그렇게 태어난 선에 내재된 가치의 필수조건으로서 인정되어야 하거나 심지어 포용되어야 한다'고 가르치지는 않는다. 몇몇 계몽사상가의 관점에서 이런 신념의 문제는 '우주가 합리적이고 조화로운 전체로서 더욱 선명해질수록 악의 문제는 더욱 희미해진다'는 것이다.[10] 그런 우주적 낙관주의는 자멸하는 경향을 띤다. 왜냐면 그런 낙관주의는 받아들이기 가장 어려워 보이는 것마저 안심하고 받아들이기 때문이다. 완벽가능성을 믿는 사람들이 전쟁과 대량학살을 예상하면 겁에 질려 오싹해질 확률은 냉소주의자들과 염인주의자厭人主義者misanthrope들이 그럴 확률보다 더 높다. 왜냐면 그런 불행들 속에서 냉소주의자들과 염인주의자들은 '인간은 시종일관 타락해왔다'고 보는 자신들의 견해에 타당성을 부여하는 다행스러운 증거를 발견할 수도 있을 것이기 때문이다.

18세기에는 악惡의 현실성을 부정하는 사람들이 있었지만, 19세기에는 '악의 현실성이 유발하는 문제는 진보주의로써 해소될 수 있다'고 주장하는 사람도 몇몇 있었다. 자연신론의 전망은 역사가 될 수 있었다. 악惡은 충분히 현실적인 것이었지만 박멸당하는 도상에 있었다. 그리하여 인간은 진보관념 덕분에 인간의 완벽성을 믿는 신념을 간직하면서도 '논박될 여지없이 완벽한 것'의 존재도 인정할 수 있었다. 어떤 역사주의는 '괴로운 노역과 궁핍도 인류를 전반적으로 향상시키는 역할을 해온 만큼 정당화될 수 있었다'고 본다. 그런 견지에서 어떤 사람들이 처절하게 노역하지 않았다면 다른 사람들은 문명생활을 결코 영위하지 못했을 것이다. 모든 위대한 조각품이나 교향곡도 비참한 가축우리 같은 움막들에 빚졌다. 니체는 '착취하지 않는 문명은 없다'고 보는 견해를 고수하는데, 그런 견해를 비록 니체만큼 노골적으로 공표하지는 않더라도 언제든지 공표할 태세를 갖춘 다른 사람도 매우 많다. 노동은 문화의 선조이고, 그래서 노동은 지독하게 고생하면서도 자식들의 성공에서 위안을 찾는 부모를 닮았다. 노동의 관점에서 문화는 자신의 남루한 출신배경을 극구 부인하려는 개천에서 난 용처럼 보인다.

만약 초기 자본주의의 이념론자들이 희망을 품었더라도 그것은 다른 종류의 희망이었을 것이다. 왜냐면 그들은 그들의 이념체계를 자체완결체계로 생각하지 않았기 때문이다. 생산은 아직 완결되지 않은 역사였다. 그런 반면에 최근 자본주의에 걸리는 기대는 상당히 줄었지만 아예 없어졌다고 말해질 수는 없다. 생산주의적 자아와 다르게 소비주의적 자아는 '시작과 끝을 가진 이야기를 닮은 일정한 시간대'보다는 오히려 '이렇게나 저렇게 연속되는 순간들'에 존재한다. 소비주의적 자아는 워낙 변덕스럽고 산만해서 지성적 진화주체가 될 수 없다. 그러므로 급변하는 미래는 소비주의적 자아에게는 전혀 기대할 수 없다. 그래서 중대하게 보이는 희망은 뒷방늙은이 같은 것으로 간주된다. 세계역사적 중대사건이 재발할 가능성도 사라진다. 왜냐면 그런 사건이 발생할 만한 공간은 분쇄되어 먼지가 되어버렸기 때문이다. 미래는 끝없이 확장되는 현재에 불과해질 것이다. 그래서 인간은 '미래가 낳을 것'을 바라보는 흥분과 '미래가 어떤 불편한 격변도 수반하지 않으리라는 사실'을 아는 안락을 결합시킬 수 있다. 자본주의의 초년기에 인간은 찬란한 미래를 예견할 수 있었으므로 희망을 품을 수 있었다. 동일한 자본주의체계의 최근단계에 존재하는 지극히 미미한 기대는 '미래는 현재의 반복일 것이다'는 가설에 함유된 것이다. 주변에는 희망이 별로 없다. 그러나 이런 사실자체가 희망적인 징후이다. 왜냐면 그것은 복원되어야 할

것이 없다는 사실을 의미하기 때문이다.[11]

  정치적 신조들처럼 국가들도 흥성하거나 쇠락할 수 있다. 북한에서도 그렇듯이 미국에서도 낙관주의는 국가이념과 거의 동일하다. 지구상에 드문 이런 국가들의 중대한 분야들에서 낙관적 태도는 애국적 태도로 간주되지만 부정적 태도는 사상범죄로 분류된다. 비관주의는 막연하게 위험한 태도로 생각된다. 심지어 가장 의기소침한 시절에도 전능성과 무한성을 꿈꾸는 집단적 환상이 국가적 무의식 속에서 끊임없이 작동한다. 그런 환상에 사로잡힌 미국인들이 '만약 여러분이 침팬지를 대통령으로 뽑는다면 비록 면전에 닥친 한두 가지 위기를 모면할 수는 있을망정 미국의 최전성기는 끝장나버릴 겁니다'라고 충고하는 후보를 미국 대통령으로 선출할 가능성은 거의 없을 것이다. 그렇게 충고하는 지도자는 누구든 최우선 암살표적이 될 것이다. 미국의 어느 역사학자는 최근에 "대통령취임연설들은 시대를 막론하고 언제나 낙관적인 것들이다"고 논평했다. 이 논평에는 비판하려는 의도가 담기지 않았다. 미국문화는 몇 가지 측면에서 강박적 낙관심리를 내포한다. 미국에서 강요되다시피 하는 "내가 하고픈 일이라면 뭐든 할 수 있어"라는 최면용 문구는 실패를 두려워하는 유사-병리적 공포심리를 은연중에 반영한다.

  캐나다의 이념에 과학적 근거를 부여하느라 고심하던 캐나다의 학자 라이널 타이거Lionel Tiger(1937~)는 『희망생물학The Biology of Hope』이라는 대단히 난삽한 연구서를 집필했는데, 그는 그 연구서에서 '약물에 중

독된 원숭이들,' '기분전환용 약물들,' '죽은 자식들을 보며 통곡하는 부모들의 배설물에서 발견되는 화학적 변화들' 따위에 심하게 몰두한다. 그는 '우리가 어떻게든 명랑성의 생리학적 근거를 발견하기만 한다면 정치적 불만을 근절할 수도 있고 시민에게 영원한 황홀경을 보장해줄 수도 있으리라'고 본다. 타이거에게는 희망이 정치적으로 유용한 자극제로 보인다. 그는 "낙관주의를 증가시키는 일이 인류공통의무일 가능성이 존재한다"[12]고 논평한다. 그에게 스탈린Stalin(1878~1953)과 마오쩌둥毛澤東(1893~1976)은 매우 흡사한 견해를 주장한 자들로 보인다. 타이거의 관점에서 우리의 도덕의무는 심지어 만사불통할 것이 자명한 경우에도 '만사형통하리라'고 주장하는 일이다.

비슷한 맥락에서 『불안시대의 희망Hope in the Age of Anxiety』의 공저자들은 우리에게 "희망적 기분은 '과잉표출되는 스트레스 반응'과 '무관심한 체념 콤플렉스' 사이에서 적절히 유지되는 중용을 대변하므로 가장 좋은 명약이다"고 알려준다. 희망은 우리에게 "신경전달물질, 호르몬, 림프구lymphocyte 및 기타 건강관련생체물질들의 적절한 분비량"[13]을 보장해준다. 그런 물질들 중 하나라도 결핍한 사람의 개인적 건강도 정치적 건강도 나빠질 수 있다. 어쩌면 미국 캘리포니아 주에는 그렇게 결핍되기 쉬운 물질을 알약으로 정제하는 연구에 종사하는 과학자들도 이미 존재할 것이다. 미국의 철학자 겸 심리학자 윌리엄 제임스William James(1842~1910)는 이런 사카린* 같은 전망에는 심한 거부반응

---

* saccharin: 초고당도 인공 합성 감미료. 여기서는 '지나치게 안심하는 과잉 낙관주의'를 비

을 보였다. 그러면서 그는 다음과 같은 의문들을 제기한다. "결말은 달콤한가? 우주만사가 '그래, 그렇다'로 끝나는가? '아니다'고 말해지는 사실이야말로 인생의 핵심에 버텨서있지 않은가? 우리가 인생의 탓으로 돌리는 '심각성'은 불가피한 '아니다'들과 패배들이 인생의 일부를 구성한다는 사실, 어딘가에는 진짜 희생자들이 존재한다는 사실, 비워진 술잔의 밑바닥에는 언제나 지독하고 쓸쓸한 어떤 것이 남기 마련이라는 사실을 의미하지 않는가?"[14]

백악관에 입성한 조지 워커 부시George Walker Bush(1946~)의 "현실을 기반으로 삼기"보다는 오히려 "신앙을 기반으로 삼은" 정치는 친근한 미국인의 심정을 급기야 미치광이의 심정으로까지 보이게 만들었다. 그의 진면목은 듣는 사람이 귀를 막아야 할 정도로 불충한 언사를 일삼는 비관주의자이다. 진실은 이따금 충분히 불쾌한 것이라서 단호한 의지는 진실을 최후수단으로 이용하기 마련이다. 그런 의지는 정신질환과 분간되기 쉽지 않은 낙관주의의 특질이다. 이런 종류의 단호한 쾌활성은 심리적 거부반응의 일종이다. 그런 쾌활성의 모든 단호한 활력은 '그런 쾌활성이 실제로는 도덕적 기피반응의 일종이다'는 사실을 반영한다. 그런 쾌활성은 희망의 적敵이지만 반드시 필요한 적인데, 그런 정확한 까닭은 '치명적인 상황에 처하면 그런 상황을 인정할 수 있는 사람'도 있다는 데 있다. 그런 반면에 낙관주의자에게 희망을 불어넣는 쾌활성도 그것을 가로막는 장애요소들을 과소평가하도록, 그리하여 지극

유하는 낱말로 사용된 것으로 보인다.

히 무가치한 자신감만 품고 말도록, 낙관주의자를 유도한다. 낙관주의는 절망을 충분히 진지하게 감안하지 않는다. 오스트리아의 황제 프란츠 요제프 1세Franz Joseph I(1830~1916)는 언젠가 '베를린의 상황은 심각하지만 절망스럽지는 않은데 빈Wien의 상황은 절망스럽지만 심각하지는 않다'고 말했다는 소문도 있다.

명랑성은 가장 평범한 감정들 중 하나이다. 어떤 사람은 명랑성을 '피에로로 분장하고 이리저리 뛰어다니며 사람들을 웃기는 어릿광대'와 결부시켜 생각한다. '기쁨이나 행복'을 뜻하는 프랑스어 "도뇌donheur"나 고대 그리스어 "에우다이모니아eudaimonia"에 상응하는 영어 "해피니스happiness"는 매우 화려하고 흥거운 언외의미들을 함유하는 반면에 '만족'을 뜻하는 영어 "컨텐트먼트contentment"는 매우 둔탁한 테두리를 지녔다. 기독교경전 「전도서Ecclesiastes」의 필자는 "무분별한 사람은 헛되고 그릇된 희망을 품는다"고 기록한다. 프랑스의 극작가 겸 철학자 가브리엘 마르셀Gabriel Marcel(1889~1973)은 심오한 낙관주의 같은 것의 존재 가능성을 의심한다.[15] 설령 심오한 낙관주의가 존재하더라도 어쩌면 기껏해야 퇴락한 희망, 구제불능일 정도로 천진난만한 희망으로 보일 수밖에 없으리라. 얄팍하게 위장된 명랑성으로 특유의 침울성을 가려서 보호하는 비관주의에 병적이리만치 변덕스러운 반응을 보이는 낙관주의도 있을 수 있듯이, 희망에 극심한 과민반응을 보이는 낙관주의도 있을 수 있다. 비관주의처럼 낙관주의도 세계전체를 단색으로 덧칠해버리고 뉘앙스와 차이를 아예 무시해버린다. 그런 낙관주의는 보편적 사고방식이라서 모든 대상을 뜻대로 교체할 수 있는 정신적 교환가치 같은 것들로 간주해버린다. 전형적 낙관주의자는 미리 엄밀하고 철저하게 설계된 동일한 방식대로 모든 것에 반응하는 만큼 우연과 우발사태를 배격한다. 이런 결정론적 낙관주의자의 세계에서 만사는 초자연적 의지대로 형통하도록 운명적으로 예정되어있지만 그리되는 합당한 까닭은 전혀 해명되지 않는다.

잉글랜드의 작가 겸 화가 새뮤얼 리처드슨Samuel Richardson(1689 ~1761)의 소설 『클라리사Clarissa』가 발표된 18세기중엽부터 소설가 겸 시인 토머스 하디Thomas Hardy(1840~1928)의 소설이 발표된 빅토리아 시대의 후기까지 잉글랜드에서는 (등장인물들이 불행하거나 비참한 결말을 맞이한다는 의미에서) 비극적인 소설이 거의 발표되지 않았다는 사실은 주목될 만하다. 물론 그 기간에 오싹하리만치 비극적인 소설도 드물게나마 분명히 발표되었다. 잉글랜드의 소설가 겸 시인 에밀리 브론테 Emily Brontë(1818~1848)의 소설 『폭풍언덕Wuthering Heights』(1846)은 결말로 갈수록 비극에 육박하고, 샬럿 브론테Charlotte Brontë(1816~1855)의 소설 『빌레트Villette』(1853)는 결말로 갈수록 『폭풍언덕』의 분위기와 거의 비등하게 불안한 분위기를 자아내지만 그런 결말은 비극적인 것으로도 희극적인 것으로도 읽힐 수 있다. 잉글랜드의 소설가 겸 언론인 조지 엘리엇Gergoe Eliot(=매리 앤 에번스Mary Ann Evans, 1819~1880)의 소설 『플로스 강변의 물레방앗간The Mill on the Floss』(1860)의 주인공 매기 툴리버Maggie Tulliver는 결말에서 죽지만, 매기가 자신의 오빠처럼 오만하고 고집스러운 촌뜨기사내와 황홀하게 결합하는 그 결말의 분위기는 기묘하게 고조된다. 조지 엘리엇의 소설 『미들마치*Middlemarch*』(1872)의 결말은 고요하지만, 개혁하는 정신을 믿는 신념을 증언하는 만큼 결말로 간주될 만한 자격을 소박하게나마 갖췄다. 찰스 디킨스의 연재소설 『리틀 도릿*Little Dorrit*』(1855~1857)은 매우 불편하게 마무리되지만, 디킨스의 다른 모든 소설도 그렇듯이, 환멸스러운 기조를 완전한 비극으로 끝까지 밀어붙이기를 거부한다. 이렇게 비극을 거부하려는 충동에 충실한 디킨스는 소설 『위대한 유산들*Great Expectations*』(1861)의 결말을 고쳐 써서 남주인공과 여주인공을 끝까지 살려둔다. 디킨스는 가장 무자비한 사회현실들을 묘사할 때조차, 적어도 그의 초기 소설에서는, 그의 눈부신 문체를 구사하여 적당한 간격을 두고 그런 현실들을 즐거이 감상할 만하게 묘사한다. 빅토리아 시대 잉글랜드의 가장 비참한 특징들을 묘사하는 그의 문체에 겸비된 기백과 생명력 자체들이 바로 그런 특징들을 압도하는 수단들이다.

만약 토머스 하디가 독자 몇 명을 모욕했다면, 그의 무신론이나 계몽된 성적性的 견해들 때문에 그랬을 가능성은 그의 확고한 비극적 현실주의 때문에 그랬을 가능성보다 더 적다. 그가 종교적 위안뿐 아니라 허구적(소설적) 위안과 각종 마취제나 진정제를 거부했다는 사실은 허구적 위안을 처절하게 갈구하던 빅토리아 시대 잉글랜드의 독자들을 매우 걱정했다는 사실을 증명한다. 소설 『테스*Tess*』(1891)의 테스 더비필드Tess Durbeyfield와 주드 폴리Jude Fawley는 철저하게 비극적인 주인공들이라서 영어소설역사에서 두드러지게 생소한 등장인물들이다. 새뮤 얼 리처드슨은 여주인공 클라리사의 재산을 노리고 그녀를 졸졸 따라 다니는 가난한 몰락귀족남성들의 핑계들에는 귀를 기울이지 않는다. 리처드슨은 그녀를 죽음으로 내모는 그녀의 행실을 고집스럽게 묘사 하는 대신에 그녀를 구원해야 했다. 만약 빅토리아 시대의 사람들이 우 울감정에 특히 심하게 시달렸다면 적어도 '사회적 분열이 조장할 수 있 는 우울감정'을 느껴서 그랬지는 않을 것이다. 사회혼란기에 예술의 최 우선 목적들 중 하나는 인품 함양이었을 것이다. 프로이트가 일반적 환 상에 관해서 주장했다시피, 소설의 목적은 불만스러운 현실을 초래한 중대한 실책들을 교정하는 것이었다. 영어소설은 계급이나 인간관계나 사회질서를 존중할 뿐 아니라 낙관적 결말들을 지독하게 고집하는 식 으로 현상유지status quo의 버팀목을 제공했다.

심지어 계몽된 오늘날에도 근엄한 논저들의 필자들은, 아마도 '소설 독자들은 지나치게 낙심하여 지나치게 의심소침하기 쉬우리라'고 추 정하는 가설을 근거로 삼아, 지극히 암울한 소설들에서도 가녀린 희 망의 빛이라도 찾아보느라 주기적으로 노력한다. 아무리 그래도 우 리는 암울하거나 미결된 분위기로 끝나는 우리의 이야기들에 익숙하 다. 그런 이야기들이 적당하게 비관적인 기분을 조장하지 못하면 흥 미로운 반응을 유발할 수 있다. 포르투갈의 작가 주제 사라마구José Saramago(1922~2010)의 소설 『눈먼 자들의 도시Blindness』(1995)도 그런 이야기들에 속한다. 이 소설의 결론은 어느 날부터 불가해한 이유로 시력을 잃은 남녀 한 무리가 그저 행운을 만나기만 하면 시력을 되찾을 수 있으리라고 꿈꾼다는 것이다.

이렇게 시력을 잃고 눈먼 자들은 그들을 가둔 암흑을 한 명씩 차례로 벗어나서 광명 속으로 나아간다. 현대소설의 결말이 그렇듯 즐거운 변화를 꿈꿀 수 있는 분위기로 묘사된다면, 그것은 잉글랜드 소설가 제인 오스틴Jane Austen(1775~1817)의 소설 『오만과 편견Pride and Prejudice』(1813)의 결말이 베닛Benet 부부의 딸들이 몰살당하는 장면으로 묘사되었을 경우와 거의 흡사하게 무례한 결말일 것이다.

*

확실히 심오하지는 않되 적어도 합리적인 낙관주의를 품은 사람들도 있다. 브리튼 언론인 맷 리들리Matt Ridley(1958~)의 거창한 문체와 폭넓은 지식을 과시하는 저서 『합리적 낙관주의자The Rational Optimist』에 제시된 낙관주의는 '방파제 끝에서 흥겨워 촐랑거리는 사람의 낙관주의'와 다르다. 왜냐면 방파제 끝의 낙관주의자는 자신이 사실들로 간주하는 것들을 기반으로 삼아 명랑한 세계관을 수립하기 때문이다. 이런 식의 낙관주의자는 아닌 리들리의 저서에는 다음과 같이 거창한 분노를 표현하는 단락도 있다.

심지어 빈곤을 감소시킨 최선의 반세기가 지났어도 여전히 인간 수억 명은 단조로운 음식만 먹다가 비타민A결핍증에 걸려서 시력을 잃거나, 굶주려 영양실조에 걸린 자녀들의 부어오른 복부를 속수무책으로 바라볼 수밖에 없거나, 오염된 식수를 마시면 걸리는 예방 가능한 설사병에 시달리거나, 실내에서 피우는 불의 연기와 그을음을 마시면 걸리는 치료 가능한 폐렴을 치료하지 못해 연신 터지는 기침을 달고 생활하거나, 치료 가능한 에이즈에 걸려도 치료받지 못하고 쇠약해지거나, 예방 가능한 말라리아에 걸려 부들부들 떨며 괴로워한다. 비좁고 불결한 진흙집들, 아니면 골함석*만으로 지어진 오두막들만 빼곡한 빈민촌, 아니면 (서구 "안에 있는 아프리카들"을 포함한) 영혼 없는 콘크리트로 지어진 형편없는 공동주택들에서 연명하는 사람들도 있고 평생 책 읽을 기회조차 얻지 못하거나 의사를 한 번도 못 본 사람들도 있다. 기관총을 들고 다니는 소년들과 자신의 몸을 팔아 연명하는 소녀들도 있다. 만약 2200년에 나의 손녀의 손녀가 이 책을 읽는다면 내가 그녀에게 알려주고픈 것은 다음과 같다. 나는 내가 살아가는 세계의 불평등을 예민하게 자각했고, 그런 세계에서도 나는 나의 체중을 걱정할 수 있었으며 어느 레스토랑 주인은 겨울에 초록깍지강낭콩을 케냐로부터 수입하는 불법행위를 성토할 수 있었던 반면에 아프리카 수단Sudan의 다르푸르Darfur에서는 굶주린 아이의 쪼글쪼글한 얼굴이 파리 떼로 뒤덮였고 소말리아Somalia의 어느 여자는 돌에 맞아 죽었으며 아프가니스탄Afghanistan에서는 미국인 사업가 한 명이 외롭게 학교들을 설립할 동안에도 미국 정부는 공습폭격을 강행했다.[16]

---

* 물결 모양으로 굴곡지게 만들어진 양철판.

위 인용문은 팡글로시안*의 견해와 상반되는 것이다. 그것은 거창한 언변과 동정심을 표현하는 감동적이고 열정적인 **항의**이다. 리들리는 비록 현대를 모욕하면서도 굉장한 진보를 이룩한 시대로 추어올려 존중하기도 하는데, 이런 그의 태도는 확실히 타당하다. 전체적인 관점에서 말하자면, 폭력과 질병과 빈곤에 시달리던 과거 어느 시대의 인류보다 현대의 인류는 더 부유하고 더 자유로우며 더 크고 더 건강하며 더 평화롭고 더 빠르고 정확하게 이동하며 더 우수한 교육을 받고 더 많은 여가를 즐기며 더 안전하고 더 안락하다. 리들리는 자신의 견해를 마르크스Karl Marx(1818~1883)도 진심으로 찬성했으리라는 사실을 알았다면 틀림없이 마르크스에 심취했을 것이다. 실제로 놀라우리만치 극적으로 파산한 은행의 사장이었으며 생산력의 꾸준한 발전을 적잖이 신뢰하는 기업경영자인 리들리가 마르크스주의자로 의심받는 경우도 드물지 않았다. 그러나 정확하게 비교하자면, 리들리는 '물질풍요와 인류복지 사이에는 직접관계가 있다'고 보는 반면에 마르크스는 그런 기계론적 환상을 전혀 품지 않는다. 오직 성자聖者들만이 항쟁하면서도 번영할 수 있는 만큼 물질풍요는 인류복지의 필수조건이지 충분조건은 아니라는 것은 사실이다. 『합리적 낙관주의자』는 이런 사실을 대체로 간과하면서 '자존심을 지닌 여느 마르크스주의자도 질리게 만들 조잡한 기술공학결정론'에 함몰되는 경우가 드물지 않다. 리들리는 저서에서, 예컨대,

---

* Panglossian: '지극한 낙천주의자'를 뜻하는 이 말은 프랑스의 철학자 겸 작가 볼테르 Voltaire(1694~1778)가 쓴 소설 『캉디드Candid』(1759)에 나오는 극심하게 낙천적인 팡글로스 박사Dr. Pangloss의 이름에서 유래했다.

여성들의 성적性的 자유화와 "노동절감형 전자기계"[17]를 직결시킨다. 그리하여 그는 '자유와 인류복지는 상업 및 번영과 함께 나란히 행진한다'고 우리에게 충고하듯이 주장한다. 그러면서 그는 상업과 번영은 노예제도, 노동착취공장들, 정치적 독재, 식민지대량학살과도 함께 나란히 행진한다는 사실만은 교묘하게 무시해버린다.

누구나 그렇듯이 마르크스도 '현대성(모더니티)은 진보, 번영, 해방을 둘러싼 유쾌한 헛소문이었다'고 보는 의견에 동의할 것이다. '고귀한 야생인'의 신화는 리들리도 당연히 경멸하는 것이지만 마르크스도 경멸했던 것이다. 이른바 '유기적 사회organic society'와 관련된 한 가지 분명한 사실은, 레이먼드 윌리엄스가 언젠가 말했다시피, 여태껏 그런 사회는 언제나 사멸했다[18]는 것이다. 그래도 마르크스의 전망은 리들리의 전망보다 오히려 더 미묘하다. 리들리는 현대를 '자신은 빈민가를 벗어나 일약 자수성가했으되 여전히 빈민들은 잔존한다는 사실 때문에 폄훼당하는 졸부의 성공담成功譚' 같은 것으로 간주하는 반면에 마르크스는 현대를 의기양양한 성공담 겸 끔찍한 실패담으로 간주할 뿐 아니라 이런 성공담과 실패담을 단단히 얽히고설킨 하나의 이야기로도 간주한다. 마르크스의 견해대로라면, 자유와 풍요에 이바지하는 세력들이야말로 인간능력을 분쇄하고 불평등과 빈곤을 초래하며 폭압적 통치권을 휘둘러 인간생활을 위협하는 세력들이기도 하다. 야만 없이는 어떤 문명도 존재할 수 없고 '단조로운 노역'과 '빈곤을 두려워하는 공포심' 없이는 대성당들이나 주식회사들도 결코 존재할 수 없다. 능력부족이나 자원부족도 인류의 문제이지만 인류가 그토록 막대하게 키워온 역량들도 인류의 문제이다. 인류의 지나친 오만은 인류를 퇴보시킬 뿐 아니라 위협하기까지 한다. 만약 역사가 인간발전의 기록이라면 그것은 동시에 생존자들의 두뇌들을 무겁게 짓누르는 악몽이기도 할 것이다.

만약 마르크스가 '팡글로스'라면 '예레미야'이기도 할 것이다. 그런 반면에 리들리의 견해는 더 순진한 동시에 더 단순하다. 그의 능란한 처세술은 거부반응을 유발하는 순진성의 특질을 함유한다. 마르크스는 시장市場, 교환가치, 세계적 상품유통체계에 내재된 해방적 잠재력을 간파하는 반면에 이런 잠재력을 확실히 놀랍게 여길 리들리는 나머지 다른 모든 것을 무시하는 경향을 보인다. 리들리가 다르푸르 아이들의 굶주려 쪼글쪼글한 얼굴들에 양보하는 것과 무관하게 그의 견해는 철저하게 일방적인 것이다. 시장세력市場勢力의 명민한 변호인은 '재력의 급속한 축적에도 일조할 뿐 아니라 세계문명의 보편적 발전에도 일조하는 그 세력들의 역할'을 강조하는 동시에 '그런 역할이 빈곤과 불평등 뿐 아니라 지극히 어리석은 도구적 합리성, 무자비한 탐욕, 경제적 불안정, 이기적 개인주의, 파괴적이고 군사적인 모험들, 사회계약과 시민결속관계의 파열, 널리 확산되는 문화적 평범성, 속물적 과거말살도 수반해왔다'고 인정할 것이다. 그런 변호인은 이런 사항들의 전부 또는 일부를 인정하면서도 '자본주의의 효율성과 생산성은 다른 여느 경제체제의 효율성과 생산성을 능가하고, 사회주의는 실제로 재난이었다고 판명되었으며, 현행체제의 가장 유해한 특징들 중 몇몇은 단속되거나 개혁될 수 있다'고 강조할 것이다.

그래도 리들리는 자신이 옹호하는 체제의 이런 불쾌한 측면들 거의 모두에 관해서는, 그리고 적어도 그 체제가 주기적으로 유발하는 제국주의전쟁에 관해서는 특히 만족스럽게 침묵한다. 그에게 이런 것들은 '현대성을 망조亡兆에 불과한 것으로 여기며 불쾌한 표정을 짓는 사람들의 경고들'로 보인다. 그러나 그런 경고들은 마르크스와 그를 옹호하는 사람들, 기술공학의 모든 옹호자, 인류발전의 열광적 옹호자들도 품은 견해들이다. 『합리적 낙관주자』는 자유로운 시장, 자본주의의 쇄신, 세계화된 경제를 찬탄하는데 『공산당선언The Communist Manifesto』(1848)도 그것들을 찬탄해마지 않는다. 다만 『공산당선언』은 그것들을 수확하는 데 소요되는 흉악한 비용들을 낱낱이 계산하는 반면에 아마도 현실을 기반으로 삼을 리들리는 그런 계산을 하지 않으니까 서로 다르게 보일 따름이다.

리들리는 자신의 낙관주의를 현실에 뿌리박은 것으로 여겨서 합리적 낙관주의라고 생각한다. 그러나 그는 '공평무사하고 냉정한 심판관'이기는커녕 '자신의 주장을 가장 확실하게 보강해줄 논증들에 필요한 사실들을 면밀히 차출하여 싸울 준비를 갖춘 이념론자'이다. 이런 그의 성격을 예증하는 한 가지 증거는 핵전쟁위험을 설명하는 그의 놀랍도록 대담한 방식인데, 그는 책의 한 단락 전체를 할애하여 그것을 설명한다. 그는 '핵무기들이 냉전기간에 진짜로 위협적인 분위기를 조성했으며 핵분쟁의 위험이 사라질 가능성은 거의 없다'고 인정한다. 그러나 대단히 많은 핵무기가 감축되어왔다. 그래서 그의 책이 풍기는 전반적 인상은 우리가 구태여 왈가왈부하지 않아도 될 만한 것이다. 핵미사일들은 미국의 여배우 겸 가수 도리스 데이Doris Day(1924~)나 홀태바지*만큼 냉전을 상기시킬 만한 것들로 보였을 수 있다. 이 가수나 홀태바지는 적대진영을 응징하는 짜릿한 행복감의 상징들이었다. 현존하는 그런 핵무기들이 진보주의자들을 당혹스럽게 만드는 까닭은 당연하게도 '인류는 오직 점진적으로 발전할 수 있는 지구상에 계속 현존해야만 점진적으로 발전할 수 있다'는 데 있다. 인류의 사멸이 진보대열에 제기할 수 있는 문제는 리전시 댄디**들처럼 보이도록 치장하는 데 여가시간을 소진하는 사람들이 제기할 수 있는 문제보다 훨씬 더 엄중하다. 우리 스스로를 개인적으로 절멸시킬 역량을 항상 보유해온 우리는 이제 감탄스러운 기술공학적 재주를 발휘하여 이런 자기절멸이라는 목적을 집단적으로 달성할 수 있을 정도로 발전했다. 그러니까 자살은 이제 사회화되고 공유화되었다는 말이다. 폴란드의 작가 스타니스와프 레츠Stanisław Lec(1909~1966)가 논평하다시피 "그들이 세계종말을 맞이하기 전에 세계를 멸망시키지 못하면 웃음꺼리로 전락할 수도 있다."[19) 자기파괴능력이야말로 인간의 자주권력自主權力을 가장 풍부하게 증언한다. 러시아의 작가 도스토옙스키Dostoevsky(1821~1881)의 어느 장편소설에 나오

---

* drainpipe trousers: 다리에 밀착하는 매우 좁은 바지.

** Regency dandy: 잉글랜드 섭정 시대(1811~1820)에 사교계를 중심으로 유행한 멋쟁이들의 총칭.

는 인물이 간파하듯이, 자살자는 잠시 동안 신성하고 무한한 권능으로써 자신의 생명을 뜻대로 처분할 수 있는 신神이 된다.

여태껏 인류는 세계종말 같은 끔찍한 대재앙을 줄곧 두려워하면서 살아왔다. 인류가 최근에까지도 감안하지 못한 것은 이런 대재앙이 인류의 발명능력을 증명하는 지표일 가능성이었다. 그래도 리들리는 인류가 자신들의 전혀 재미없는 공연을 폐막시켜버릴 가능성을 줄곧 무시한다. 그는 인류를 엄중하게 위협하는 수많은 흉조(굶주림, 전염병, 환경재난 등등)를 열거하면서도 그런 흉조들이 아직 발생하지 않았거나 그것들의 위험성이 현저히 감소했다고 여기는 만족감만 거창하게 표출할 따름이다. 이런 그의 태도는 차라리 1913년에 '세계대전은 아직 한 번도 터지지 않았다'고 큰소리치거나 '치명적 바이러스 전염병 따위는 아예 발생할 수조차 없다'고 장담하는 사람의 태도를 닮았다. 그런 낙관주의 앞에 잘못 들어붙을 만한 형용사들 중에도 "합리적"은 가장 확실하게 잘못 들러붙은 형용사이다. 리들리가 아직 생생하게 살아있는데도 사실로부터 지나치게 낙관적인 결론을 이끌어내려고 든다면 어리석은 사람으로 보일 것이다.

『합리적 낙관주의자』는 당연하게도 '교역, 상업, 교환, 공학기술, 노동분업, 협력발명, 창의적 발상들의 교환'에 함유된 미덕들을 찬미한다. 그런 활동들 덕택에 인류는 진정한 우주적 생물종으로 변할 수 있었다. 마르크스에게도, 그러니까 언제나 공평무사한 태도를 견지하려는 마음자세를 갖춘 작가에게도, 인류역사의 이런 특징들은 빈곤과 편협성을 탈피하는 진정한 양적量的 비약飛躍을 대변하는 것들로 보인다. 당연하게도 마르크스는 그런 세계적 상호접속관계의 파괴적 효과들마저 조심스럽게 다루지만 지독하게 편협한 시야를 가진 리들리는 그렇게 하지 않는다. 그런데 2008년 브리튼 금융위기를 촉발한 은행 노던록Northern Rock의 비상임非常任 회장을 역임했던 리들리가 그런 효과들을 주목하지 못했다는 사실은 다소 놀랍게 보일 수도 있다. 이런 견지에서 그가 견고한 확신을 품었다는 사실은 그가 어느 경제학자의 "시장市場들을 폭넓게 활용하는 사회들은 협업문화, 공정한 문화, 개인존중문화를 발달시킨다"[20]는 주장을 찬미하듯이 인용한다는 사실로 증명된다. 리들리는 '시장을 움직이는 보이지 않는 손'을 믿기 시작하면서부터 스코틀랜드의 정치경제학자 애덤 스미스Adam Smith(1723~1790)를 스탈린과 닮게 보이도록 윤색하기 시작했다. 개인의 이기적 행위들은, 아무리 더럽고 치사할지라도, 전체적인 견지에서는 언제든지 위업들로 변질될 수 있었다. 협잡, 탐욕, 뻔뻔한 야바위, 범죄적 위법행위를 차례로 걸고넘어지는 비열한 폭로전에 휘말려도 침착한 태도를 유지하는 리들리는 심지어 "현대 상업세계의 집단두뇌에 더 깊게 몰입하는 사람들일수록 더 관대해진다"[21]고 우리에게 호언장담한다. 그가 우리에게 주장하는 소견대로라면 시장은 "인류미래를 낙관하는 논리에 막대한 근거를 제공하는"[22]데, 왜냐면 시장은 "많은 개인적이고 이기적인 욕심들을 집단적이고 이타적인 결과들로 변화시킬 수 있기"[23] 때문이다. 시장은 참담한 결과들을 초래할 수도 있다는 사실은 교묘하게 묵살되지만, 리들리는 이런 현상을 일찍부터 개인적으로 충분히 알았다. 협잡과 농간을 일삼는 악덕금융업자들에게 집과 돈을 사취당하고도 자신들의 탐욕을 탓할 수밖에 없는 수많은 남녀는 필시 그런 시장논리들을 감히 의심스러워하기 마련이다. '자본주의금융체계의 신뢰성은 실제로 점점 더 증가해왔다'고 우리에게 알려주는 리들리는 '세계의 많은 시민이 어린이성애자나 대왕오징어를 혐오하는 눈길보다 아주 조금 덜 혐오하는 눈길로 은행업자들을 바라보는 순간에도 자신은 자본주의금융체계를 신뢰한다'고 쓴다.

리들리는 '노예제도와 아동노동은 19세기에 법적으로 금지되었다'고 자랑스럽게 강조한다. 그는 '이런 종류의 모든 계몽되고 진보한 법령이 바로 그가 환호해마지 않는 사회체계의 지독한 반발을 무릅쓰고 성취되었다'는 사실을 덧붙여 강조하지 못한다. 그는 '인종차별주의, 성차별주의, 아동학대가 오늘날에는 용납될 수 없다'고 주장한다. 그런 병폐들이 현대에도 여전히 어디서나 발견될 수 있다는 사실은 그에게는 비교적 소소한 문제로 보이는 듯하다. 진보를 믿는 그의 신념이 워낙 확고해서 그런지 그는 심지어 세계 대부분의 파산조차 태연하게 방관할 수 있는 마음자세를 갖춘 듯이 보인다. 그는 '가령 유럽, 아메리카, 이슬람세계가 파산하더라도 중국이 빛나는 진보의 횃불을 확실하게 지킬 것이다'고 강조한다. 이것은 곧 인류의 장밋빛 미래는 잔인한 전제주의국가의 수중에 있다는 말이다.

리들리는 공명정대하지도 못하면서 확실히 자기모순적인 사람이다.

그는 자본주의를 찬양하면서도 오싹한 인용문들을 자본주의라는 용어에 덧씌우고 '자본주의는 머잖아 사멸하리라'고 암시한다. 이렇게 해서 그는 '빅토리아 시대의 자본주의가 후기산업시대의 자본주의에 길을 내주었다'고 말하려는 듯이 보이지만, 오히려 바로 지금 현존하는 자본주의제체를 의문시하는 편이 그에게는 더 어울린다. 그리고 그는 평정심을 다소 되찾은 듯이 '우리가 현행방식대로 계속 행동한다면 세계는 재앙을 피하지 못하고 멸망하리라'고 인정하면서도 찬란한 미래의 가망성을 완강하게 고수한다. 그는 "두목들, 성직자들, 도둑놈들 같은 부정한 족속은 여전히 지구상에서 미래번영의 싹을 뽑아버릴 수 있다"[24]고 인정하면서도 다른 대목에서는 '그들은 그렇게 하지 못한다'고 강조한다. 미코버*처럼 공상적 낙천주의정신에 젖은 리들리는 '언제든지 기회는 오기 마련이다'고 믿는 억누르지 못할 신념을 품는다.[25] 리들리는 '성장은 다시 시작될 것이다'고 우리에게 장담하면서도 '그릇된 정책들이 언제나 성장을 가로막을 수 있으므로 실제로 성장이 다시 시작되지 않을 수도 있다'고 경고한다. 우리가 결국에는 수렵채집시대로 회귀하리라고 생각하지 않듯이 리들리도 당연히 그렇게 생각하지 않는다. 그러는 대신에 그는 단지 혁신정신을 믿는 그의 신념을 고백할 따름이다. 발명자들과 기업인들의 천재성을 존경하는 빅토리아 시대의 감정에 사로잡힌 그는 '혁신은 복잡한 어떤 경제체계의 한 가지 요인에 불과해

---

* Micawber: 찰스 디킨스의 소설 『데이빗 카퍼필드*David Copperfield*』(1850)에 나오는 낙천적인 하숙집 주인이자 '공상적 낙천주의'를 뜻하는 '미코브리즘Micawberism'의 어원이다.

서 언제나 결정적 요인으로 작용하는 것은 결코 아니다'는 사실을 간과해버린다. 천진난만한 진보주의를 대변하는 구호들의 대부분이 그렇듯이 변화, 성장, 혁신도 본질적으로 자비로운 것들로 보인다. 심지어 히로시마에 떨어진 원자폭탄도 새로운 발명품이었고, 화학무기들도 창조적 혁신의 산물들이며, 신체고문방법과 감시방법도 진보하면서 완벽해져왔다. 잉글랜드의 작가 새뮤얼 존슨Samuel Johnson(1709~1784)은 모든 변화를 대악大惡들로 간주했지만 '그가 변화의 필연성을 인정하지 않았다'고 단언될 수는 없다.

리들리는 재화시장 및 용역시장과 대조되는 자본시장 및 자산시장을 불신한다고 단언하면서도 자본시장 및 자산시장을 불가결하게 요구하는 경제를 강경하게 옹호한다. 그는 자산시장은 "거품처럼 자동적으로 부풀기도 붕괴되기도 워낙 쉬워서 온전하게 작동되도록 설계되기가 실로 어렵다"[26]고 양보하듯이 인정하기도 하는데, 이런 양보는 시장의 위력을 흡사 '찰스 왕세자가 신성시하는 유기농 당근들'*만큼 신성시하는 듯이 보이는 작가에게는 해로운 것이다. 리들리는 '시장의 생득적으로 유익한 작용들'을 독실하게 신봉하면서도 시장을 규제하자고 큰소리로 떠들어댄다. 그는 대기업들을 눈곱만치도 옹호하지 않는다고 강조하다가 즉각 돌변하여 대기업들을 열렬히 칭찬하기 시작한다. 월마트Walmart는 노동조합들을 깔아뭉개버릴 수도 있고 중소기업들을 파산

---

* 브리튼의 찰스 왕세자(=찰스 윈저Charles Windsor, 1948~)는 자신의 개인농장에서 유기농법으로 농작물을 직접 재배하여 판매한다고 알려졌다.

시킬 수도 있지만, 그래서 월마트의 고객들은 상품들을 더 저렴하게 구매하는 혜택을 누릴 수 있다. 리들리의 사회적 다윈주의Social Darwinism 세계에서는 이런 혜택이 그런 악덕행태들을 충분히 용납될 만하게 보이도록 만들 수 있을 것이다. 리들리는 어느 대목에서는 "핵 테러리즘, 해수면 상승, 세계적으로 유행하는 인플루엔자가 21세기를 끔찍한 상태로 전락시킬 가능성을 여전히 지녔다"[27]고 인정했다가 최종문장 바로 직전의 문장에서는 "21세기는 살아갈 만한 장대한 시대가 될 것이다"[28]고 우리에게 장담한다. 이런 모순들은 '그는 바다에 빠져 익사하는 경험도, 몸이 산산조각 나는 경험도, 치명적인 전염병에 감염된 경험도 소중한 경험들로 생각한다'고 추정되는 경우에만 해소될 수 있다.

리들리는 '세계의 어떤 지역들은 무정부 상태나 권위주의체제로 전락하여 격동에 휘말릴 수 있으며, 고질적이고 충분한 경제공황이 대규모 전쟁을 촉발시킬 가능성도 농후하다'고 인정한다. 리들리는 그러면서도 "더 나아지려는 타인들의 욕구를 채워줄 방편들을 발명하려는 의욕을 다른 지역의 누군가가 품기만 한다면, 합리적 낙관주의자는 '인간생활도 마침내 다시금 개선되기 시작하리라'고 결론지을 수밖에 없을 것이다"[29]고 쓴다. 그러나 문제의 대규모 전쟁이 세계적 핵전쟁의 일종이라면 어찌될까? 그리고 "마침내"는 얼마나 오래 기다려야 오는 때일까? 오스트리아의 동물학자 콘라트 로렌츠Konrad Lorenz(1903~1989)는 자신의 논저 『공격성On Aggression』(1966)을 '우리 모두를 서로 사랑하는 피조물들로 변화시켜줄 미래의 어느 날엔가 발생할 유전적 돌연변이야말로 비폭력 인류를 위한 유일한 희망이다'고 주장하면서 마무리한다. 그러나 우리가 그토록 오래 기다릴 수 있을지는 불확실하다. 리들리가 천진난만한 관점을 포기하지 않으면서도 '변이과정에 있는 인류의 불행'을 관대하게 받아들일 준비를 얼마나 갖췄을까? 그리고 혁신들이 헛수고들로 판명나면 어찌될까? 자본주의는 창의적 발상을 장려하는 동시에 방해할 수 있는데, 이런 사실을 『공격성』은 명백히 지목하지 못한다. 명랑성의 보관자들이 차마 견딜 수 없는 진실은 '우연성이 존재한다면 영원한 실패의 가능성도 존재한다'는 것이다. 또한 우연성이 존재한다면, 확실히, 정신을 뒤흔드는 발전들의 가능성도 존재한다.

그런데 '개인들이 혹시 잘하면 푸짐한 재정적 보상을 받으리라고 기대하여 타인들을 도와주고픈 "의욕을 품을" 경우에만 타인들을 도와줄 사회질서의 도덕적 비루함'을 리들리가 인식하지 못한다는 사실도 의미심장하다. 반反기업운동가들이 국가의료제도* 같은 "리바이어던**들"을 신봉하면서도 "당신들에게 일감을 구해주어야 하는 베헤못***들을 의심하기"[30]도 지속한다는 사실은 리들리를 좌절시킨다. 자본주의를 달빛처럼 자연스러운 것으로 여기는 사람은 '이윤을 추구하지 않는

---

* National Health Service(NHS): 1948년부터 브리튼에서 실시된 국민건강보험제도의 일종.

** leviathan: 기독교경전들인 「욥Job」, 「아모스Amos」, 「시편Psalm」, 「이사야Isaiah」에 나오는 거대한 바다 괴물. 잉글랜드의 정치철학자 토머스 홉스Thomas Hobbes(1588~1679)는 사회 계약으로 성립되는 전체주의적인 근대 국가를 리바이어던에 비유한 저서 『리바이어던』(1651)을 집필했다.

*** behemoth: 「욥Job」 제40장 제15~24절에 나오는 하마河馬처럼 생긴 거대한 괴수怪獸.

회사들의 도덕성'을 '오직 자신들의 코 밑에 신용카드를 들이밀고 흔들어대는 타인들의 상처만 봉합해주거나 그런 타인들의 자녀에게만 산수를 가르쳐주는 사람들의 도덕성'보다 더 우월하게 평가하는 사람을 상상하지 못할 것이다. 자본주의적 기업들을 "'자신들의 상품을 소비하는 타인들을 도와주는' 방식대로 '자신들의 상품을 생산하는 타인들을 도와주는' 사람들의 일시적 집합체들"[31]로 묘사하는 리들리에게는 마이크로소프트Microsoft 사社와 코카콜라Coca-Cola 사社도 인류복지에 이타적으로 헌신하는 착한 사마리아인들이나 보이스카우트들과 같은 반열에 오를 수 있는 자선단체들로 보인다. "자신들의 상품을 소비하는 타인들을 도와주는"이라는 문구는 엑슨Exxon 사나 마이크로소프트 사를 극적으로 묘사하는 더없이 완곡한 표현이다. 리들리의 이런 관점은 '차량절도범'을 '차량주인을 걷게 만들어서 차량주인의 체중감량을 도와주는 사람'으로 보는 관점과 흡사하다.

리들리의 문장들은 멍청하게 보이리만치 거창한데도 그의 명랑한 상상력은 기이하게도 벙어리처럼 침묵을 지킨다. 그는, 예컨대, 산업시대 초기 잉글랜드의 제분소들과 공장들에서 일한 근로자들은 "극심한 위험, 소음, 먼지로 가득한 현장에서 어릴 때부터 가혹한 노동에 종일 시달리다가, 지독한 악취를 풍기는 오염된 진창 같은 길을 걸어서 비좁고 더러운 집으로 돌아가는 생활을 감내했고, 그토록 끔찍한 직업에라도 종사해야만 안전할 수 있었으며 음식을 구할 수 있었고 건강을 유지할 수 있었으며 교육도 받을 수 있었다"[32]고 인정한다. 그런데도 그는 역시나 곧바로 '그들은 농장노동에 종사한 그들의 조상들보다는 더 잘 살았다'고 강조한다. 1850년 도시빈민의 생활여건은 지독하게 열악했지만 1700년 시골빈민의 생활은 훨씬 더 열악했다. 이것이 진보였다고 도저히 말해질 수는 없다. 리들리는 '20세기에 발생한 무력분쟁 때문에 사망한 인구는 수렵채집사회에서 발생한 전투 때문에 사망한 인구보다 훨씬 더 적은 1억 명에 불과하다'고 주장한다. 이것은 차라리 '양손을 잃은 사람이 사지를 잃은 사람보다 훨씬 더 행복하다'는 주장을 닮았다. 미국의 심리학자 스티븐 핑커Steven Pinker(1954~)도 『우리의 본성에 내재된 더 착한 천사들The Better Angels of Our Nature』이라는 저서에서 이것과 비슷한 주장을 교묘하게 펼치는데, 그는 '제2차 세계대전 때문에 사망한 인구가 5,500만 명이다'고 지적하면서 '그런 사망인구가 당시의 세계인구전체에서 차지한 비율대로라면, 제2차 세계대전은 모든 시대를 통틀어 최다인구사망률을 기록한 10대 재난에 간신히 포함될 수 있을 따름이다'고 주장한다. 이런 주장보다 더 훈훈한 희소식이 상상되기는 어려울 것이다. 역시 비슷하게 훈훈한 기분에 젖은 핑커는 기후변화의 위험들마저, 놀랍게도, 그의 희소식을 전하는 책의 고작 한 페이지에만 할애하면서, 과감하게 축소해버린다. 심지어 그는 뻔뻔하게도 '그가 설명할 수 없는 이유 때문에 축소하여 상상하는 핵전쟁을 겁내는 공포심'이 "생태계파괴, 홍수, 파괴적 폭풍들, 심해지는 가뭄, 극지빙상축소"를 우려하는 예상으로 변해가는 과정은 "일종의 진보"[33]를 대변한다고까지 주장한다.

리들리는 초기 인류를 가리켜 "그들은 살해했고, 그들은 포로들을 노예들로 만들었으며, 그들은 강탈했다"고 비평하면서 이런 문제는 수천 년간 "해결되지 않은 채로 잔존했다"고 주장한다.[34] 만약 이런 주장이 '인류가 싸움을 좋아하는 공격성을 해소할 대책을 우연하게라도 마침내 발견했다'는 사실을 암시한다면, 리들리는 분명히 이렇게 발견된 사실을 그의 독자들과 공유해야 마땅하다. 그는 초기 인류의 시대를 가리켜 "폭력은 상습적으로 자행되었고 언제나 현존하는 위협이었다"고 주장하는데, 이것은 마치 '그런 폭력분쟁이 중생대에 살았던 익수룡翼手龍 만큼이나 오래된 과거의 것이다'는 주장을 닮았다. 그의 주장대로라면, 초기 인류의 시대에는 "몇 사람이 자신들을 위한 일을 타인들에게 시켰고, 그 결과 피라미드들이 건설되었으며 인류의 소수는 한가롭게 여가를 향락한 반면에 다수는 단조로운 노역과 극심한 피로에 시달렸다."[35] 그는 '그러나 기술이 발전하면서 이 모든 상황은 일변했다'고 주장하는데, 이것은 마치 '파라오들이 사라지면서 다수의 노동력을 소수가 부리는 관행도 함께 사라졌다'는 주장을 닮았다. 하지만 진실은 '생산력이 진화했어도 다수대중에게는 여가를 결코 제공할 수 없었다'는 것이다. 그렇기는커녕 현대의 남녀들은 자신들이 이룩한 모든 놀라운 기술적 진보 때문에 오히려 정반대로 신석기시대의 남녀들보다도 더 힘들게 노동한다. 현대인들의 노동을 고생스럽게 만드는 것들은 바로 사회적 관계들 — 리들리는 태연하게 무시해버리는 기술공학적 관계들 — 이고, 그것들이 바로 현대인들에게 더욱 고생스러운 노동을 요구한다.

또 다른 관점에서 리들리는 겉보기와 다르게 결코 낙관주의자로 보이지 않는다. 그의 경박스럽도록 명랑한 태도는 '여태껏 인류를 괴롭혀온 고질적인 문제들이 현재 해결되는 과정에 있다'고 믿는 신념의 발로이다. 그러나 이것은 오히려 '여태껏 인류역사가 실로 비참했다'고 인정하는 신념일 수 있다. 그렇지 않았다면 군대들이 그토록 강력하게 육성될 필요는 전혀 없었으리라. 그리고 '여태껏 발생해온 사건들'의 본질도 진행기간도 '리들리가 열심히 찬미하는 최근에 이루어진 발전들'의 본질과 진행기간보다 훨씬 더 중요하다. 그러니까 전체적 관점에서 인류역사는 결코 다행스러운 역사로 보이지 않는다. 실제로 우리가 암癌 치료법을 발견할 수는 있겠지만, 이런 발견이 지난날 갖가지 암에 걸려 사망한 인구 수백만 명을 위로하지는 못한다. 아프리카 아동들의 생존율이 지난 몇십 년간 높아졌을 수 있겠지만, 이런 사실이 지난날 굶주려 사망한 아동 수백만 명의 운명을 되돌릴 수는 없다. 그런 과거를 구제할 수 있을 장밋빛 미래가 구현되려면 얼마나 더 많은 세월이 흘러야 할까? 그런 미래가 과연 구현될 수는 있을까? 심지어 괴로운 사람들의 눈에서 흐르던 눈물을 깨끗이 닦아주고 병자들을 완쾌시켜줄 미래의 국가를 대망하는 기독교조차 역사에 기록된 질병과 절망을 지우지 못한다. 하물며 신神조차도 이미 발생한 사건들을 말소하지 못한다. 기독교의 가시권可視圈을 벗어나서 죽은 사람들은 희망의 가시권마저 벗어나 버린다. 우리는 우리의 조상들이 지은 죄악들을 대속할 수 없다. 그것들은 머나먼 미래만큼이나 우리의 영향권을 멀리 벗어난 것들이다. 그런

데 여기서 주목될 만한 또 다른 부수적인 사실은 기독교에 관한 리들리의 의견들이 '그와 같은 부류의 세속적 자유주의자들도 모를 것으로 예상되어온 신학적 지식'을 그도 모른다는 사실을 암시한다는 것이다. 리들리는, 예컨대, '기독교신자들은 육체는 영혼을 담는 그릇에 불과하다고 보는 견해를 신봉하는데, 콘월 민족주의*도 이런 견해를 공유하듯이 기독교의 『신약전서』도 이런 견해를 거의 비슷하게 공유한다'고 상상한다.

리들리도 옹호하였듯이, 과거가 쉽게 지워질 수 없다면, 적어도 과거가 현재를 구성하는 핵심요소라서 그렇지는 않다. 분명히 우리는 과거를 벗어나 진보할 수 있지만, 오직 과거가 우리에게 남겨준 역량들을 우리가 발휘해야만 진보할 수 있다. 패권적인 세대와 비굴한 세대, 오만한 세대와 무기력한 세대가 기른 습관들은 하룻밤만 지나도 잊어버리는 학습한 지식들이 아니다. 그런 습관들은 오히려 노르웨이의 극작가 겸 시인 헨리크 입센Henrik Johan Ibsen(1828~1906)을 괴롭힌 것들과 같은 (입센주의적인Ibsenesque) 유전된 죄의식과 부채의식을 구성한다. 그런 죄의식과 부채의식은 인간이 지닌 창조성의 근원들을 오염시키고 현대역사의 뼈들과 혈액에 침투하며 우리의 더욱 계몽된 해방충동들에 얽히고설켜든다. 그런 반면에 리들리는 어두운 과거와 찬란한 미래를 가르는 조잡한 진보주의적 이분법의 희생자로 전락한다. 그는 '과거가 현

---

* Cornish nationalism(콘월 자치운동Cornish self-government movement): 잉글랜드 서남단의 콘월Cornwall 주州를 잉글랜드에서 자치국가로 인정받으려는 문화정치사회운동.

재와 뒤섞일 때 발휘할 수 있는 파괴력'을 간파하지 못할 뿐더러 '더 유망한 미래세대를 위해 쓰여야 할 귀중한 자원들을 과거가 우리에게 제공할 수 있는 경위'도 간파하지 못한다. 어떤 문명이 그것에 기대어 살아가는 경험을 오직 동시대인들에게만 허여許與한다면, 그 문명은 참으로 빈곤할 것이다. 만약 리들리 같은 자유주의적 현대화론자現代化論者(moderniser: 근대화론자)들이 과거를 무서워하여 기죽을 수밖에 없다면, 그런 첫째 이유는 그들의 낙관적 기분을 꺾어버리겠다고 위협하는 과거가 그토록 무섭게 보인다는 것이고, 둘째 이유는 과거가 함유한 유산들이 '그들 스스로 묵인할 수 있는 차원보다 훨씬 더 깊은 차원에서' 현재를 변화시키는 데 이용될 만한 것들이라는 것이다.

리들리는 '역사에 함유된 한 가지 불변하는 요인은 인간본성이다'고 보는 견해를 더없이 완강하게 고집한다. 그러나 인간본성은, 오늘날에까지 전해지는 이야기로 미루어 판정되자면, 풍요의 기반들을 거의 제공하지 않는다. 그래서 리들리의 보수주의는 자신의 진보주의와 모순된다. 그의 문제의식도 일관성을 결여한다. 왜냐면 그는 인간본성의 불변성을 믿으면서도 '상업발달과 예의범절의 보편적 확산은 병행된다'고 보는 이른바 상업적 인본주의를 오히려 통속적으로 각색한 소견을 열심히 찬양하기 때문이다. 그런 소견대로라면, 요컨대, 우리는 상거래를 더 많이 할수록 더 행복해진다. 그러니까 결국 리들리는 '인간본성의 일면 — 재기발랄하고 참신한 생각들을 떠올릴 수 있는 우리의 재능 — 이 잔혹성, 사리사욕, 착취 등을 편애하는 성향보다 중요시될 것이다'고 믿기밖에 하지 못한다. 이런 믿음은 도무지 불가능할 성싶은 도박처럼 보인다.

리들리는 대규모 진보를 믿지 소규모 진보를 믿지 않는다. 이런 의미에서 그는 평균적인 최고경영자에 가깝기보다는 독일의 철학자 헤겔 Hegel(1770~1831)에 혹은 허버트 스펜서에 더 가깝다. 제1차 세계대전의 전쟁터들에서 황폐해져버린 것으로 한때 생각되기도 했던 미래상 하나가 2000년대의 처음 십여 년간 소생해왔다. 『합리적 낙관주의자』는 인류의 기원부터 찬란한 미래까지 아우르는 장대한 서사의 기치를 올리지만 21세기에 이룩된 풍부하고 화려한 위업들을 차분하고 소박하게 성찰하지 않는다. 리들리의 저서대로라면, 인류는 집단지성을 진화시켜왔고, 그런 지성 덕택에 서로의 생각들을 교류하여 이용할 수 있었으며 인류의 여건들도 개선할 수 있었다. 그런 협력이 신체고문과 전투도 유발했다는 사실은 리들리의 저서에서는 언급되지 않고 교묘하게 간과된다. 그의 저서는 '생산력의 발전을 믿는 마르크스의 신념을 오히려 더 닮은 듯이 보이는 집단지성은 인간발전의 척도를 제공할 수 있는 훨씬 더 보편적인 개념이다'는 사실도 파악하지 못한다. 흐리멍덩한 개념에 편승하여 부끄러워할 줄도 모르는 리들리는 진보를 가리켜 "남녀관계들을 규정하는 일종의 확고부동한 풍조"[36]에 빗댄다. 요컨대, 리들리는 자신이 '우리가 이제는 망각해버린 시대'로 믿는 시대의 실증주의자들과 역사주의자들만큼이나 농익은 결정주의자이다.

이런 견지에서, 적어도, 그는 완전히 퇴행적인 전위주의자*이다. 진보는 관절염만큼 불가항력적인 것으로 보일 수 있다. 전진하는 진보를 마주친 우리는 전진하는 불도저를 마주친 오소리처럼 무기력할 수 있다. 개인이 그런 진보를 마주칠 때, 리들리가 그런 개인이라면, 그는 무기력하고 인습적인 중류계급 자유주의자이다. 그런 자유주의자는 분명히 "주거지, 결혼상대, 성욕표현방법 등"[37]을 마음대로 선택할 권리들을 부여받지 않으면 더 훌륭한 주거지, 더 아름다운 결혼상대, 더 고상한 성욕표현방법을 선택할 수 없으리라고 내심 생각할 수 있다. 우주의 광대한 지역들과 무수한 시간대들을 가로질러 진행되는 인류의 거창한 이야기는 '잉글랜드의 햄스테드Hamstead와 옥스퍼드 북부에서 인류가 우연히 환영받는다'는 식의 이야기로 불시착해버린다. 그래도 리들리가 개인차원에서 아주 높게 평가하는 자유는 사회차원에서는 소실되어버리는 듯이 보인다. 인류역사를 무자비하게 추진시키는 집단지성은 어떤 도전도 불허하는 가장 거만한 독재자처럼 보인다. 그것은 어떤 우롱도 불허하는 '시장의 보이지 않는 손'과 비슷하게도 보이거나 아니면 차라리 어떤 모독도 불허하는 신의 섭리처럼 보이기도 한다.

그래서 리들리는 경박한 낙관주의자의 겉옷을 입은 숙명주의자처럼 보이기도 한다. 그는, 예컨대, "소득격차는 팽창하는 경제의 불가피한 결과이다"[38]고 쓴다. 그렇다면 미래의 행복을 선전하는 이 사람이 왜 그토록 암담한 숙명의 예언자일까? 그는 위의 인용문에 들어맞지 않을 수

---

* avantgardist: 이 낱말은 '아방가르드주의자'나 '전위파'로도 번역될 수 있다.

있는 형태를 띠는 사회의 존재를 상상하지 못할까? 그는 개념혁신을 왜 그토록 고집스럽게 반대할까? 그가 찬탄하는 것이라고 주장하는 창조적 상상력이란 여태껏 어떤 상상력이었을까? 그런 상상력이 우리의 '아주 자랑스레 과시되는 영리한 두뇌'에 의존하지 않고도 '경제팽창이 심한 불평등을 자동적으로 유발하지는 않을 사회체계'를 조성할 수 있을까? 리들리의 상상들은 현재불변론現在不變論에 속박된다. 그가 미래의 불확정성을 진실로 허심탄회하게 받아들이는 과정은 그가 걸터앉은 나뭇가지를 톱질하여 잘라버리는 과정이나 다름없다. 그렇지 않다면 미래는 개선된 현재에 불과해질 것이므로 진짜미래는 결코 아니다.

　자유주의적인 폴리애너*들도 있듯이 좌익 폴리애너들도 있다. 러시아의 혁명가 레온 트로츠키Leon Trotsky(1879~1940)는 『문학과 혁명 *Literature and Revolution*』(1924)이라는 저서의 마지막 페이지들에서 공산주의의 미래에 관한 자신의 견해를 다음과 같이 요약한다.

몽블랑 산의 봉우리들과 대서양의 해저에 노동회관들을 건축하는 기술을 습득할 인간은 자신의 인생을 더 풍요롭게, 더 찬란하게, 더 강렬하게 만들 수도 있을 뿐 아니라 최고로 역동적이도록 만들 수도 있으리라…… 그는 일하고 걸으며 놀이하는 자신의 팔다리를 가장 정교하고 가장 의미심장하게 가장 경제적으로 움직여서 아름다운 건물을 완공하느라 노력하리라. 그는 자신의 호흡기관, 혈관, 소화기관, 번식기관 같은 신체기관들의 반半의식적 작동과정들을

---

*　Pollyanna: '극심한 낙관주의자'나 '극단적 낙천주의자.'

먼저 터득한 다음에 그것들의 무의식적 작동과정들마저 터득하려고 노력할 것이며, 필수한계들을 벗어나지 않으면서도 이성理性과 의지로써 그런 작동과정들을 제어하려고 노력하리라…… 해방된 인간은 '죽음을 두려워하는 공포심'을 '위험에 대응하는 유기적 신체의 합리적 반응'으로 변환할 수 있게끔 자신의 신체기관들을 더욱 원활하고 조화롭게 작동시키며 자신의 신체조직들을 더욱 적절히 고르게 발달시키고 소모시키는 경지에 도달하기를 바라리라…….

인간은 자신의 감정들을 뜻대로 제어하고, 자신의 본능들을 의식의 차원들로 끌어올리며, 그런 본능들을 투명하게 만들고, 의지의 철망鐵網을 비밀스럽고 후미진 곳들에까지 확장하여 자신을 새로운 수준으로 끌어올리며, 더 높은 수준의 사회생물학적 유형의 인간을, 혹은 더 바란다면, 초인을 창조하기를 목적으로 설정하리라……. 인간은 헤아릴 수 없이 더 강력해지고, 더 현명해지며, 더 명민해지리라. 그의 신체는 더 조화로워지고, 그의 움직임은 더 유려해지며, 그의 목소리는 더 낭랑해지리라. 생활방식은 역동적이고 드라마틱해지리라. 평균적 인간은 아리스토텔레스Aristoteles(서기전384~322)나 괴테Goethe(1749~1832)나 마르크스의 수준에까지 상승하리라. 이렇게 달성된 수준의 능선에서는 새로운 봉우리들이 솟아나리라.[39]

위 인용문은 스탈린 시대 러시아를 완전하고 정확하게 묘사한 것이 아닐 것이다. 소련의 은행직원들은 발레 무용수들처럼 우아하게 출퇴근버스를 잡으러 달려가지 못했고, 자신의 분노를 다스리는 법을 배운

상점주인은 거의 없었지만, 강제수용소들에서 큰소리로 명령하는 목소리들도 언제나 음악처럼 들리지는 않았다. 변함없이 낙관적인 트로츠키는 『합리적 낙관주의자』를 마치 유태교-기독교경전 「욥」처럼 읽히게 만든다.

*

희망은 언제나 진보주의와 짝지어질 수 있는 것이 아니다. 실제로 유태교-기독교는 희망과 진보주의의 연결고리를 끊어버린 하나의 교리이다. 역사에서 실제로 진보가 이따금 이루어질 수도 있겠지만, 우리는 그런 진보를 대속구원代贖救援과 혼동하면 안 된다. 그런 진보는 '역사전체가 전능한 신을 향해 조금씩 꾸준하게 다가가면서 영광스러운 대단원을 향해 활강할 수 있을 고도에 이르는 단계를 하나씩 밟아 오르는 과정'과 같지 않다. 기독교경전 『신약전서』에 언급되는 종말eschaton 혹은 미래의 신국神國은 역사전체의 완결판으로 오해되면 안 된다. 그러니까 그런 종말이나 신국은 꾸준하게 등반하여 고지를 점령한 승리의 결과로 이해되기보다는 오히려 인류서사人類敍事 속으로 과격하고 예측 불허하게 난입하여 인류서사논리를 전복해버리고 인류서사진행순서를 무시해버리며 인류서사에 담긴 지혜의 어리석은 본질을 폭로해버리는 돌발사건으로 이해되어야 한다. 메시아(구세주)는 역사라는 곡조의 최고음을 노래하기보다는 오히려 그 곡조를 느닷없이 끊어버린다. 만약 메시아를 둘러싼 가장 확연하고 명명백백한 사실이 '메시아는 출현하지 않는다'는 것이라면, 각 세대世代는 메시아의 능력에 비하면 비록 미미한 능력이라도 핍박당하는 자들을 위해 발휘하면서 빈민들에게는 '메시아의 출현을 촉진하리라고 기대하여 분발하려는 의욕'을 심어주는 임무를 떠맡을 것이다. 이런 의미에서 메시아의 부재不在는 우발사태가 아니라 확정된 사태이다. 왜냐면 그런 사태는 역사를 대속하고 구원하는 과업이 인류의 수중에 떨어질 여지를 깨끗이 없애버리기 때문이다. 만약 유태교경전들에서 약속된 혁명적 역전逆轉이 현대에 완수되어 빈민들을 풍족하게 만들고 부민富民들을 빈털터리들로 전락시킬 수 있다면, 역사는 갑자기 끝나버릴 수도 있을 것이다.

그래도 역사와 종말의 관계는 쉽사리 양분되지 않는다. 실제로 역사와 종말 사이에는 연속성이 어느 정도 존재하지만 장중한 어떤 목적론의 형태를 띠지는 않는다. 역사의 시간에 묵시적으로 난입하는 신국은 자체에 내재된 신성화하는 계기들의 양상을 띠면서 성취된다. 그런 양상은 신국의 핵심줄거리로 지칭될 만한 것의 성질을 거슬러 진행되는 정의正義와 전우戰友의 파격적 서사이다. 이런 관점에서는 마치 역사라는 옷감으로 직조織造되는 희망의 암호화된 무늬 같은 것이 존재하는 듯이 보인다. 그 무늬는 그 옷감의 구석구석으로 분산되었다가 최후심판일最後審判日에야 비로소 완벽하게 읽힐 수 있는 서사로서 조립될 문자들을 거느린 언외의미言外意味와 같다. 세속역사의 진로를 돌이켜보는 사람은, 오직 그런 언외의미를 파악해야만, '정의를 호소하며 투쟁하는 두 세력 사이에서 은밀하게 체결된 비밀계약'을 비로소 간파할 수 있을 것이고 '이 모든 사건도 단일한 대속구원계획의 여러 측면에 불과했다'는 사실을 알아차릴 수 있을 것이다.

발터 벤야민이 「역사철학론」*에서 '경외전설經外傳說tradition'이라는 명칭을 부여한 것이 바로 이런 '부차적 줄거리subplot' 또는 '분산되어있으되 상호연관성을 지닌 계기들의 별자리'이다. 그의 견해대로라면, 혁명적 역사기록자의 과업은 이런 비밀역사의 단편들을 지금 당장에 친화력을 지닌 것들로 보이게끔 날조하여 '최후심판일에 과거사를 돌이켜볼 눈길'을 미연에 차단하는 일이다.[40] 그런 역사기록자는 시간의 흐름을 일순간 정지시켜서 시간의 묵시적 종말을 예시한다. 메시아의 시간은, 이탈리아의 철학자 조르조 아감벤Giorgio Agamben(1942~)이 주장하다시피, 통상적인 크로노스**를 대체할 수 있는 어떤 차원이 아니라 '시간 자체를 숨기는 데 몰두하는 시간' 같은 것이고 '이미 지나간 시간과 아직 오지 않은 시간 사이에 붙들려 단축되고 완결되어 거듭 재발하는 내부적 탈구脫臼나 탈골' 같은 것이다.[41] 이런 견해와 프랑스의 철학자 알랭 바디우Alain Badiou(1937~)가 "진실만큼이나 덧없는 정치적 연속사건의 희귀한 연결망"[42]으로 지칭하는 것 사이에는 어떤 관계가 있다.

만약 역사를 구원하려고 애쓰는 혁명적 역사기록자의 과업이 긴급하

---

* 「Theses on the Philosophy of History」: 이것은 한국에서는 「역사철학테제」로 알려졌다

** Chronos(Khronos): 그리스 신화에 나오는 시간時間을 관장하는 신으로 서양 문학에서는 '의인화된 시간'을 상징해 왔다.

게 실행되어야 한다면, 그 까닭은 그 역사가 사라질 위험에 부단히 노출되기 때문이다. '퇴출당한 자들은 사라질 수밖에 없다'는 것은 숙명이다. 그들은 혈통이나 계보를 결여한 남녀들이고 그래서 다른 종류의 역사를 기록해야 하는 불임성 피조물들이다. 그들은 벨기에 출신 프랑스 문학자 앙투안 콩파뇽Antoine Compagnon(1950~)이 "후손을 일절 남기지 못한 것의 역사 …… 역사적 실패들의 역사"[43]로 지칭한 것을 재현한다. 그것은 '정의를 위해 감행된 알려지지 않은 투쟁들'의 역사이다. 그런 투쟁들은 여태껏 공식적 역사기록에 완전히 용해되어버리면서 아무 흔적도 남기지 못했으므로 유산, 명칭, 계보를 연상시키는 모든 관념의 신뢰성을 감소시켜왔지만 '피억압자들의 역사를 기록하려는 사람이 반드시 구하고자하는 초자연적 위력'을 보유해왔다. 혁명적 역사기록자는 그런 투쟁들을 삼켜버리려고 끊임없이 위협하는 망각의 늪에서 구출해야 하고, 그런 투쟁들을 이야깃감으로 삼는 불운한 서사에서 자유롭게 탈출시켜서 최후심판일을 대비한 투쟁들로 만들어야 한다. 우리는 여기서 이제 스스로 분란을 유발할 수 없는 사람들 — 그러니까 이미 세상을 떠난 망자들 — 을 대신하여 분란을 유발할 것이다.

벤야민의 관점에서 분란을 유발하는 활동은 시간의 흐름을 정지시키는 활동, 즉 역사적 위기의 돌발순간을 메시아의 출현순간과 직결시켜서 시간의 불임성 진화를 중단시키는 활동으로 보인다. 이렇게 분란을 유발하는 식으로 회고록을 쓰는 사람은 지상의 불행한 패배자들을 그들이 살아서 당했던 패배들로부터, 적어도 회고록 안에서는, 면책시켜줄 수 있고 그들을 현재의 정치현실에 영향을 끼칠 만한 대속구원세력으로 보이게 만들 수 있다. 독일의 유태계 철학자 겸 사회학자 막스 호르크하이머Max Horkheimer(1895~1973)가 쓰다시피, "오해받는 과정과 암담한 음지에서 죽어가는 과정은 비통한 과정이다. 그런 음지에 빛을 비추는 역사연구는 영예로워질 수 있다."[44] 호르크하이머는 역사기록을 카이사르의 관점에서 거듭 자세하게 이야기되는 영웅전설saga* 같은 것으로 생각하지 않고 패배자들의 연대기로 생각한다. 벤야민도 기억되어야 할 사람들 사이에 있다. 파시즘의 희생자로서 벤야민은 자신의 처지를 현재에는 구원받지 못할 처지로 생각한 듯이 보인다. 그는 다음과 같이 쓴다. "우리는 우리의 후예들에게 우리의 승리들을 고마워하는 마음을 표시해달라고 요청하기보다는 우리의 패배들을 기억해달라고 요청한다. 이런 기억은 위안 — 앞으로 위로 받으리라고 기대하는 희망을 일절 품지 못할 사람들이 받을 수 있을 유일한 위안 — 이다."[45]

벤야민의 관점에서는 실제로 보편적 역사가 존재하는 듯이 보이지만, 그런 역사는 통례적으로 이해되는 대하서사大河敍事 같은 것을 조성하지 않는다. 그런 역사는 오히려 비록 거대서사grand récit의 보편형식을 공유하더라도 목적론적 취지를 결핍한 고통의 영속적 현실이다. 그런 고통은 아예 무의미하므로 결코 역사를 지시하지도 않는다. 그래서 벤야민은 헤겔과 마르크스의 궁극적으로 희극적인 역사관歷史觀을 비

___
* 여기서 '카이사르Caesar'는 고대 로마의 정치인 율리우스 카이사르Julius Caesar(서기전 100~서기전44)에 비견될 만한 영웅적인 인물들의 통칭으로 사용되었다.

극적이고 메시아주의적인 용어들로써 개작한다. 만약 벤야민이 역사를 총괄적으로 설명할 수 있다면, 그런 까닭은 그가 이 문제들에 관한 자신의 고찰들을 가두는 위기상황 — 즉 그가 자살하기 얼마 전에 나치스를 피해 달아나다가 봉착한 지극히 위험한 순간 — 이 일종의 변증법적 이미지를 조성했기 때문이다. 그런 역사는 바로 그런 이미지 속에 초현실적으로 압축되고 축약될 수 있었으며 '그에게 닥친 개인적이고 정치적인 위기'라는 렌즈(돋보기)를 통해 영속적 위기상황으로 보일 수 있었다.

그런 경우에도 벤야민은 '역사의 덧없는 본성'을 '희망의 아이러니한 원천'으로 간주했는데, 왜냐면 바로 이런 덧없는 본성이 메시아의 출현을 부정하기 때문이다. 속세시간이 매순간마다 겪는 소실은 그런 중대한 간섭과 관련되는 역사의 소실을 가리키는 지표이다(이 대목에서 '기독교는 메시아가 이미 출현했다고 — 그러나 고문당하고 처형당하는 정치범의 모습으로, 그리하여 도저히 인정받을 수 없을 만치 추악해서 본색을 효과적으로 숨긴 겉모습으로 출현했다고 — 가정할 것이다'는 견해도 부언될 수 있으리라). 벤야민의 눈에는 역사로 알려진 거대한 잔해더미에서 가장 귀중하게 보이는 것은 중요한 계기들의 비밀스러운 배치도配置圖이다. 캄캄한 하늘에서 빛나는 별자리처럼 돋보이는 그 배치도 속에서 세속역사에 시종일관 충실한 남녀들은 메시아의 출현을 재촉하느라 애써왔고 '메시아가 그들에게 최후에 부여해줄 정의와 동지애'를 그들의 생존기간에 쟁취하고자 맹렬히 시위함으로써 시간을 종결시키느라 진력해왔다. 그런 계기들은 끊이지 않는 어떤 대하서사를 구성하는 단계들로 보이지도 않을 것이고 단순한 특이점들로서 존재하지도 않을 것이며 매혹적이고 실존적인 느닷없는 일련의 돌출행동들actes gratuits로서 존재하지도 않을 것이다. 그런 계기들은 오히려 신국을 출현시키는 전략적 운동들이다. 그것들은 마치 화물열차가 화물을 배송하듯이 신국을 배송하지는 않는다. 문제는 부르주아 진보주의의 방식으로 미래를 물신화시키지 않으면서 행위결과들을 바라보는 방식이다. 매번 부딪히는 도구적 합리성과 충돌하지 않을 전략적 행동방식이 존재할까?

그래서 벤야민이 추구하는 것은 비非진보주의적 형식을 띠는 희망이다. 그의 역사관은 패배주의와 승리주의를 똑같이 문제시한다. 그것은 몇 가지 측면에서 니체의 역사관과 매우 가깝다. 왜냐면 니체도 참담한 과거를 구원해줄 미래 ― 아니면 차라리 폭발하기 쉬운 "지금 당장"인 현재로 사납게 들이닥쳐 현재의 겉치레용 안정을 파괴해버릴 벤야민의 역사의 천사Angel of History 같은 미래 ― 를 창조할 필요성을 믿었기 때문이다. 그러나 니체는 '착취자들에게 시달리다가 죽은 자들이 살았을 때 받은 고통들'을 상쇄해주기보다는 오히려 이런 불행한 자들을 총괄적으로 기념하는 영웅전설에 정당성을 부여하느라 애쓴다. 만약 인간이 초인*의 미래처럼 빛나는 미래를 창조할 수 있다면, 과거는 이

---

* 超人: 이 낱말은 니체가 사용한 위버멘쉬Übermensch(Overman, Beyond-man, Overhuman, Above-Human, Superman, Super-human)의 번역어이다. 일각에서 논란도 없지 않지만, 이것이 '인간을 초월超越하거나 초극超克하는 인간'을 가리키는 '명사名辭'로 쓰이는 한에서, 즉 '인간을 초월하되, 하여간, 여전히 유한한 인간'을 가리키는 명사로 쓰이는 한에서 (비록 일본에서 처음 번역되었더라도 한국과 일본이 같은 한자漢字 문화권에 속한다는 사실이 감안되면) 한국에서도 가장 간명하고 타당한 번역어로 판단된다.

런 미래를 창조한 업적에 회고적으로 붙여질 불가결한 머리말처럼 보일 수 있을 것이다. 니체의 관점에서는 미래가 승리로 충만하게 보일 테지만, 벤야민의 관점에서는 모든 역사적 시간이 메시아의 출현과 비교되면 헛된 시간들로 보이다. 그러나 기묘하게도 이 두 가지 미래관은 낙관될 수 있는 동시에 만족스러운 것들로 간주될 수 있는데, 왜냐면 둘 다 구세주가 들어갈 수 있을 좁은 문*을 만들어 놓았을 수 있기 때문이다. 만약 시간의 모든 순간이 그저 헛된 순간들에 불과하다면, 희망이라는 이름을 가진 메시아를 절실하게 기다리는 열망도 그런 순간들을 활성화시키지 못할 것이다. 그런데 만약 이전의 모든 순간이 무거운 부담들처럼 변해서 일정한 역사주의의 방식으로 그런 헛된 순간들에 과다하게 유입되다가 그런 순간들을 가득 채우면서 폭발직전까지 몰아간다면, 그런 순간들은 메시아를 영접할 때까지 열려있어야 하는 데 필요한 일시성provisionality을 잃어버린다. 그러면 시간은 연속적으로 흐를지라도 보유하던 가치를 완전히 상실하지는 않는다. 기대와 만족 사이에는, 그러니까 '현재순간의 공백'과 '그 공백은 언제라도 넘치도록 가득 채워지리라고 여기는 기대' 사이에는, 일정한 긴장감이 존재한다.

그런 반면에 진보이념의 관점에서는 모든 순간 하나하나가 미래로 이어지는 디딤돌 — 즉 미래로 이어진 배다리에 불과한 현재 — 에 불과하다는 사실 때문에 현재가 저평가된다. 시간의 모든 시점時點도, 시간을 끝없이 전진하는 것으로 이해한 임마누엘 칸트의 시간관時間觀에서

---

* 기독교경전 「마태오 복음서Mathew」 제7장 제13절.

도 발견되는, 부단히 다가오는 시점들의 무한성에 비견되어 과소평가된다. 도덕적 자족주의자 겸 정치적 평온주의자로서 벤야민이 무시해버린 것도 바로 이런 진보이념의 전망 ─ 그러니까 인류역사에 함유된 재난의 성격을 제거해버리는 전망 ─ 이었다. 이런 전망은 '해방된 손자 손녀들의 꿈들이 아니라 핍박당하던 조상들의 기억들이 남녀들을 봉기하도록 자극한다'는 사실을 간파하지 못했다. 우리에게 희망의 자원들을 공급하는 것은 과거이다. 더욱 만족스러운 미래를 실현시킬 막연한 가능성은 오히려 그런 자원들을 공급하지 못한다. 그래서 벤야민의 친구 에른스트 블로흐는 "과거에 묶여서 여전히 방면되지 못하는 미래"[46]를 운위할 수 있다.

실제로 벤야민에게 과거는 기묘하리만치 변덕스러운 듯이 보인다. 진보주의자는 '지나간 역사는 죽어서 이미 종결되었다'고 생각하며 '미래는 열려서 아직 미정되어있다'고 생각한다. 하지만 아마도 미래는 완전히 미정되어있지는 않을 것이다. 왜냐면 완벽가능성의 예언자들은 '미래는 영속발전법칙 같은 것에 속박되어있다'고 생각하기 때문이다. 그런 만큼 미래는 적어도 과학적으로 한 가지 확실한 예측에 종속되는데, 그것은 '미래는 현재의 진일보를 재현하리라'고 보는 예측이다. 똑같은 견지에서 미래는 과거보다 명백하게 더 많이 열려있는 듯이 보인다. 그러나 벤야민의 관점에서 과거는 현재에 보관되므로 유의미하게 보인다. 과거역사가 유동적이고 가변적이며 유보될 수 있는 만큼 그것의 의미도 아직 완전하게 결정될 수 없다. 우리가 바로 과거역사를 일정한 방식으로 독해하기로 결심함과 아울러 우리의 행동들에 의존함으로써 과거역사에 결정적 형식을 회고적으로 부여할 수 있는 당사자들이다. 이것은 곧 우리가, 예컨대, 12세기의 프랑스 남부 아비뇽Avignon에서 양육된 어느 아이가 성장하면 사지를 찢겨 처형당할 숙명을 타고난 부류에 속했는지 여부를 판결할 권한을 지녔다는 말이다. 그래서 우리는 과거를 종결시키지 않은 채로 유지하려고 노력해야 하고, 종결된 듯이 보이는 과거의 겉모습을 과거의 결말로 인정하기를 거부하려고 노력해야 하며, 과거의 명백한 숙명을 자유의 징후로 보이도록 고쳐 써서 과거의 출입문을 재개방하려고 노력해야 한다.

예술작품과 비슷하게 과거의 의미도 흐르는 시간을 따라 진화한다. 벤야민의 관점에서 예술작품들은 천천히 타들어가는 도화선들을 닮았다. 그것들은 새로운 맥락들로 접어들면 새로운 의미들을 산출한다. 그런 맥락들은 일정한 의미들이 산출되는 시점에서는 예견될 수 없는 것들이다. 이런 인공물들에 처음부터 비밀스럽게 은닉되어온 진실들은 그것들의 여생餘生에서 어떤 위기를 맞이하면 최초로 드러날 수 있다. 거듭 말하자면, 과거의 사건들은 궁극적으로 현재의 보호를 받기 때문에 유의미해진다. 변증법의 섬광에 비친 현재의 한 순간은 과거의 한 순간과 친근한 듯이 보이고, 그런 순간에 진정성을 부여하는 새로운 의미도, 마치 잠재적으로 이행될 예전의 약속처럼, 다시금 새롭게 보일 수 있다.

그래서 우리는 현재와 미래뿐 아니라 과거마저 다소 모호하게나마 책임질 수 있다. 사망자들은 소생할 수 없다. 그러나 희망의 비극적 형식이 존재하는데, 그것은 사망자들에게 새로운 의미를 부여할 수도 있고 그들을 다르게 해석할 수도 있으며 '그들 스스로는 예언할 수 없었던 서사'에 그들을 엮어 넣어서 그들 중 가장 평범한 자의 이름마저, 예컨대, 최후심판일에 구원될 자들의 인명록 같은 것에 등재시킬 수도 있다. 그들과 우리 사이에 현실적 연속성이 전혀 있을 수 없을지라도 그들의 해방투쟁들은 우리의 해방투쟁들에 통합될 수 있는데, 그러면 우리가 살아가는 시대에 어떻게든 수확할 수 있는 어떤 정치적 결실이라도 '그들의 실패한 기획들이 지녔던 정당성'을 입증하는 데 유용하게 쓰일 수 있을 것이다. 벤야민이 믿다시피, 우리는 현재 우리를 지배하는 자들의 권위에 도전함으로써 '그들의 전임자들이 지녔던 합법성'을 훼손하는 데도 일조한다. 이런 의미에서 우리는 그들을 타격함으로써 그들의 폭정에 시달렸던 사람들을 추도한다. 벤야민의 관점에서는, 놀랍게도, 노스탤지어(향수鄕愁)마저 아방가르드(전위前衛)의 변주를 위해 차용될 수 있는 듯이 보이는데, 이것은 차라리 파토스(정념情念)와 멜랑콜리(우울감정憂鬱感情)가 그의 손에 들린 계급투쟁용 무기들로 변하는 경우를 더 닮은 듯이 보인다. 여태껏 슬픈 회한이 격정적 사건으로 비화된 경우는 극히 드물었다. 미카엘 뢰비는 자신의 "위로될 수 없을 만치 깊디깊은 슬픔" ― 그럴지라도 그의 시선을 미래로 돌려놓는 슬픔 ― 을 설명한다.[47] 그는 과거를 그리워하는 허물어지기 쉬운 향수병鄕愁病을 혁명적인 것으로 각색하여 홍보하느라 애쓴다. 그런 향수병에 걸린 심정 속에서는, 프랑스 작가 마르셀 프루스트Marcel Proust(1871~1922)의 위대한 소설*에서처럼, 과거의 사건들이 현재의 회고적 시선을 받아서 결실을 맺는데, 그러면 그 사건들은 처음에 그것들을 둘러싼 분위기보다 더 긴 장된 분위기에 감싸인 의미를 지닌 것들로 보인다. 체코 출신 프랑스의 소설가 밀란 쿤데라Milan Kundera(1929~)는 "일회적인 것은 무의미한 것이다"는 독일속담을 주목한다. 벤야민의 관점에서 '여생을 결여한 사건들'은 존재론적 허약성을 띠는 분위기에 감싸인 듯이 보이고, '근본적 역사기록 같은 기억용 관례들을 결여한 사건들'은 언제나 아무 흔적도 없이 정치적 무의식 속으로 잠겨버릴 위험을 벗어나지 못하는 듯이 보인다.

그래서 메시아 신앙의 시대는 진보주의와 불화하는 시대이다. 실제로 메시아 신앙은 세속역사에 내재된 희망 같은 것은 아예 찾지 않는다. 자체의 고유한 욕망에 충실한 세속역사는 단지 새로운 전쟁들, 새로운 재앙들, 새로운 야만주의의 위협들만 유발할 것이다. 요컨대, 벤야민은 희망의 역사적 내재성을 믿는 신념을 숙명주의 및 승리주의와 너무나 성급하게 동일시해버린다. 그의 신학보다 더 정통적인 신학은 '희망을 품을 수 있는 인간능력이 함양될 가능성은 확실히 존재할망정 그런 능력조차도 파루시아** 이전에 사랑과 정의의 번영을 보증해줄 가능성

---

*   프루스트가 1913~1927년에 집필한 『망각된 시간들을 찾아서À la recherche du temps perdu』.

** Parousia: '그리스도의 재림再臨'을 뜻하는 이 히브리어 낱말은 기독교 『신약전서』의 「마태오 복음서」 24장 3절, 27절, 37절, 39절, 「코린트인人들에게 보낸 첫째편지1 Corinthians」 15장23절, 「히브리서Hebrews」10장25절, 「테살로니카인人들에게 보낸 첫째편지1 Thessalonians」2장 19절, 3장 13절, 4장 15절, 5장 23절 등에 나온다.

은 전혀 없다'고 주장할 것이다. 그런 반면에 벤야민의 '역사의 천사'에게 맡겨진 중대한 임무는 역사를 일거에 종결시키는 것이다. '자신의 공포에 질린 창백한 얼굴'을 '점점 더 높게 쌓이는 과거의 쓰레기더미'로 돌린 천사는 사망자들을 일깨워 지금 당장에 영생永生시키려고 시간의 흐름을 저지하느라 진력한다. 그의 목표는 역사를 정지시키는 비상사태를 "사건발생이 정지된 상태"로 후퇴시켜서 '메시아가 들어설 자리'를 깨끗이 청소하는 것이다. 그런 천사의 시도들을 훼방하는 것이 진보이념인데, 그것은 무한한 것을 영원한 것으로 오인하여 '대속구원은 역사의 중앙에서 이루어지기보다는 오히려 역사의 종말에서 이루어진다'고 상상하는 이념이다. 그것은 세속역사는 그 역사 자체에 내재된 힘을 발휘하여 '인류가 바라마지않는 정의'를 구현할 수 있다고 가정하는 이념이기도 하다. 벤야민의 관점에서 칸트의 무한진보전망은 상품형태의 영원한 반복을 필연적으로 요구하는 지옥의 이미지로 보인다. 이런 의심스러운 이념은 천사를 미래로 혹독하게 밀쳐서 후퇴시키면서도 '천사가 안하무인격으로 벌이는 구원활동을 완수할'만큼 충분히 오랫동안 시간의 흐름을 저지하지 못한다. 진보의 신화는 '천사의 공포에 질린 시선이 향하는 과거의 재앙은 더 밝은 미래의 본질적 서막이다'고 기만하는 거짓말이기도 하다. 천사는 그런 식의 어떤 신정론이든 망상일 수 있다는 사실을 잘 아는데, 이런 앎이 바로 그가 그런 신정론에 속하는 모든 목적론을 무시하고 지금 당장에 낙원의 문을 부수고 열어젖히느라 진력하는 까닭이다. 만약 실제로 그렇게 영원한 것이 존재한다면 그것은 시간의 핵심에 있기 마련이지 시간의 결말에는 있지 않을 것이 분명하다. 그래도 천사는 이토록 가공할 이념적 허구의 위력에 저항할 수 없는데, 이런 무기력이 바로 사망자들이 깨어나지 못하고 역사의 기나긴 재앙이 앞으로도 끊임없이 진행되는 까닭이다.

진보개념을 상대하는 마르크스주의의 태도는 오히려 유태교-기독교의 태도보다도 모호하지 않다. 마르크스 본인은 생산력들의 꾸준한 진화를 대체로 믿은 듯이 보인다. 그러나 이런 진보는 '기계론적 사고방식을 가진 리들리가 대체로 기대하는 바와 같은 인류행복의 누적적 증가'를 결코 수반하지 않는다. 그렇기는커녕 정반대로, 앞에서 우리가 살펴봤다시피, 인간의 능력과 번영을 화려하게 자랑하는 과정은 빈곤, 불평등, 착취를 유발하는 과정도 반드시 수반하기 마련이다. 그래도 결국에는, 마르크스도 생각하다시피, 모든 남녀가 과거로부터 미래로 상속될 정신적 재산과 물질적 재산을 공유할 수 있을 것이다. 그리된다면 인류서사는 희극喜劇으로 끝날 것이다. 그러나 이런 상속재산을 축적시키는 메커니즘들은 계급사회의 메커니즘들이므로 착취의 형식에 관한 이야기들도 하나씩 잇달아 축적시킨다. 마르크스는 바로 이런 사실을 염두에 두고 '역사는 비록 나쁜 측면을 가졌어도 진보한다'고 주장한다. 특정한 관점에서는 인류가 물질적으로 발전할수록 더 복잡한 욕구들과 욕망들을 습득하고 새로운 능력들과 재능들을 진화시키는 듯이 보이는 만큼 역사도 전진상승운동을 대변하는 듯이 보인다. 그러나 또 다른 관점에서는 '역사가 조직화된 불의不義의 한 형식에서 다른 형식으로 급격히 기울어지고 그것의 줄거리도 비극적인 것으로 일변하는 경향을 띤다'는 것이 문제로 보인다. 비극은 반드시 완고한 결말을 요구하지 않는다. 그래서 비극은 단지 '인간이 소소한 행복이라도 성취하려면 지옥으로 끌려들어가야 한다'고 말하려는 의도의 소산에 불과할 수도 있다. 그리고 이것은 확실히 마르크스의 의도로 보일 수 있다.

그런데 이 의도는 한 가지 심각한 문제를 함유한다. 비록 마르크스가 이따금 간과한 '생산력들은 장기간 침체할 수 있다는 사실'이 일절 감안되지 않더라도 그 문제는 심각하다. 이 의도에 담긴 논리는 신정론의 논리인가 아니면 악을 정당화하는 논리인가? 마르크스는 '현존하는 불의는 나중에 실현되어야 할 정의의 필수조건이다'라고 주장하려는가? 그가 믿다시피, 사회주의는 오직 이전에 팽창된 생산력들을 기반으로 삼아야만 존재할 수 있다. 그렇지 않다면, 인간은 마르크스가 "보편화되는 결핍"이라고 통렬하게 비칭卑稱하는 상황과 함께 종말을 맞이할 텐데, 그것은 역사가 소련과 소련위성국가들에서 목격했던 상황과 같은 것이다. 그럴망정 생산력을 가장 효율적으로 팽창시키는 것은 자본주의이므로, 마르크스의 관점에서 자본주의는 불의不義의 문제이다. 그러니까 바로 이래서 그가 "**인류**의 재능들은 개인들의 다수와 심지어 계급들의 다수마저 희생시켜서 발달하는 것들이다"[48]고 주장하는 것이다. 장기적 관점에서 다행스럽게 보이는 선善이 단기적 관점에서는 불행을 요구하는 듯이 보일 수 있다. 자유의 왕국을 끝내 조성할 풍요 자체는 부자유不自由의 결실이다. 그리고 이런 논리는 무르익은 신정론 같이 불온한 것으로 간주되는데, 심지어 그것이 반드시 감안되어야 할 몇 가지 중대한 경고사항을 포함하더라도 그렇게 간주된다. 왜냐면 첫째, '악惡은 결국 선善을 낳으리라고 기대하는 희망을 품은 자의 악행'과 '현존하는 악惡을 인간의 장점으로 바꾸려는 노력' 사이에는 차이점이 존재하기 때문이다. 둘째, 마르크스의 저작은 '사회주의의 출현이 계급사회의 죄악들에 정당성을 소급하여 부여해줄 것이다'고 전혀 암시하지 않기 때문이다.

비록 정의로운 사회라는 목적지에 도착하는 행운을 누리는 사람들이 있을망정 그곳으로 가는 철도의 터널들을 통과하다가 죽거나 양측 대피선으로 밀려나서 죽어가는 사람들 — 역사의 기관차가 행복한 종착역으로 실어다주지 않은 사람들, 그러나 역사기록에서 삭제된 이름들의 소유자들, 그래서 독일 철학자 쇼펜하워Schopenhauer(1788~1860)의 정신 속에서는 필경 '세상에 태어나지 않았더라면 차라리 더 행복했을 사람들'로 보일 만큼 아무 결실도 맺지 못하고 처절한 노역에 시달리며 살았던 사람들 — 의 문제는 여전히 남는다. 도중에 좌절하여 능력을 발휘하지도 못하고 사멸해간 무수히 많은 사람은 또 어떤가? 미국의 문학비평가 겸 마르크스주의 정치이론가 프레드릭 제임슨Fredric Jameson(1934~)이 쓰다시피, "사회주의 건설을 위해 가장 시급히 해결되어야 할 문제는 여전히 '개인희생'의 문제이고 '현재 세대들이 그들을 이해해주지 않을 미래 세대들을 위해 감수해야 하는 단념'의 문제이다."[49] 막스 호르크하이머가 논평하다시피, "여태껏 타락해온 인류가 겪어온 일들을 돌이킬 수 있는 미래는 없다……. 이토록 광막한 무관심의 한복판에서는 오직 인간의 의식意識만이 '고통스러운 불의가 철폐될 수 있는 현장'이 될 수 있고 '불의에 굴복하지 않는 유일한 행위자'가 될 수 있다."[50] 그래도 망자를 재고再考하는 기억은 더 뚜렷하고 생생한 복원행위를 빈약하게 대체하는 듯이 보인다. 어떤 순수 정치적인 해결책으로도 결코 치유해주지 못할 알려지지 않은 무수한 비극들은 어떻게 해야 하는가? 인상적인 사실은 '심지어 가장 눈부시게 해방된 미래조차 이런 슬픔의 영웅전설보다도 더 중대할 수 있느냐 여부'를 자문自問해온 듯이 보이는 마르크스주의자가 극히 드물다는 것이다. 그리고 이런 사실 때문에 마르크스의 이론이, 비록 그의 의도와 다를지언정, 타당하게도, '비극적 이론'으로 지칭될 수 있을 듯이 보인다.

물론 모든 논평자가 이런 견해에 동의하지는 않는다. 인간성을 믿는 어떤 강경한 신념에서도 파멸한 비극의 폐허를 발견하는 프랑스 출신 미국의 문학비평가 겸 철학자 조지 스타이너George Steiner(1929~)는 『비극의 죽음The Death of Tragedy』에서 '마르크스주의도 기독교도 비극적 교의教義로 분류될 수 없다'고 주장한다. 스타이너는 "비극의 주인공에게 천국 같은 것을 보상용으로 제공하려는 어떤 신학의 가장 미미한 낌새조차도 치명적인 것이다"[51]고 강조한다. 그러나 스타이너는 그런 교의들의 긍정적인 미래상들을 생각하지 그런 교의들에 매겨진 놀라우리만치 엄청나게 부풀려진 가격을 생각하지는 않는다. 예수의 부활은 그를 못질하여 십자가에 매단 현실을 소멸시키지 못하고 공산주의도 계급사회의 참사들을 소멸시키지 못한다. 실제로 '기독교 희망의 교리가 세속적 진보이념으로 변할 때 사라진 것의 일부는 정확히 희망의 비극적 차원이다'고 주장할 사람도 있을 것이다. 스타이너처럼 미국의 예수회성직자 겸 신학자 애브리 덜레스Avery Dulles(1918~2008)도 '기독교는 비극을 좌절시킨다'고 주장한다. 덜레스가 쓰다시피, "기독교신자는 빈곤, 치욕, 속박, 육체고통, 명백한 실패를 두려워하는 공포심에나 심지어 죽음을 두려워하는 공포심에도 휩싸일 필요가 전혀 없다. 이런 불상사들의 어느 것도 그를 낙담시키지 않는데, 왜냐면 그는 그리스도의 수난을 함께 겪는 방법이 그리스도의 영광을 함께 누릴 준비를 스스로 갖추는 전형적 방법이라고 배워왔기 때문이다."[52] 덜레스는 '예수가 겟세마네 동산에서 겪어야 할 고통, 좌절, 속박, 모욕, 죽음을 겁내는 인간으로도 묘사된다'는 사실을 망각해온 듯이 보인다. 예수가 진정한 순교자가 될 수 있으려면 복음서의 필자들은 '예수가 죽음을 바라지 않는다는 사실'을 증명해야만 한다. 순교자는 자신이 무가치하게 여기는 생명이 아닌 귀중하게 여기는 생명을 내놓는다. 수난을 천상의 은총을 받으려면 디뎌야 할 단순한 도약대 같은 것으로 생각하는 사람에게 수난은 기꺼이 감내할 가치를 전혀 함유하지 않은 것으로 보인다. 고통이나 치욕을 두려워하지 않는 자들은, 비록 덜레스가 아무리 경건하게 인정하는 자들일지라도, 존경받을 만하기보다는 오히려 둔감한 자들이다. 더구나 『신약전서』가 '종말론적 혼돈이 신국의 도래를 알릴 것이다'고 암시하는 듯이 보이는 만큼 『신약전서』의 희망은 공포와 전율과 쉽사리 분간

될 수도 없다. 이토록 장엄한 파멸이 근본적으로 희극적인 서사에 속한다는 것은 기독교의 기묘한 특징이다.

이제 우리는 '기독교신앙의 관점에서 미래왕국은 인류역사에 내재하면서도 인류역사와 불연속적으로 결부된다'는 사실을 알았다. 만약 미래왕국이 빵가루반죽덩이에 포함된 효모처럼 현재 비밀리에 작용하는 것이라면 밤도둑처럼 몰래 남녀들에게 접근하는 것이기도 할 것이다. 바꿔 말하자면, 신의 은총은 그것을 영접하도록 타고난 인간본성에 의존하지만 그런 영접행위를 틈타 신성을 획득한다는 말이다. 그러므로 인간성을 믿는 신념은 현실주의의 문제이지만, 역시 그렇기 때문에 그 신념에 함유된 정정되어야 할 모든 것을 냉정하게 평가하는 작업도 관건이다. 그래서 희망은 존재하되 풋내기 낙관주의는 존재하지 않는다. 순수한 내재주의immanentism는, 정치적으로 환언換言되면, '벤야민이 단호하게 반대한 좌파 역사주의' 같은 것과 밀접하게 관련된다. 이런 주의主義는 '사회주의를 실현시킬 때까지 작동할 원동력 같은 것이 역사에 내재한다'는 이론을 내세운다. 이렇듯 믿길 만하지 않은 주의와 상반되는 철저한 종말주의apocalypticism도 역시 믿길 만하지 않다. 이런 주의의 관점에서는, 변화를 유발할 위력을 지닌 사건이 '유가치한 것도 거의 보유하지 않고 확고한 근거도 전혀 발견될 수 없는 퇴화한 역사' 속으로 예기치 않게 난입하는 듯이 보인다. 만약 그런 사건이 현재를 대속구원한다면 그것은 현재에서 유래한 사건이 아닐 것이다. 이렇게 보는 관점은 급진적 프로테스탄트의 관점인데, 이것은 오늘날 알랭 바디우의 저작에서 발견될 수 있는 관점과 정치적으로 서로 관련되는 관점이다. 이런 사고방식의 관점에서 혁명적 사건은 실제로 기적奇蹟과 다름없게 보이기 마련인데, 왜냐면 타락한 세계에는 그런 사건의 현실성을 보증해줄 것이 거의 없게 보일 것이기 때문이다. 그래서 '역사주의가 시간의 작용들을 과다하게 신뢰한다면 종말주의는 그것들을 과소하게 신뢰한다'고 말해질 수 있다.

마르크스주의에 속하는 더 정통적인 계열의 관점에서는, 기독교 가톨릭 계열의 관점에서처럼, 진정한 미래는 필시 현재 속에서 가물가물하게 인식될 수밖에 없을 듯이 보인다. 마르크스주의의 관점에서 진정한 미래는 '현행체계가 육성하되 그 체계의 모순들을 해소할 수도 있는 세력들' 속에서 발견될 수 있을 것이다. 참된 희망이 존재할 수 있는 곳에서 미래는 현재에 정박해있기 마련이다. 미래는 어떤 메타자연학*적

---

* metaphysics: 이 용어는 여태껏 한국에서 '형이상학形而上學'으로 번역되어 왔다. 자세한 곡절이야 어찌 되었건, 고대 중국 춘추시대의 유학자儒學者 공쯔孔子(서기전 551~479)가 《주역周易(역경易經)》에 붙였다고 알려진 해설문 <계사전繫辭傳> 상편上篇 우제12장右第十二章에 나오는 "형이상자形而上者 위지도謂之道 형이하자形而下者 위지기謂之器"라는 문장에서 유래했다고 추정되는 이 '형이상학'이라는 번역어는 '메타피직스'의 본의를 그야말로 '형이상학'적으로 왜곡해 온 듯이 보인다. 왜냐하면 '메타피직스'의 더 정확한 번역어는 메타자연학이나 메탈물리학 아니면 차라리 後後자연학, 후後물리학, 본질학本質學, 무형학無形學, 정신학精神學 같은 것들로 보이기 때문이다. 더구나 '형이상학'이라는 것이 존재한다면 '형이하학形而下學'이라는 것의 존재마저 전제前提하거나 가정하는 것일 수밖에 없을 텐데, 그렇다면 '형이하학'은 대관절 또 무엇일까? 그것이 결국 피직스Physics 즉 자연학이나 물리학이나 — 굳이, 기어이, 기필코, '형形'이라는 단어가 사용되어야 한다면 — 유형학有形學이 아니라면 또 무엇일까? 이런 사태를 차치하더라도, 어쨌건, '메타피직스'는 글자 그대로 '반드시 자연학이나 물리학을 토대로 삼아야(답파/섭렵/

외부공간으로부터 현재로 쉽사리 난입할 수 없다. 그런 동시에 현재 속에서 효모처럼 작용하는 능력들은 우리의 현재 상상들을 초월하는 조건을 지향하여 현재의 한계들을 끝끝내 초월하는 식으로 작용한다. 현재의 언어에 충분히 포획될 수 있을 미래는 현재상황과도 공모할 것이므로 정녕코 참된 미래로 간주되기는 어려울 것이다.

그래서 인간이 품을 수 있는 희망이 무엇이든 상관없이 희망은 낙관주의의 문제가 확실히 아니다. 그런데도 희망의 정체에 관한 철학적 고찰은 놀랍게도 여태까지 거의 실행되지 않았다. 이것이 바로 지금부터 우리가 살펴볼 문제이다.

편력해야)만 이해될 수 있다'는 의미를 함유한 반면에, 한국에서 여태껏 관행적으로 상용/통용된 '형이상학'은 자연학이나 물리학을 거의 도외시한 소위 "뜬구름 잡는 상념학想念學이나 관념학觀念學" 같은 것으로 이해되어 '메타피직스'의 본의를 그야말로 '형이상학'적으로 왜곡하거나 희석해 왔다. 물론 번역자의 이런 짤막한 각주만으로는 '형이상학'이라는 요령부득한 번역어가 탄생하여 관행적으로 통용된 사연을 해명하기는 불가능할 것이다. 그래서 번역자는 다만 향후 이 번역어에 대한 전문가들의 재검토가 충분히 이루어지기를 기대할 따름이다.

2장

희망이란 무엇인가?

이른바 신학의 3대 덕목으로 일컬어지는 신앙, 희망, 동정심은 모두 응분의 결과로 자연스럽게 타락할 가능성을 지닌다. 신앙은 고지식한 맹신으로, 동정심은 감상주의로, 희망은 자기기만自己欺瞞으로 타락하기 쉽다. 실제로 "희망"이라는 낱말을 발설하려는 사람은 그의 마음에 저절로 떠오르는 "실낱같은"이나 "절망적인" 같은 형용사들이 그 낱말에 들러붙을 가망성을 상기시키지 않고 그 낱말을 발설하기 어렵다. 희망은 어쩌면 구제불능이리만치 천진난만한 상태와 유관한 듯이 보이는 반면에 침울함은 얼마간 성숙한 상태와 유관한 듯이 보인다. 희망은 감히 품기도 망설여지고 반쯤 두렵게 느껴질 뿐더러 실현되리라고 막무

가내로 확신할 여지도 거의 없는 기대를 연상시킨다. 현대의 희망은 그것과 다소 상반되는 노스탤지어와 거의 흡사하게 부당한 압력을 받아왔다. 희망은 가녀린 갈대, 공중누각, 유쾌한 친구이면서도 서툰 길잡이, 맛있는 양념이면서도 모자란 음식 같은 것이다. 토머스 스턴스 엘리엇의 『황무지』에서 4월은 가장 잔인한 달이라고 노래되는데, 왜냐면 바로 4월이 재생을 기대하는 헛된 희망들을 양육하기 때문이다.

심지어 희망을 모욕의 일종으로 간주하는 사람들도 있는데, 이런 희망관希望觀은 비극의 주인공들보다는 오히려 사회개혁자들에게 어울리는 것이다. 조지 스타이너는 비열한 프티부르주아의 희망과 비슷한 어떤 것에도 "오염되지" 않을 "절대적 비극"의 형식을 찬미한다. 그가 논평하듯이, "고급 비극에서 허무虛無는 모든 것을 집어삼켜버리는 블랙홀 같은 것"[1]이라서 가장 미미한 희망의 티끌조차 오염요소에 불과하게 변질시켜버리는 조건이 된다. 스타이너가 단호하게 주장하다시피, 그런 티끌 같은 희망에 오염된 갈망들은 비극의 위대성을 감소시킨다. 공교롭게도 이 주장은 고대 그리스의 비극작가 아이스킬로스 Aeschylos(서기전525~456)의 『오레스테이아Oresteia』에도 들어맞지 않고, 잉글랜드의 극작가 셰익스피어Shakespeare(1564~1616)의 비극에도 실제로 들어맞지 않는데, 이 두 극작가의 작품들은 여느 누구의 취향에도 충분히 고급스러운 것들로 인지될 것들이 분명하다. 그러나 스타이너가 주장하다시피, 비극은 셰익스피어에게는 자연스러운 것이 아니다. 그래서 셰익스피어는 대속구원의 다양한 통속적 암시들을 사용하여 절망의 순수본질을 그토록 집요하게 희석시킨다. 그런 반면에 잉글랜드의 극작가 크리스토퍼 말로Christopher Marlowe(1564~1593)의 터무니없이 기세등등하여 널뛰기하다가 불현듯 주눅들어버리는 희곡 『파우스트 박사 *Doctor Faustus*』를 견인하는 시선은 끈질기도록 냉담해서 "심오하게 비非셰익스피어적인" 것이다. 이 형용사형 표현은 칭찬하려는 의도를 머금는다. 비극은 모든 사회적 희망을 퇴짜놓아버리는데, 그래서 비극은 태생적으로 반反좌파의 표현양식이다. 비관주의는 정치적 관점의 일종이다.[2] 브리튼의 가톨릭철학자 피터 기취Peter Geach(1916~2013)도 역시 근시안적인 희망관을 채택하지만 오히려 다른 이유들 때문에 그렇게 한다. 그의 주장대로라면, 만약 희망이 기독교복음을 근거로 삼지 않는다면 희망은 아예 존재할 수 없다.[3] 풍족한 식사食事를 열망하는 기대가 예수의 죽음과 부활을 근거로 삼지 않는다는 사실 때문에 무효해지며 허망해질 것이라고 믿기기는 어렵다. 설령 기독교가 인류의 유일한 최후희망일지라도 '신국에 다다르지 못하는 모든 열망은 좌절할 숙명을 벗어나지 못한다'고 말해질 수는 없다.

스타이너적인 우파처럼 정치적 좌파도 희망을 경계할 수 있다. 예컨대, 오스트레일리아의 문화이론가 클레어 콜브루크Claire Colebrook (1965~)는 "희망 없는 여성주의"라는 개념을 만지작거린다. 그녀는 다음과 같이 쓴다. "여성주의는, 짐작컨대, '우리가 여태껏 욕망을 충족하느라 과용해온 진부한 것(클리셰)들'과 '우리를 마취시켜 무신경하게 만들어온 진부한 것들'로부터 **우리**를 해방시켜줄 미래를 상상하려면 희망을 — 부유한 남자친구, 풍만한 젖가슴, 날씬한 허벅지뿐 아니라 심지어 희귀한 명품 핸드백마저 갖기를 바라는 희망을 — 단념하라고 요구할지도 모른다. 유토피아는 오직 강렬한 무희망無希望을 통해서만 달성될 수 있을 것이다."[4] 콜브루크는 이런 무희망을 요구하는 정치를 무조건 찬성하지도 않을 뿐더러 충분히 그럴만한 이유도 있다. 만약 여성들이 수많은 거짓희망이나 부정적 희망을 품을 수 있다면 진정한 희망들을 품을 수도 있을 것이기 때문이다. 물론 그렇더라도, 희망에 대한 좌파의 의심은 완전히 근거가 없는 것은 아니다. 유토피아의 이미지들은 언제나 '유토피아를 건설하는 데 다른 방식으로 투입될 수 있을 역량들을 몰수해버릴 위험'에 처해있다.

비관주의보다 더 엄청나게 비현실적인 다른 주의가 없는 시대들에도, 희망을 품은 자들은 희망을 결여한 자들보다는 덜 현실적인 자들로 보이기 십상이다. 현대성(모더니티)의 시대에 침울한 태도는 명랑한 태도보다 더 세련되게 보인다. 독일 나치의 부헨발트Buchenwald 강제수용소와 일본 히로시마의 원폭투하를 체험한 세계에서 희망은 '미래가 현재로 나아가는 진보를 재현하리라'고 믿는 헛된 신념에 불과하게 보이고, '재혼再婚은 체험을 무찌른 희망의 개선식이다'는 새뮤얼 존슨의 냉소적 묘사를 상기시키는 듯이 보인다. 그런데도 심지어 현대의 가장 끔찍한 사건들마저 희망의 근거들로 변용될 수 있다. 레이먼드 윌리엄스가 지적하다시피, 나치 강제수용소들에서 비참하게 죽어간 사람들이 있었듯이 그런 수용소들을 만든 사람들의 세계를 없애는 데 목숨을 바친 사람들도 있었다.[5]

대체로 여태껏 희망은 신학의 덕목들 중에도 천덕꾸러기로 취급되어서 그랬는지 신앙과 사랑을 고취한 만큼 학문탐구욕들을 자극하지는 못했다. 피터 기취의 저서는 비록 『진리와 희망*Truth and Hope*』이라는 제목을 가졌을망정 희망에 관해서는 일언반구도 하지 않을 뿐더러 그의 또 다른 저서 『덕목들*The Virtues*』에서도 희망은 신앙에 비하면 매우 짧게 피상적으로 논의된다. 이 대목에서 인용될 만한 세 가지 명제는 서로 밀접하게 맞물린다. 아우구스티누스Augustinus(354~430)는 『신앙, 희망, 사랑에 관한 지침서*Enchiridion*』에 "희망을 결여한 사랑은 없고, 사랑을 결여한 희망도 없으며, 신앙을 결여한 희망도 사랑도 없다"[6]고 썼다. 희망은 사랑언약이나 열렬한 확신 같은 것이라서, 정통기독교의 교리대로라면, '인류를 사랑하는 열정에 도취된 신神의 애심이 최초로 태동시킬 수 있는 것'이다. 덴마크의 철학자 키르케고르Kierkegaard(키에그고, 1813~1855)는 『죽음에 이르는 병*The Sickness Unto Death*』(1849)에 "신자信者는 애심에 젖은 자이다"라고 쓴다. 신앙은 신뢰의 문제라서 동정심이나 헌신을 요구하기 마련이다. 그것은 타인으로부터 버림받지 않으리라고 믿는 사람의 확고부동한 신뢰이고, 그렇게 버림받지 않으리라고 믿는 신뢰야말로 희망의 토대이다. 실제로 『옥스퍼드 영어사전*Oxford English Dictionary*』에서 "희망"은 고대에는 "신뢰감"을 의미했다고 설명된다. 희망은 누군가의 계획을 실현될 것으로 믿는 사람의 신뢰이고, 그것을 어느 논평자는 "어떤 목적의 바람직함과 실현 가능성을 장담하는 능동적 약속"[7]으로 지칭한다. 그렇듯 희망에는 욕망이 필요하기 마련이므로, 더 넓은 의미에서는, 사랑도 필요하기 마련이다. 신앙은 합법적으로 희망할 수 있는 것을 계시하므로 신앙도 희망도 궁극적으로는 동정심에서 생겨난다.

이탈리아의 신학자 겸 철학자 토마스 아퀴나스Thomas Aquinas(1225~1274)는 사랑과 희망을 서로 다른 것들로 구별하는데, 왜냐면 그에게 희망은 희망대상과, 적어도 정신 속에서는, 미리 합일되는 것으로 보이기 때문이다. 그러나 브리튼의 철학자 겸 신학자 데니스 터너Denys Turner(1942~)는, 아퀴나스의 견해를 쉽게 설명하느라, "진정한 동정심은 한 친구를 다른 친구에게 의지할 수 있도록 만드는 성질을 가진 희망을 태동시키는데, 왜냐면 우리가 가장 완벽하게 의지할 수 있는 사람들은 동정심을 통해서 우리의 친구들이 되기 때문이다"[8]고 해설한다. 아퀴나스의 견해대로라면, 신앙과 동정심은 논리적으로 희망보다 먼저 생기는 것이지만, 칸트도 잉글랜드의 철학자 겸 정치경제학자 존 스튜어트 밀John Stuart Mill(1806~1873)도 '신을 믿는 우리의 희망이 우리로 하여금 신의 존재를 가정하게 만든다'고 생각한다. 이것과 동일한 견해를 품은 에스파냐의 작가 겸 철학자 미겔 데 우나무노Miguel de Unamuno(1864~1936)는 『인생의 비극적 의미The Tragic Sense of Life』(1912)에서 '우리는 희망하므로 믿지 믿으므로 희망하지 않는다'고 주장한다. 미국의 전직 대통령 빌 클린턴Bill Clinton은 어느 날 자신이 성장한 소도시를 언급하다가 "저는 희망으로 칭하던 곳을 여전히 믿습니다"라고 단언함으로써 신앙과 희망이라는 두 가지 덕목을 결합시켰다. 만약 그가 자신의 감회를 수정하여 "제가 희망으로 칭했으며 지금도 사랑하는 곳을 저는 여전히 믿습니다"고 단언했다면 신학의 3대 덕목을 깔끔하게 결합시킬 수 있었으리라.

일반적으로 더 합리적인 근거들에 의거한 신념일수록 정당한 것으로 입증될 확률은 더 높아지기 때문에 그런 신념의 소유자가 희망을 품을 확률도 더 높아진다. 예컨대, 역사전체를 통해 입증될 수 있는 정의를 추구하는 인간의 열정을 믿는 신념을 획득하는 과정은 '비록 끝내 실현되지는 않을지라도 투쟁에 휘말리지만 않으면 지상에서 사라지지 않을 합리적 희망'을 품는 과정이다. 기독교의 관점에서, 예수를 부활시켜 승천시킨 신을 믿는 신앙을 품는 과정은 '인류도 궁극적으로는 예수처럼 변모하리라'고 기대하는 희망의 근거들을 획득하는 과정이다. 그렇지만 인간은 인간의 재능들을 믿는 동시에 그런 재능들의 성공할 기회들을 아주 무가치한 것들로 평가할 수도 있는데, 그래서 희망이 언제나 신념을 뒤따르는 것은 아니다. 그런 반면에 인간은 평화와 정의를 실현할 수 있는 인간의 능력을 아주 조금밖에 믿지 않으면서도 평화와 정의를 추구하는 희망을 품을 수도 있다. 또 다르게는 인간은 인류를 조금도 믿지 않거나 '인류의 조건이 현저하게 나아지기'를 조금도 희망하지 않으면서도 인류를 열렬히 사랑하는 애심을 품을 수 있다. 절망적인 사랑도 결코 불가능하지 않다.

그런데 희망이 착각이라면 어떨까? 물론 희망이 무가치하게 취급될 어떤 명백한 이유는 없다. 앨릭잰더 포프의 「인간론」에서 희망은 치료용 허구로 간주되는데, 그것은 우리로 하여금 공상적인 목적들을 잇달아

추구하도록 분발시켜서 우리의 삶을 지속시켜주는 허구이다.

희망은 인간의 가슴속에서 영원한 것을 생성시키나니,

인간이라면 누구든지 언제나 신의 가호를 받으리라.

위의 인용문은 씩씩하고 영웅적인 2행시를 연상시킬 만한 기운에 비하면 실증성을 훨씬 더 적게 지녀서 도무지 신뢰될 수 없는 진술이다. "영원한"이라는 형용사는 실제로는 "영구적인"과 비슷한 어떤 상태를 의미할지라도 희망의 개념에 신의 영광과 비슷한 것을 투여한다. 우리에게 영구적인 것은 우리의 불만이다. "인간이라면 누구든지 언제나 신의 가호를 받으리라"는 진술은 상당히 경건하게 들리지만 사실상 비아냥거리는 언사로 들린다. 우리는 끈질기게 희망을 품는다. 왜냐면 우리는 끊임없이 환멸을 느끼기 때문이다. 그토록 끈질기게 희망을 품는 고집은 좌절을 단호하게 거부하는 집념으로 간주되거나 체험의 교훈들에 둔감한 무관심으로 간주될 수 있다. 희망이 영원한 것을 생성시킨다는 진술은 확실히 암시적인 것인데, 왜냐면 희망은 자체의 공허함을 — 즉 인용문에 담긴 명랑한 지성과 대조되는 외고집을 — 자각하지 못하기 때문이다. 초기의 현대성(모더니티)을 비판한 (쇼펜하워, 니체, 프로이트 같은) 몇몇 일류 사상가와 마찬가지로 앨릭잰더 포프와 새뮤얼 존슨도 '의식에는 언제나 허위의식의 혼합물 같은 것이 섞여있을 뿐더러 의식이 그런 혼합물을 결여하면 기능하지 못하리라'고 생각했다. 그들에게 희망은 '아폴론적인Apollonian 신기루' 같거나 '냉소적으로 웃어대는 신들 앞에서도 기어이 헛것들의 접근을 막으려는 입센주의적인Ibsenite 생활-거짓부렁' 같은 것이다. 그들에게 희망은 존재할 수 없다. 그러나 만약 우리가 '희망은 존재한다'는 듯이 행동하지 않는다면, '희망이 존재하지 않을 가능성'은 '희망이 존재하지 않을 확실성'으로 변하기 쉽다. 프로이트는 『환상의 미래The Future of an Illusion』에서 종교적 희망을 '유아에게 동화를 한 편씩 차례로 이야기해주는 유모'에 비유하고 그런 '위안을 주는 허구들의 세계'를 깨끗이 정화하기를 소망한다. 에릭 에릭슨은 '자신의 부모를 믿는 유아의 신뢰감으로 가장 먼저 표현되는 희망'을 '살아있는 인간의 최초덕목 겸 가장 필수적인 덕목'으로 간주한다. 그러면서도 에릭슨은 아동발달과정에서 "구체적인 희망들은, 희망하는 사건이나 상황이 발생하면, 진일보한 일련의 희망들로 조용히 교체된다고 알려졌다"[9]고 쓰는데, 이런 교체가 바로 '우리는 바라던 것을 얻자마자 다른 것을 바라기 시작한다'고 암시하는 완곡한 방식이다.

그런 의혹주의는 현대성에 속박되지도 않는다. 대체로 고대 그리스인들은 희망을 이롭기는커녕 훨씬 더 해로울 수 있는 것으로 간주했다. 비극작가 에우리피데스Euripides(서기전484~406)는 희망을 '인류에게 내려진 저주'로 지칭했다. 철학자 플라톤Platon(서기전429~347)은 『티마이오스Timaeos』에서 '희망은 우리를 타락시킬 수 있다'고 경고한다. 토마스 아퀴나스는 '희망은 신중하지 못한 젊은이들, 주정뱅이들, 얼간이들이 잔뜩 품는 것이다'고 신랄하게 비평한다.[10] 프랑스의 수학자 겸 철학자 블레즈 파스칼Blaise Pascal(1623~1662)은 『생각들*』
에서 "그러므로 우리는 반드시 살아갈 희망을 품어야만 살아갈 수 있
다"고 논평한다. 잉글랜드의 시인 겸 극작가 조지 고든 바이런George
Gordon Byron(1788~1824)은 희망을 '핼쑥해진 매춘부'로 비칭한다. 키르
케고르는 『반복Repetition』에서 희망을 '아무리 거센 손아귀에 붙잡혀
도 쉽사리 빠져나가버리는 매력적인 아가씨'로 묘사하지만, 그런 희
망은 그가 염두에 두는 종교적 열망들이 아니라 오히려 세속적 욕망
에 속하는 것이다. 프랑스의 철학자 겸 작가 장-폴 사르트르Jean-Paul
Sartre(1905~1980)는 "더러운 희망le sale espoir"을 운위한다. 수세기 동안
명멸해온 꽤 많은 사상가의 생각대로라면, 망상은 인간실존의 원동력
이고, '노력이 강조되느냐 자기기만이 강조되느냐 여부'가 '이런 망상이
긍정되느냐 애도되느냐 여부'를 결정한다. 우리는 건망증을 앓는 피조
물들인데도 여전히 또 다른 매혹적인 허깨비를 뒤쫓느라 '우리가 지난
날 품었던 희망들의 허망함'을 비밀에 붙여버리는데, 그럴수록 이런 자
기망각의 끝없는 대량생산과정이 인간실존으로 알려진다.

이런 견지에서 희망은 미래를 맹신하는 물신주의fetishism로 보인다.
이런 물신주의는 과거를 아주 거창한 서막序幕으로 환원해버리고 현재
를 단순하고 헛된 기다림으로 환원해버린다. 당연하게도 '희망은 절망
과 전혀 다르다'고 생각되지 않는 시대들도 존재한다. 만약 희망이 판

---

* Pensées: 이것은 파스칼의 유고들을 모아서 정리한 편집자들이 붙인 제목인데, 한국에서는
  『팡세』라는 제목으로 소개되어왔다.

도라의 상자*에서 튀어나온 악惡들 중 가장 치명적인 것이라면, 우리의 자기파괴를 저지할 뿐 아니라 그리하여 '우리를 괴롭히는 다른 모든 악을 파괴하려는 우리의 시도'마저 가로막는 것이 바로 희망이기 때문에 그렇다. 판도라의 전설은 '희망이 질병이냐 치료제이냐 아니면, 동종요법과 비슷하게 작용하는 질병 겸 치료제이냐'라는 문제 앞에서는 흥미로우리만치 모호하게 보인다. 괴로운 고통들을 벗어나려고 자살을 감행하려는 우리의 시도를 예방하는 것이 희망이다. 그런데 그런 고통들을 치유할 요법을 바라는 희망이 실제로는 그런 고통들의 일부는 아닐까? 쇼펜하워가 발견한 사악한 의지 같은 희망은, 심하게 고문당하다가 기절한 피고문자를 계속 고문하려고 그의 머리에 찬물을 세차게 끼얹는 고문관처럼, 우리를 더 심하게 괴롭히려고 계속 살려두는 것은 아닐까?

이런 관점에서 희망은 '미래를 엿볼 수 있을 만큼 균열된 현재의 틈새'로 보일 뿐 아니라 '인간을 실속 없는 허울만 걸친 비존재非存在로 만

---

* Pandora's box: 이것은 그리스 신화에 나오는 '희망의 상징'이다. 신화 속에서 거인족 프로메테우스Prometheus는 신들의 세계인 올림포스Olympos의 불[火]을 훔쳐 인간들에게 선물한다. 그런 사실을 알고 분노한 천신天神 제우스Zeus는 프로메테우스에게는 거대한 바위에 쇠사슬로 묶여 독수리한테 간을 뜯겨 먹히는 벌을 내리고, 인간들에게는 일종의 '희망고문' 같은 벌을 내리기로 작심한다. 그래서 제우스는 먼저 화신火神 헤파이스토스Hephaistos를 시켜 흙으로 인간여자를 만들게 하는데, 그녀가 바로 그리스 신화에 나오는 최초인간여자 판도라Pandora이다. 제우스는 판도라를 인간세상으로 내려 보내면서 모든 죄악과 재앙을 넣어 봉인한 상자를 주고 절대로 열어보지 말라고 일렀다. 그러나 인간세상으로 내려와서 호기심을 참지 못한 판도라는 결국 상자를 열어보았고, 그러자 봉인되었던 모든 죄악과 재앙이 상자에서 튀어나와 인간세상으로 퍼졌는데, 깜짝 놀란 판도라가 급히 상자뚜껑을 닫았지만 상자 안에는 '희망'만 남았다고 한다.

들어버리는 것'으로도 보인다. 그런 희망은 모든 기회를 빠짐없이 저평가하고 희생시켜서 '결코 도달하지 못할 미래를 실현하는 데 필요한 제단에 올릴 제물들'로 삼는다. 스스로를 앞서려다가 연신 곤두박질하고 '손아귀에 잡히면 녹아버릴 만족감'을 붙잡느라 연신 헛손질만 해대는 이토록 지난한 과정을 겪지 않는 인생은 전혀 특별하지 않다. 러시아의 소설가 겸 극작가 안톤 체호프Anton Chekhov(1860~1904)의 『세 자매Three Sisters』에 나오는 베르쉬닌Vershinin은 "우리는 행복하지도 않고 행복해질 수도 없으니까 애오라지 행복만 바랄 뿐이야"라고 푸념한다. 그렇듯 행복만 바라는 욕망처럼 희망도 동물인간과 인간 자체를 다르게, 인간의 실존과 아직 미완된 영원성을 다르게, 인간의 실체와 아직 미완되고 보류된 본체 같은 것을 다르게 만드는 방편이다. 그런 희망은 단순한 정신적 태도를 재현하기보다는 독일의 신학자 카를 라너Karl Rahner(1904~1984)가 "인간존재의 기본양상"으로 지칭한 것을 재현한다.[11]

새뮤얼 존슨의 관점에서는 이렇듯 자기동일성을 잃은 비非자기정체성의 상태가 실망을 유발할 만한 이유로 보인다. 그래도 희망을 바라보는 존슨의 태도는 흥미로우리만치 모호하다. 왜냐면 그도 역시 희망을 인간의 노력을 재촉하는 불가결한 회초리 같은 것으로 간주하기 때문이다. 그의 「의사 로버트 레빗의 죽음On the Death of Dr Robert Levet」이라는 장시長詩에서 희망은 "망상 같은" 것이라고 둔탁하게 묘사된다. 그래도 새뮤얼 존슨은 『만담가Rambler』에서 다음과 같이 논평하기도 한다. "비록 희망은 언제나 망상에 빠져들기 마련일지라도 반드시 필요하다. 왜냐면 희망 자체가 행복이기 때문이고, 희망의 좌절들은 아무리 빈발할지라도 희망의 절멸보다는 무섭지 않기 때문이다."[12] 그래서 망상이나 비옥한 거짓말은 적어도 절망보다는 낫다. 아이스킬로스의 『결박된 프로메테우스Prometheus Bound』에서 프로메테우스가 자신이 인류에게 베푼 은혜들 중에는 "맹목적 희망"이라는 선물도 있다고 합창단에게 말해주자 합창단은, 전혀 아이러니하지 않게도, "당신의 선물은 인류에게 심대한 축복을 안겨줬어요"라고 응답한다. 아마도 우리가 획득할 수 있는 유일한 행복은 '행복이 도래하리라고 기대하는 희망'뿐일 것이다.

그렇듯 새뮤얼 존슨은 의혹주의자이면서도 희망을 "인간에게 내려진 주요한 축복"[13]으로 묘사할 수 있지만, '오직 희망이 우리가 확신하는 만큼 합리적인 것이라는 사실만은 우리를 속이지 않으리라'고 덧붙여 말하기도 한다. 그는 '그런 축복 같은 희망은 단 하나(구세주를 기다리는 기독교의 희망)뿐이다'는 가설을 충분히 고찰했을 것이다. 그래서 '새뮤얼 존슨이 희망이라는 덕목을 그토록 높게 평가할 수 있었던 동시에 (그의 소설 『라셀라스Rasselas』에서처럼) 대개는 위조된 것으로 간주할 수 있었던 사연'도 쉽사리 이해될 수 있다. 그는 신성한 열망과 세속적 열망의 차이를 감안했다. 아마도 그에게는 희망이, 마치 한 입으로 긍정하는 동시에 불신한다고 말하는 사람처럼, 인지부조화認知不調和나 대속구원의 아이러니 같은 것을 수반하기 마련인 것으로 보였을 것이다. 의

지의 낙관주의는 지성의 비관주의를 무효하게 만들 수 있다. 어느 현대 철학자가 비틀어 주장하듯이, "그런 p*를 ─ 그러니까, p의 **존재**를 ─ **희망하는** 사람은 전형적으로 '최선을 다한다는 듯이' 행동한다. 그렇더라도 그는 p의 존재나 어쩌면 존재 가능성조차도 믿을 필요가 없다. 그는 심지어 p가 어쩌면 존재하지 **않으리라고** 생각할 수도 있을 것이다."[14] 그래도 우리는 '희망이 확률을 수반할 필요는 없더라도 실제로 희망은 가능성을 조건으로 삼는다'는 논제를 나중에 살펴볼 것이다.

미국의 소설가 스콧 피츠제럴드Scott Fitzgerald(1896~1940)의 소설 『위대한 개츠비*The Great Gatsby*』를 성공작으로 만들어준 다양한 요인들 중 하나는 '소설이 우리로 하여금 웅대한 꿈들을 바라보는 주인공의 명백한 태도를 어쩔 수 없이 받아들이도록 한다는 사실'이다. 개츠비는 비뚤어지고 타락한 몽상가로 판명되지만, 데이지Daisy를 차지하려는 그의 억누를 수 없는 욕망은 그의 모든 결점을 가리는 화려한 후광에 감싸이는데, 그런 욕망이 바로 그가 늘어놓는 거짓말의 핵심에 숨겨진 진실이다. 개츠비는 소설 속 화자話者가 "삶을 희망적인 것으로 만드는 징후들을 감지하는 고도로 예민한 감수성, …… 희망을 품는 비범한 재능, 내가 어떤 타인한테서도 결코 발견하지 못했을 뿐더러 앞으로도 다시는 발견할 수 없을 듯이 보이는 로맨틱한 임기응변"이라고 지칭하는 모든 것을 지녔다. 개츠비의 희망들은, 확실히, 수포로 돌아갈 것이다. 왜냐면 과거의 강제력이 미래의 견인력보다 더 강한 것으로 증명되기 때문이다.

---

* p: 귀무가설歸無假說이 옳은 것으로 가정될 경우에 관측값보다 높은 값이 얻어질 확률.

개츠비는 해가 갈수록 우리의 시야에서 희미해지는 청신호를, 질펀하게 흥청대다가 서서히 적막해지는 술판 같은* 미래를 믿었다. 그것은 그렇듯 교묘하게 우리를 피해서 달아났지만, 아무래도 상관없었다 — 내일 우리는 더 빠르게 달릴 테고 우리의 양팔을 더 앞으로 내뻗으리라 ……. 그리고 누군가는 아침을 맞이한다 —

그렇게 우리는 순류를 거슬러서 과거로 끊임없이 떠밀려가는 보트들을 타고 흥청거린다.

과거는 미래보다 결코 더 오래 존재하지 못한다. 그래도 과거는 한때 거대한 위용을 과시했던 만큼 미래보다 더 유리하다. 그래서 과거는 거부당한 권위를 아직 발생하지 않은 것에게도 행사할 수 있다. 만약 현재가 과거의 궤적을 벗어날 수 없다면, 그 까닭은 과거가 우리의 대부분을 구성하는 요소이기 때문일 뿐 아니라, 개츠비가 아무리 절망적인 반복충동에 시달렸더라도, 과거는 그토록 충동적으로 반복하려는 욕망을 전혀 품지도 않기 때문이다. 현재의 대부분은 돌이킬 수 없게 상실된 것을 탈환하려는 노력으로 구성된다. 그런 노력은 마치 과거가 재발할 — 그러나 이번에는 희극喜劇의 면모를 띠고 재발할 — 수 있을 기회에 불과한 듯이 보인다. 오스트리아의 풍자작가 카를 크라우스Karl Kraus(1874~1936)는 '세계 자체는 낙원으로 회귀하는 그릇되고 빗나가는

---

* 이 인용문에서 이 형용사는 원문대로 'orgastic'으로 표기되어있는데, 이것은 'orgiastic'의 오자誤字로 짐작된다.

우회로에 불과하다'고 쓴다.

그렇더라도 개츠비가 그토록 신랄하게 스스로를 기만한다는 사실은 그의 후광을 깡그리 없애지도 못하고 그의 수수께끼를 일소해버리지도 못한다. 그것은 차라리 미국의 파란만장한 역사가 이전에 유럽을 탈출하여 아메리카에 첫발을 내디딘 망명자들의 여망을 완전히 침식하지 못했던 경우에 비견된다. 『위대한 개츠비』가 "모든 인간의 꿈 중에도 가장 새롭고 가장 위대한 꿈"으로 편협하고 뻔뻔하게 칭하는 것 속에서 "인간은 이 대륙을 직시하면서 잠시나마 숨을 멈춰야만 했고, 그의 의심하는 재능에 상응하는 어떤 재능을 역사상 마지막으로 대면하면서 그가 이해하지도 바라지도 않던 심미적 명상에 빠져들 수밖에 없었다." 미국의 작가 폴 오스터Paul Auster(1947~)의 소설 『유리도시City of Glass』 속 화자도, 비슷한 맥락에서, 이 개척자들이 신대륙에 발을 디딘 사건을 "유토피아 사상을 고무하는 충동, 인생의 완벽해질 가능성에 희망의 불을 지핀 불꽃"으로 상상하는데, 비록 그럴지라도 우리는 이런 식민지개척모험의 결과들이 솔직히 긍정적인 것들은 결코 아니라고 자각한다.

차라리 의문시될 수도 있는 이런 관점에서는, 심지어 가장 치명적인 희망에나 가장 심하게 과대망상광적誇大妄想狂的인 희망에도 상응하는 유토피아의 핵심이 존재하는 듯이 보인다. 이런 핵심은 우리가 나중에 에른스트 블로흐의 저작을 다루면서 살펴볼 것이다. 그래서 피츠제럴드의 소설은 "[개츠비의] 환상의 굉장한 생명력"을 예찬할 수 있는데, 비록 그럴지라도 그런 환상의 결과들은 죽음과 파괴이다. 그렇게 소설을 이끄는 모든 치명적인 희망은 삶을 북돋우는 희망의 희미하고 왜곡된 메아리를 산출할 수 있는 것들로 판독되어도 무방한데, 이것은 차라리 가장 비참한 결과를 낳는 인간행동이 '행복을 획득하는 데 실패한 시도'를 재현하는 경우에 비견될 만하다. 이런 의미에서 진정하지 않은 것은 진정한 것의 매개역할을 수행할 수 있다. 여기에는 아마도 미국문학 특유의 창작동기創作動機가 작동할 것이다. 미국의 소설가 허먼 멜빌Herman Melville(1819~1891)의 소설 『모비딕Moby-Dick』에서 주인공 에이해브Ahab는 치명적 망상을 지독하리만치 끈질기게 고집함으로써 고차원적 비극을 성취하는데, 미국의 극작가 아서 밀러Arthur Miller(1915~2005)의 희곡戱曲 『세일즈맨의 죽음Death of a Salesman』에서 주인공 윌리 로먼Willy Loman도 비록 덜 영웅적인 방식으로나마 그런 비극을 성취한다고 평가될 수 있다. 형식주의를 띠는 언약의 열정과 확고부동함은 그 언약의 불길하게 뒤틀린 내용과 무관하게 감탄을 유발하기도 한다.

*

　희망과 욕망의 차이는 존재할까? 둘의 차이가 지극히 미미하게 보일 수 있는 시대들도 존재한다. "나는 그렇게 희망한다"는 그저 "나는 그렇게 소망한다"를 의미할 수 있다. 담배 한 개비를 바라는 욕구와 그것을 기대하는 희망 사이에 메타자연학적 심연은 전혀 없다. 철학자 가브리엘 마르셀은 희망을 '탐욕스럽고 이기적인 사랑과 욕망' 같은 것으로 간주하지만,[16] 이런 견해는 '해로운 희망들과 이로운 욕망들도 존재할 수 있다'는 사실을 간과한다. 희망도 욕망도 도덕적 상태일 수 있지만 둘 다 반드시 그렇지만은 않다. 왜냐면 눈이 내리지 않기를 희망하거나 소금물에 절인 달걀을 욕망하는 사람도 있을 수 있기 때문이다. 욕망은 대체로 특정한 대상을 바라는 반면에 희망의 목표는 대체로 어떤 상황이다. 그렇지만 상황의 발생을 욕망하거나 더 부드러운 얼굴피부를 희망하는 사람도 있을 수 있다. 또한 '누군가**에게** 희망을 **건다**'고 말하는 사람도 있을 수 있는데, ('다른 누군가**를** 희망**한다**'는 말과 다른) 이 말은 곧 그 사람이 누군가를 '그 사람의 소원을 성취해줘서 그 사람을 실망시키지 않을 사람'으로 신뢰한다는 말이다. 그래서 '인간은 이미 소유한 것을 욕망할 (그리고 확실히 사랑할) 수는 있지만 희망할 수는 없다'는 말도 유의미하다.[17] 희망과 욕망은 상충할 수 있다. 왜냐면 예컨대, 흡연자는 담배를 욕망할 수도 있지만 자신의 흡연욕망에 굴복하지 않기를 희망할 수도 있기 때문이다. 또 다르게는, 무언가를 기대하는 의식적意識的 희망과 그것을 싫어하는 무의식적 혐오감을 동시에 품는 사람도 있을 수 있다. 희망과 신념도 서로 모순될 수 있다. 왜냐면 예컨대, 자신이 광견병에 걸려 죽기를 희망하면서도 그렇게 죽으리라고 전혀 믿지 않는 사람도 있을 수 있기 때문이다. 굳게 확신할 만큼 명명백백하지 않은 미미한 심증만 감지해도 강력한 희망을 느낄 수 있는 사람도 있을 수 있다. '어떤 사건이 발생하리라'고 믿는 과정은 '그리되리라'고 예상하는 과정

이지만 그리되기를 희망하는 과정이 반드시 '그리되리라'고 예상하는 과정은 아니다.[18]

　"나는 다가오는 10월에 뉴욕에 있기를 희망한다"는 말은 이 말대로 실행할 사람의 예상을 표현하지만, "나는 믹 재거*가 되고프다"는 말은 그렇지 않다. "나는 이 고통에서 벗어나기를 희망한다"는 말은 소망을 표현하지만 어쩌면 예상을 표현하기도 한다. 정확하게는 희망은 단순히 욕망하기보다는 오히려 예상하기 때문에 실현 가능한 것 — 아니면 적어도 희망을 단념하지 않는 자들이 실현 가능한 것으로 간주하는 것, 그러나 욕망에 반드시 부합해야 하는 것은 아닌 것 — 을 목표로 삼아야 한다.[19] 세계은행World Bank 회장이 되기를 희망하는 자들이 그런 수상쩍은 명예직에 임명될 가능성은 평범한 삶을 꿈꾸는 자들이 임명될 가능성보다 더 높다. 왜냐면 그런 희망자들이 그런 명예직을 희망한다는 사실은 그것을 획득할 가능성을 암시하기 때문이다. 잉글랜드의 철학자 토머스 홉스는 『리바이어던』에서 희망을 "인정받으려는 욕구"로 정의하는 반면에 프랑스의 철학자 폴 뢰쾨르Paul Ricoeur(1913~2005)는 희망을 "실현 가능한 것을 향한 열정"[20]이라는 유명한 문구로 표현한다. 오스트레일리아의 철학자 스탠 반 후프트Stan van Hooft는 '실현될 수 없는 것으로 알려진 것도 소망될 수는 있으므로 희망 없는 상황은 언급될 수 있어도 욕망 없는 상황은 언급될 수 없다'고 지적한다.[21] 인간은 언제나 욕망할 수 있지만 언제나 희망할 수는 없다. 인간은 담비 같은 동물

---

* Mick Jagger(1943~): 잉글랜드의 유명한 록그룹 롤링 스톤스The Rolling Stones의 보컬.

이 되기를 욕망하거나 페리클레스Pericles(서기전495?~429) 시대의 아테네 시민이 되기를 욕망할 수 있어도 둘 중 어느 하나가 되기를 희망할 수는 없다. 인간은 세상에 태어나지 않았기를 바랄 수는 있어도 세상에 태어나지 않았기를 희망할 수는 없다. 헛된 희망을 품는 사람이 반드시 어리석지는 않을지라도 불합리한 희망을 품는 사람은 어리석다. 가브리엘 마르셀은 '이미 발생한 것의 발생하지 않을 확률의 총합도 희망을 무효로 만들지 못하기 때문에 인간은 불가능한 것을 제외한 어떤 것도 희망할 수 있다'고 주장한다. 불가능한 것을 기대하는 희망은 불합리하지만, 발생할 확률을 티끌만큼이라도 지닌 것을 기대하는 희망은 불합리하지 않다. 희망이 요구하는 근거들은 믿음이 요구하는 근거들보다 더 적다. 무슨 일이 생기리라고 기대하는 희망은 합리적인 것일 수 있지만, 무슨 일이 생기리라고 믿는 신념은 불합리한 것일 수 있다. '인간은 바라던 결과를 예상하는 일이 아무리 빤하게 비현실적인 일일지라도 계속할 수 있다'는 의미에서 확실히 인간은 불합리한 희망을 품을 수 있다. 그러나 '누군가의 희망들은 실현될 수 없다'고 불합리하게 믿는 신념은 '누군가의 희망들은 실현될 수 있다'고 오해하여 믿는 신념이다. 인간은 불합리하게 욕망할 수도 있다. 심리분석*이론대로라면, 불합리

---

* psychoanalysis: 프로이트가 발전시킨 학문분야를 특칭特稱하는 이 낱말은 한국에서는 지금까지 '정신분석' 또는 '정신분석학'으로 번역되어왔다. 그런데 이 낱말을 파생시킨 '프시케psyche'의 다른 파생어들은, 예컨대, '심리학psychology'으로나, 독일의 심리학자 카를 융Carl Gustave Jung(1875~1961)의 '분석심리학analytic psychology' 등으로도 번역되어왔다. 그러니까 '프시케'는 한국에서 '정신'과 '심리'로 혼역混譯되어온 셈이다. 물론 한국에서 '정신'은 '육체나 물질에 대립되는

하게 욕망하는 사람들은 신경증에 걸릴 위험을 무릅쓰는 자들이다. 불합리한 희망들에는 소심한 희망들도 포함될 수 있다. 희망을 순진한 것으로 간주하는 편견은 '강경한 희망이 완벽하게 부합하는 상황도 있고 가녀린 희망들이 비현실적인 것들로 간주되는 상황도 있다'는 사실을 망각한다. 이런 편견은 20세기의 전쟁들과 대량학살사태들에는 거의 들어맞지 않는다. 심지어 독일의 작가 겸 학자 빈프리트 제발트Winfried Georg Sebald(1944~2001)처럼 시대를 탁월하게 묘사하는 끝없이 침울한 초상화가가 전적으로 현실적인 인간이냐는 의문도 제기될 수 있다.

불가능성은 희망을 소멸시켜도 욕망을 소멸시키는 않는다. 왜냐면 현재 북한을 통치하는 독재자를 꾀어 미국 콜로라도Colorado 주州 덴버Denver의 번화가에 있는 어느 동성애자 전용 나이트클럽으로 유인하려고 열망하면서도 그런 자신의 열망을 헛된 것으로 인정하는 사람도 있을 수 있기 때문이다. 아들의 목을 겨냥하여 휘두르는 자신의 단도를 아

영혼이나 마음, 사물을 느끼고 생각하며 판단하는 능력 또는 그런 작용, 마음의 자세나 태도, (주로 일부 명사 뒤에 쓰여서) 사물의 근본적 의의나 목적 또는 이념이나 사상'을 가리키는 명사로 쓰이고, '심리'는 '마음의 작용과 의식의 상태'를 가리키는 명사로 쓰인다(국립국어원, 『표준국어대사전』참조)는 사실이 감안되면, 이런 혼역은 충분히 있을 수 있는 관행처럼 보인다. 더구나 '프시케'가 '정신'과 '심리'뿐 아니라 '심혼心魂'이나 '심령心靈'이나 '심리세계'나 '심리현상'으로도 번역될 가능성은 이런 관행을 더욱 부추겼을 것이다. 이렇듯 한국에서 오랫동안 굳어져온 관행이라면 그대로 지켜져도 무방하겠지만, 그렇다고 이런 관행이 마냥 방치될 수도 없는 이유는 '정신'과 '심리'라는 두 한국어가 유사점들뿐 아니라 차이점들도 분명히 겸비한다는 사실에 있다. 물론 그런 차이점들이 이 짤막한 각주에서 제대로 해명되기는 불가능하다. 그런 해명은 별도의 방대한 연구가 필요한 작업일 것이다.

들이 피할 수 있기를 바라는 소망을 품는 아브라함Abraham*은 실현 불

가능한 것을 희망하는 듯이 보인다. 그러나 만사는 야훼와 더불어 가능

하기 때문에 아브라함의 희망은 실제로 헛된 것이 아니다. 예컨대, 신

혼남자가 신혼여자에게 가능한 일을(세쌍둥이의 자랑스러운 엄마가 되기를)

희망할 수 있지만 신혼남자 자신에게는 희망할 수 없다는 사실도 주목

될 만하다. 비록 우리 스스로를 향해 품는 우리의 희망에 죽음이 종지부

를 찍을지라도 타인들을 향해 품는 우리의 희망은 우리의 무덤 너머로

연장될 수 있다. 이것은 그런 희망들이 언제나 이타적인 것들이라는 사

실을 의미하지 않는다. 예컨대, 미국의 유명한 대중가수 엘비스 프레슬

리Elvis Presley(1935~1977) 역할의 최적임자로 인정받으려는 숙원을 이루

려는 연기대결에 일생을 바쳐온 배우들 중 한 명이 연기를 계속하지 못

할 상황에 처하면, 그 배우는 자신이 아끼는 후배가 자신의 숙원을 물려

받아 자신을 대신하여 연기대결을 계속해주기를 희망할 수도 있을 것

이다.

미국의 철학자 로버트 오디Robert Audi(1941~)는 '무슨 일이 발생하리

라고 믿는 사람은 그런 일이 실제로 발생해도 대개는 놀라지 않는 반

면에 일의 발생을 단순히 희망하는 사람은 놀라기 십상이다'고 지적한

다.[22] 또한 그의 주장대로라면, 무슨 일이 발생하리라고 기대하는 희망

을 부끄러워하면서도 그러리라고 믿는 신념을 부끄러워하지 않는 사람

도 있을 수 있지만, 예컨대, 비록 세계를 지배하려는 그 사람의 비밀스

---

* 기독교경전 『구약전서』의 「창세기」 제22장 제1~11절 참조.

러운 음모들이 발각되지 않고 실현되리라고 믿는 신념이 그 사람을 부끄럽게 만들 충분한 원인이 확실한 경우에도 그 사람은 부끄러워하지 않을 수 있다.[23] 실현된 희망은 예상을 일정하게 변경시킨다. 욕망의 대상처럼 희망의 대상도 신화적인 겉모습을 띠고 등장할 수 있고, 또 다르게는 희망도 출현하는 시점별로 일변하거나 완전히 소멸할 수도 있다. 프로이트의 관점에서 욕망은 그것이 얽혀드는 열망의 더 깊은 과정(무의식)에서 오발誤發되어 과녁을 빗나가는 경향을 띠는 것으로 보인다. 또한 오직 희망이 현실적으로 실현될 때에만 희망의 진정한 본성이 실질적으로 발견될 수 있을 듯이 보인다. 어쩌면 예수의 동지들은 예수의 부활을 희망하면서도 자신들이 살아있을 동안에는 예수의 부활을 목격할 수 없으리라는 사실을 몰랐을 것이다.

토마스 아퀴나스는 "개인은 자신의 고유한 능력을 완전히 벗어나는 것을 희망할 수 없다"[24]고 지적하면서 '희망의 대상은 획득되기 어려운 것이 틀림없다는 의미에서 희망은 근면한 것이어야 한다'고 조언한다. 아퀴나스의 관점에서 희망은 "얻기 어려운 선善한 것을 얻으려는 욕구의 운동이나 연장延長"[25]이다. 인간은 불가능한 것을 희망할 수 없다. 더구나 희망은 아퀴나스의 관점에 '즉시 활용될 수 있고 쉽게 달성될 수 있는 덕목들의 가장 우수한 본보기'로 예시될 만한 덕목도 아니다. 아퀴나스의 기록대로라면, 희망의 대상은 미래에 있고 획득되기는 어려워도 획득될 수 있는 선한 것이다.[26] 이런 견지에서 희망은 절망의 적敵이요 나태한 유토피아주의의 적이다. 그래도 희망은 언제나 '우리가 근면하게 또는 여타 다른 식으로 진행하는 노력들의 문제'인 것만은 아니다. 자신의 능력들을 벗어난 원칙에 속하는 것을 기대하는 희망도 있을 수 있는데, 그런 희망은 불가능한 것을 기대하는 희망과 똑같은 것이 아니다. 예컨대, 비가 내리지 않기를 희망하는 사람도 있을 수 있고, 현재 자신의 별로 심하지도 않고 사회적 기능도 수행하는 편집증이 악화되어 완전한 정신병으로 치닫지 않기를 희망하는 사람도 있을 수 있다.

이 대목에서 내가 아퀴나스를 실망시킬지도 모르는 견해를 제시해보자면, 정성껏 다림질되어 산뜻하게 주름진 바지를 입고 학위수여식에 참석한 졸업생이 학위수여식이 끝날 때까지 자신의 바지주름이 고스란히 유지되기를 기대하는 희망처럼, 아주 하찮은 어떤 욕망 겸 기대를 가리키는 데 "희망"이라는 낱말이 사용되지 말아야 할 까닭은 분명하지 않다. "나는 내일 당신을 만나고자 희망합니다"는 말은 대체로 '내일의 만남이 일련의 장애요소들을 영웅적으로 극복해야 할 필요성을 수반하는 긴급한 사안으로 판명될 수 있을 가능성'을 암시하지는 않는다. 더구나 현실적으로 실현될 수 있을 만큼 이행될 듯이 보이지 않는 희망도 있다. "새로운 예루살렘에서 신년을 맞이하자!"는 구호도 그런 희망을 예시할 것이다. 그런 구호를 외치는 사람들의 대다수는, 비록 역사가 빛처럼 빠르게 급변할 수 있더라도, 실제로 단 1년 만에 천국이나 공산주의가 실현되리라고 쉽사리 믿지 않을 것이다. 그러나 설령 그렇더라도 낱말들은 그것들을 발설하는 사람들의 용기를 북돋우고 또 어쩌면 바람직한 미래의 출현을 조금이나마 앞당길지도 모를 행동촉진력行動促進

力 같은 의미를 지닌다. '공산주의가 올 7월에 지구촌을 정복하기를 희망한다'는 진술은 '실제로 합리적인 것으로 간주되는 희망'을 세련되게 표현하는 수사학적 방식이다. 이런 의미에서 진술의 과장된 겉치레는 합리적 핵심을 숨긴다.

희망은 '아리스토텔레스가 단순한 생리적 욕구들에 불과한 식욕이나 수면욕 같은 부류의 욕망들과 상반되는 합리적 욕망으로 지칭하는 것'의 일종이다. 예컨대, 왕정체제의 전복을 기대하는 희망은 그런 전복을 바라는 욕망일 뿐 아니라 '그런 전복은 실현될 수 있다'고 믿는 신념, 그런 전복을 이로운 사태로 인정하는 승인, '그런 전복이 실현되리라'고 믿는 신뢰, '기대감과 아울러 어쩌면 어느 정도 확신하는 감정을 위시하여 합당한 이유를 수반하는 모든 감정 중 어느 것이든 품고 그런 전복이 실현될 날을 기대하는 전망'이기도 하다. 칸트의 관점에서 유일하게 정당화될 수 있는 희망은 오직 '모든 사람이 욕망하는 행복'을 합리적으로 기대하는 감정을 유일하게 품는 유덕한 개인의 희망뿐이다.[27] 대체로 희망도 욕망도 현재에는 존재하지 않는 업적들을 지향하는 만큼 미래를 바라본다. 내가 희망은 "대체로" 미래를 바라본다고 말하는 까닭은, 예컨대, 어느 10대 소녀가 치르고자 하는 운전면허시험을 망치지 않기를 희망할 수도 있고 또 지난해 연말송년파티에서 벌칙으로 오소리 모양의 동물의상을 입고 놀림당한 사람이 올해 연말송년파티에서는 그런 놀림을 당하지 않기를 희망할 수도 있기 때문이다. 이것은 희망의 덕목을 오직 장래성의 차원에서만 바라보는 (우리가 앞에서 살펴본 아퀴나스도 포함하여) 거의 모든 이론가들이 놓치는 중요한 사실이다. 지극히 사소한 방면들에서 미래지향적인 사람은 당연히 있을 수 있다. 미래를 신뢰하는 사람들은, 인간성을 특히 예리하게 통찰하는 두 논평자가 쓰다시피, " '할 일'들의 목록을 작성하고, 일간예정표를 활용하며, 손목시계를 착용하고, 수표책의 잔고를 맞추기도 하는데, 이 모든 활동은 미래지향성을 암시한다."[28] 우리는 아우구스티누스의 시대로부터 많은 세월이 흐른 시대에 살아간다. 우리는 '미래지향성 희망의 대상은 비록 아직 획득되지 않은 상태에서도 이미 존재할 수 있다'고 주장할 수 있다. 사도 바울St Paul은 「로마인들에게 보낸 편지Romans」(=「로마서」)에서 '아무도 자신의 눈앞에 있는 것을 희망하지 않지만, 모든 희망이 종말론적 희망들을 본보기로 삼지는 않을 것이다'고 주장한다. 어떤 사람이 자신의 눈앞에 놓인 돼지고기 파이를 탐욕스럽게 노려보며 깡그리 먹어치우기를 희망할 수는 있지만, 실제로 그것을 먹어치우는 행위는 아직 실행되지 않았다. 희망과 욕망은 둘 다 성취하는 행위로써 끝난다는 사실 때문에 비슷하게 보이기도 한다. 인간은 소원을 성취하는 동시에 소멸시킨다.

희망은 일정한 예상을 수반하기 때문에 희망의 서사는 '매우 석연찮은 줄거리마저 하나의 대상에서 다음 대상으로 쉽사리 운반할 수 있는 욕망의 서사'보다도 더 심하게 굴절된다고 일반적으로 말해진다. 그런 반면에 현재의 충동을 미래의 실현에 연결시키는 희망의 석연찮은 줄거리도 있다. 약속행위와 관련해서도 비슷하게 석연찮은 줄거리가 있다. '희망하기'는 단순히 '어떤 욕구에 사로잡혀 모호해지기'에 불과하기보다는 오히려 '실현 가능할 듯이 — 그리하여 이미 현존하는 어떤 모호한 의미 속에서 — 파악되는 미래에 스스로를 상상력으로써 투영하기'를 의미한다. 과거도 존재하지 않듯이 미래도 존재하지 않는다는 것은 사실이다. 그러나 과거가 오히려 과거의 결과들 속에서 계속 살아가듯이 미래도 잠재적 미래로서 현존할 수 있다. 에른스트 블로흐가 사용하는 "아직 의식되지 않는" 것이라는 용어는 '앞으로 생겨날 것의 어렴풋한 징후의 형식을 띠고, 그리하여 역전된 회상 같은 것으로서, 과거에도 현재에도 잠복하는 미래가 발견될 수 있는 방식'을 의미한다.[29] 블로흐의 관점에서 이런 미래징후들은 정신행위들의 형태를 띠지 않고 예술작품들, 도시풍경들, 정치적 사건들, 민간풍습들, 종교의례들 같은 물리현상들의 형태를 띤다. 우리는 미래를 직접 알 수 없지만, 그렇더라도 블로흐의 견해대로 우리는 미래의 미약한 견인력을 감지할 수 있는데, 그런 견인력은 공간을 구부려 이동시킬 수 있는 힘에 비유될 수 있다. 그런 미래는 '알맹이를 결여하되 외피를 지녀서 실감되고 식별될 수 있는 것의 완성되지 않은 본성' 속에서 발견될 것이다. 잠재성은 현재에 미래를 접합시키는 것이라서 희망의 물리적 기반을 형성한다. 실제로, 엄밀하게 말하자면 어떤 현재도 존재하지 않기 때문에 — 모든 현재는 근본적으로 현재 자체를 초과하기 때문에, 그리하여 모든 현재는 미래로 즉시 넘어가버리는 과거의 자취를 기억하고 존속시키는 행위 속에서 이해되기 때문에 — 희망이 생각될 수 있다. 물론 그래서 두려운 예감도 쓸쓸한 기대감도 있을 수 있다.

희망은 욕망보다 더 진취적인 성질을 띤다. 욕망은 결핍의 의미를 중심으로 선회하려는 경향을 보이지만, 희망은 이런 욕망의 불안에 일정한 긴장된 기대감을 혼합한다. 아퀴나스의 견해대로라면 희망은 욕망을 불편하게 만드는 어떤 것을 지녔다. 왜냐면 희망은 희망대상을 아직 확보하지 못했는데도 희망목적과 접촉하려고 열망하면서 욕망의 불안을 부추기기 때문이다. 희망은 선善을 바라는 열망일 뿐 아니라 선을 향해 나아가는 운동이기도 하다. 희망은 욕망에서 출발하지만 '평범한 소망에는 어울리지 않는 일정한 부력浮力이나 상승기운' 같은 것을 욕망에 보태준다. 아직 실현되지 않은 지복至福한 상황과 현행상황 사이에는 감지되는 연계선連繫線 같은 것이 존재한다. 이런 연계선이 희망에 부여하는 목적론적 추진력은 욕망에 부여하는 것보다 더 불확실하다. 이 욕망은, 적어도 심리분석학적 의미에서는, 그런 추진력을 부여받아서 달성하는 성과가 스스로를 동여매서 달성하는 성과만큼이나 불쾌한 것이라는 사실을 마침내 알아차리는 욕망이다. 그러나 현재와 미래를 잇는 연계선이 미약한 곳에 존재하는 희망들은 희망대상을 획득할 기회들이 요원하므로 가냘프거나 희미하다는 것도 사실이다.

희망도 욕망도 현존과 부재不在의 상호작용을 수반하는데, 왜냐면 정확히 미래를 열망하는 행위에 맞춰지는 미래의 초점이 희미하기 때문이다. 상상력도 역시 똑같다고 말해질 수 있다. 그러나 확고한 희망은, 욕망이 대체로 그리하듯이, 현실의 심연 너머에서 구할 수 있을 어떤 미래의 만족을 주시할 뿐 아니라 희망이 실현될 징조를 예감하는데, 그런 예감은 현재 속에 있는 미래의 징표들과 증거들을 식별하여 일정한 행복감과 희망의 불완전한 의미를 혼합한다. 실제로 기독교는 현재조건을 기쁜 예감에 결부시킨다. 에른스트 블로흐가 주장하디시피, "행복한 현재는 동시에 미래의 증거로도 이해된다."[30] 그런 반면에 욕망은 유쾌한 것들의 대부분을 바라지 않는다. 욕망하는 자들은 웃지도 않고 재주넘기도 하지 않지만, 희망하는 자들은 웃기도 재주넘기도 할 수 있다. 그래서 욕망자들은 좌절하지만 희망자들은 좌절하지 않는다. 희망자들은 오직 자신들의 희망들이 꺾여야만 좌절할 것이다.

오스트리아에서 태어나 잉글랜드에서 주로 활동한 철학자 루트비히 비트겐슈타인Ludwig Wittgenstein(1889~1951)의 관점에서는 희망의 시간구조時間構造가 언어를 필수적으로 요구한다. 그는 다음과 같이 쓴다. "인간은 성난 동물, 무서워하는 동물, 불행한 동물, 행복한 동물, 놀란 동물을 상상할 수 있다. 그렇다면 희망을 품은 동물은? 그리고 그런 동물을 상상하지 못하는 까닭은 무엇인가?"[31] 그가 주장하다시피, 이 의문에 답하려는 사람은 '동물은 언어를 갖지 못했다'는 사실만 지적해도 충분하다. 비트겐슈타인이 지적하다시피, 홀로 집을 지키는 개는 주인의 귀가를 막연하게 기대할 수는 있어도, 예컨대 수요일이나 오후3시 같은 것의 개념을 모르는 비언어적 동물이라서, 주인의 귀가일시를 정확하게 예상하지 못한다. 이런 관점에서 '오직 언어를 습득한 동물들만이 희망을 품을 수 있다'고 말해질 수 있다. 언어는 창대한 미래의 가능성들을 열어젖힌다. 고대 알렉산드리아Alexandria의 유태인 철학자 필론Philon(서기전25경~서기50경)이 쓴 대로라면, 희망은 인간들과 다른 동물들을 가르는 지극히 결정적인 변별특성들 중 하나이지만, 희망의 크기를 결정하는 것은 인간들이 품는 열망들의 크기이다. '한 마리 개가 이스라엘-팔레스타인 분쟁을 해결하려거나 미국의 영화배우 스칼렛 요한슨Scarlett Johansson(1984~)과 함께 오붓하게 로맨틱한 저녁식사를 즐기려는 은밀한 야심을 품는다고'는 말해질 수 없어도 '그 개가 자신에게 뼈다귀가 던져지기를 희망한다고'는 확실히 말해질 수 있다는 것은 사실이다. 홀로 집을 지키는 개는 비록 '주인은 오후3시에 귀가하리라'고 예상할 수는 없을지라도 자신의 코를 주인의 얼굴에 비벼댈 순간을 다시 맞이하기를 간절하게 바라는 어떤 예감 비슷한 것을 느낄 수는 있으리라. 비트겐슈타인은 개들을 좋아하지 않았고, 어쩌면 개들의 재능들을 폄훼하려는 듯이도 보였다.[32] 비트겐슈타인과 다르게 개들을 좋아했을 아퀴나스는 '다른 동물들과 비슷하게 개들도 희망을 품을 수 있다'고 믿는다.[33]

*

희망과 관련하여 널리 만연하는 편견은 현대의 역사주의와 밀접하게 관련된다. 그런 편견은 '전통지향적인 것이 미래지향적인 것으로 변이하는 과정의 의미'와 '무시간적이고 메타자연학적 진리들이 역사주의적으로 결정되지 않는 열린 진리들로 변이하는 과정의 의미'를 표시하는 핵심요인이다. 이것은, 적어도, 독일의 성직자 겸 종교개혁자 마르틴 루터Martin Luther(1483~1546)가 희망을 이해하던 방식이었다. 루터의 관점에서 "철학자들은 자신들의 시선을 사물들의 현존에 고정시키고 오직 사물들의 성질들과 본질들만 고찰한다. 그러나 사도[바울]는 사물들의 현재상태를 관찰하는 우리의 시선을 붙잡아 끌고 그것들의 미래를 향해 이동시킨다. 그는 피조물의 본질이나 작용들을 말하지 않고 …… 새롭고 낯선 신학용어를 채택하여 피조물의 예감을 말한다."[34] 현대성(모더니티)은 자체의 미래에 비추어, 그리하여 자체의 잠재적 부정否定에 비추어, 현재를 바라보는 관점의 문제이다. 본질은 이제 예감이다. 단선적 진화가 역전되는 과정에서 현상을 규정하는 것은 그 현상을 아직 실현되지 않은 것을 향해 굴절시키는 내면형식이다. 벤야민주의적인 역전이 진행되는 과정에서 현상의 현재를 결정하는 것은 현상의 미래이다. 그리고 사도 바울이 바로 이렇게 중대한 진리를 선언하는 만큼이나 현대성은 놀랍도록 오래전부터 시작된 것으로 생각될 수도 있다.

루터의 관점을 추종하는 독일의 신학자 위르겐 몰트만Jürgen Moltmann(1926~)은 '고대 그리스인들에게 진리는 확증된 영원한 것으로 여겨지는 반면에 고대 히브리인(유태인)들에게 진리는 신神의 약속과 그 약속의 역사적 이행 사이에서 발생하는 긴장 속에 머무는 것으로 여겨진다'[35]고 주장한다. 몰트만은 "처음부터 끝까지 기독교는 종말론이고, 앞만 바라보고 앞으로 운동하는 희망이며, 그래서 혁명적이고 현재를 변혁하려는 희망이기도 하다"[36]라고 쓴다. 유태교경전들의 관점에서는, 독일의 신학자 볼파르트 판넨베르크Wolfhart Pannenberg(1928~2014)가 주장하다시피, 모든 존재가 미래지향적인 것들로 파악되어야 한다. "현재와 관련하여 미래의 존재론적 우선성"을 반드시 요구하는 종말론은 판넨베르크의 관점에서는 유태교-기독교의 중심범주가 틀림없다. 그는 "신은 아직 나타나지 않았지만 여전히 존재할 수 있다"[37]고 쓴다. 미래를 향한 이런 편애는, 확실히, 현대사상의 불변하는 특징은 아니다. 폴 리쾨르는 헤겔의 저작들을 희망의 개념을 반대하여 칸트의 역사관과 대조되는 "회상철학回想哲學"으로 간주한다.[38] 케임브리지 대학교의 교수 니컬러스 보일Nicholas Boyle은 비슷한 맥락에서 '헤겔은 미래에 관해서 어떤 실질적이고 철학적인 관심도 갖지 않는다'고 주장한다.[39]

희망은 감정이나 체험 같은 것으로 이해되기 쉽다. 아리스토텔레스는 『수사학Rhetoric』에 '희망은 미래의 희망대상을 유쾌하게 느끼는 감각을 수반하기 마련이고 기억은 오히려 과거의 어떤 사건을 유쾌하게 느끼는 감각을 수반할 수 있다'고 쓴다.[40] 잉글랜드의 철학자 존 로크John Locke(1632~1704)는 희망을 우리가 미래의 어떤 즐거운 원천을 예감할 때 느끼는 "심리적 쾌감"으로 간주한다.[41] 에른스트 블로흐는 이따금 희망을 감동이나 감정으로 생각하는 듯이 보이는데, 프랑스의 철학자 데카르트René Descartes(1596~1650)와 잉글랜드의 철학자 데이빗 흄David Hume(1711~1776)도 그렇게 생각했다. 흄의 생각대로라면, 희망은 두려움, 슬픔, 기쁨, 혐오 같은 중대하고 핵심적인 정념들에 속하고, 그래서 불확실하되 불가능하지는 않는 명백히 유쾌한 사건을 기대하는 사람의 심중에서 분출되는 것도 희망이다.[42] 분노나 공포감에 결부되는 특유의 감정이나 증상이나 감각이나 행동양상이 희망에는 실제로 전혀 결부되지 않는다. 왜냐면 부분적으로는 희망은 욕망의 일종이기 때문이다. 그리고 비록 욕망이 체험과 결부되어 있을지라도 희망은 어떤 결정적인 감각이나 감동과도 결부되지 않는다.[43] 인간은 무언가를 각별하게 느끼지 않아도 희망할 수 있고, 마찬가지로 기대할 수도 있다. 태어날 아이를 "기대하는" 임산부는 그 아이의 출생을 간절히 예감하느라 하루의 모든 순간을 소모하지 않는다. 비트겐슈타인은 약속도 의향도 체험이 아니라고 지적한다. 이 지적에는 '감각이라기보다는 기질인 희망처럼 믿음도 체험이 아니다'는 말이 덧붙여질 수 있을 것이다. 비트겐슈타인이 증명하려고 노력했다시피, 우리는 기질들이나 사회적 관행들을 감정의 상태라고 끊임없이 오해한다. 내심으로는 파기하기로 결심하면서 행하는 약속도 여전히 약속인데, 왜냐면 약속은 정신적 행위가 아니라 사회제도社會制度이기 때문이다. 내심으로는 결혼식을 부인하면서도 결혼하는 행위도 여전히 배우자를 얻는 행위이다. '다음 주에 웨일스 공작을 만나볼 의향을 품었다'고 말하는 행위는 심리상태를 보고하는 행위가 아니라 상황을 설명하는 행위이다. 그런 의향이 (두려움, 공황, 혐오감 같은) 감정들을 수반할 가능성은 농후하지만 그렇지 않을 수도 있다. 설령 그렇더라도 감정들이 그런 의향을 규정하지는 않는다.

희망도 비록 열망, 흥분, 예감 같은 감정의 상태들에 휩싸일 수 있더라도 의향과 똑같이 감정들로써 규정되지 않는다. 스탠 반 후프트는 "그는 성공을 전혀 희망하지 않는다"는 말은, 비록 그렇게 말하는 자가 '그는 성공을 희망한다'고 믿더라도, 완벽하게 이해된다고 지적한다. 여기서 우리는 내면의 확신을 말하기보다는 오히려 하나의 상황을 말한다.[44] 희망을 품고 말하는 행위는 낱말들을 일정한 방식으로 사용하는 행위이지 특별한 정서情緒에 그 낱말들을 투여하는 행위가 아니다. 어떤 사람이 타인을 위로하면서 잔인한 허무주의의 충동에 불과한 흥분을 내밀하게 느끼더라도 희망적인 낱말들은 희망적인 낱말들로 남는다. '나는 친구를 다음 주에 만나기를 희망한다'는 선언은 심리적 진술일 가능성보다는 정치적 진술일 가능성이 더 높다. 제인 워터워스Jayne Waterworth가 비꼬듯이 주장하다시피, "가출한 남편의 귀가나 아들의 귀가를 희망하는 여성의 상태는 2주일간 또는 몇 달간 또는 몇 년간 지속되는 어떤 정서의 상태가 아니다."[45] 그녀의 희망은 '그녀가 우연히 남편을 목격하는 ― 마치 지독한 고통이 불현듯 누그러지는 순간 같은 ― 순간을 정지시키는가? 아니면 그녀의 희망은 잠시 유지되다가 사라지는가? 그녀의 희망은 그녀가 잠잘 때에도 지속될 수 있는 복통처럼 여전히 유지되는가? 희망이 감정이기보다는 오히려 기질이라면 실제로 '인간은 잠자면서도 희망을 품는다'고 말해질 수 있을 것이다.[46] 만약 타인의 가슴을 뜨끔하게 만들 정도로 충분히 냉정한 사람이 타인에게 "당신은 세계평화를 희망해왔습니까?"라고 질문했고 타인은 푸념하듯이 "그렇습니다"라고 응답했다면 문제는 해결될 수 있었을 것이다. 희망을 조금도 감지하지 않는 희망도 현실에 존재한다고 인정될 수 있으리라. 실제로, 차라리 기질적으로 명랑한 사람조차 돌이킬 수 없는 어떤 상황을 이따금 인정할 수 있다면, 시종일관 자살충동을 느끼는 사람으로 하여금 희망을 품게 만드는 합리적 근거들도 존재한다고 인정될 수 있을 것이다.

옥스퍼드 대학교의 철학교수 길버트 라일Gilbert Ryle은 동료교수로부터 "자네의 다음 저서를 내가 언제쯤 보리라고 희망할 수 있겠나?"라는 질문을 받고 "자네가 원하면 언제든지 희망할 수 있을 걸세"라고 대답했다고 전해진다. 이것은 대학식당의 주빈석主賓席에서 인사치레로 오가는 고전적 문답이다. 라일의 유쾌하면서도 심술궂은 대답은 문법적 모호성으로써 주의를 끌어서 동료교수의 질문에 담긴 문법위반요소 같은 것을 은연중에 질책하는 것이 틀림없다. "우리가 언제쯤 당신의 새로운 저서를 보고자 희망할 수 있겠습니까?"는 당연히 "우리가 언제쯤 당신의 새로운 저서를 보는 즐거움을 누릴 수 있겠습니까?"를 의미하지 "우리가 어느 순간부터 당신의 새로운 저서가 출간되기를 희망하기 시작할 수 있겠습니까?"를 의미하지 않는다. 그러나 라일은 그렇게 대답하면서 일종의 즉흥적 철학을 시연試演했을 수도 있다. 아마도 그는 희망을 자생적인 것으로(실제로 우리는 우리가 원하면 언제든지 쉽게 희망을 품지 못한다), 아니면 '우리가 얼마간 정확하게 측정할 수 있는 출발점'

을 가진 감정으로, 장난스럽게 오역하여 희망의 본성을 에둘러 강조했을지 모른다. "당신은 무엇을 성취하고자 희망하는가?"라고 질문하는 행위는 어떤 계획을 설명해달라고 요구하는 행위이지 주관적인 상황을 보고하는 행위가 아니다. 여기서 관건은 어떤 상황에 각인되는 의지의 구조이지 체험이 아니다. 진정한 희망들을 품었어도 그렇지 않다고 오해받을 수 있는 사람도 있듯이, 극심한 곤경에서 진정한 희망들을 품었어도 그렇지 않다고 오해받지 않을 수 있는 사람도 있다. 예컨대, 자신이 품은 기대들의 대상이 사소하거나 획득될 수 없다는 사실을 처음부터 줄곧 무의식으로 자각해왔기 때문에 그런 기대들이 내부로부터 극적으로 파열하더라도 전혀 실망하지 않는 사람이 발견될 수도 있다. 또 어쩌면 자신은 그래도 실망하지 않을 사람으로 기대된다고 상상하기 때문에 실망하지 않기로 희망하는 사람도 있을 것이다.

희망을 덕목으로 지칭하는 행위는 '희망은 체험이라기보다는 오히려 기질이다'고 주장하는 행위이다. 아퀴나스는 신학적 희망을 "정신의 기질"로 묘사하면서도 그것을 지극히 평범한 희망과 대조하는데, 그는 그런 평범한 희망을 두려움, 슬픔, 기쁨 같은 중요한 감정들과 같은 것으로 분류한다.[47] 존 스튜어트 밀은 보이스카우트 제복에 담긴 덕목을 "재능들의 발현을 고무하고 모든 활동 에너지를 원활하게 충분히 발휘할 수 있도록 유지하는" 기질로 간주한다.[48] 데카르트는 희망을 '자신의 욕망이 실현되리라고 확신하는 영혼의 기질'로 이해한다. 다른 여느 덕목처럼 희망도 특정한 방식으로 생각하고 느끼며 행동하는 습득된 습관이다. 희망은 단순한 일회성 사건의 형식에 속하기보다는 오히려 삶의 형식에 속하는 것이 틀림없다. '인내력을 발휘하는 과정'과 '인내력이라는 덕목을 소유하는 과정'은 다르다. 자신의 인생에서 단 한 번밖에 자제력을 발휘하지 못해본 사람은 자제력이라는 덕목의 소유자로서 인정될 수 없다. 무엇보다도 습관과 재능은 체험이 아니다. 습관적으로 희망을 품는 개인은 애초부터 어떤 감각들을 향락하는 개인이 아니라 미래와 관련하여 긍정적으로 행동하고 반응하는 기질을 타고난 개인이다. 그렇기 때문에 습관적으로 희망을 품는 개인은 낙관주의자를 닮았다. 그러나 희망이라는 덕목을 실천하는 사람이 반드시 낙관주의자처럼 만사형통하리라고 가정할 필요는 없다. 실제로 전망이 암울할 때 유지되는 희망의 가치는 자연스럽게 더 높아진다. 게다가 희망자들은 낙관주의자가 대체로 들여다보기를 내켜하지 않는 잠재적 재앙의 심연을 들여다볼 수 있기 마련이다. 또한 희망자들은 자신들의 희망에 (예컨대, 인간성을 믿는 일반적 신념 같은) 정당한 근거들을 부여할 수 있기 마련이지만, 기질적 낙관주의자는 자신의 낙관적 본성에 정당성을 부여할 필요성을 전혀 느끼지 않을 뿐더러 실제로 합리적 정당성을 부여하지도 못한다.

만약 희망이 감정에 불과하다면 덕목으로 간주되지 않을 것인데, 아우구스티누스도 아퀴나스도 희망을 덕목으로 간주하지 않았다. 어떤 사람이 덕목을 가졌다고 칭찬받을 수 있지만 감정 — 적어도 자연스러운 감정으로 분류될 만한 감정 — 을 가졌다고 칭찬받지는 않을 것이다.

용서하는 감정을 느끼려고 무던히 노력하는 사람들은 그런 노력 덕택에 축하받을 수 있겠지만, 본능적으로 타고난 동정심은 도덕적 선善으로 귀결될 가능성을 아무리 많이 지녔어도 어디까지나 성취된 것은 아니므로 도덕적 공덕功德이 아니다. 희망은 실습과 자기수양으로써 함양될 수 있으므로 공덕의 문제이다. 에른스트 블로흐는 마땅하게도 희망은 학습되어야 한다고 주장한다. 희망을 덕목으로 지칭하는 행위는 '희망은 다른 덕목들과 마찬가지로 인간행복에 이바지하는 것이다'고 주장하는 행위이다. 이런 논리대로라면, 희망은 희망을 품어야 할 우리의 자아실현에 속하므로 우리는 희망을 품어야 한다. 우리는 희망을 품을 합당한 이유를 조금이라도 가진다면 희망을 품어야 한다. 그래야만 필시 우리가 푸줏간주인의 칼들로 우리의 사지를 난도질하지 않을 것이고 타인들의 성과들을 질투하는 감정에 시달리며 괴로워하지도 않을 것이기 때문이다. 희망은 선택사항도 주관적인 변덕도 아니다. 몇몇 논평자는 이런 주장을 부정하는데, 그들이 내세우는 근거들은 '희망은 욕망의 형식이고 또 욕망은 일반적으로 우리의 통제권에 속하지 않는다'고 보는 견해들이다. 우리는 보통 우리가 욕망하는 것을 선택하지 않는다. 실제로 신학의 3대 덕목 중 어느 것도 근본적으로는 의지意志의 문제가 아니다. 아마도 '우리가 희망을 품어야 한다'는 생각을 반박하는 사람들은 '능동적으로 함양될 수 있는 희망의 범위'를 과소평가하리라. 비록 희망이 일종의 의무일지라도, 그것이 '우리가 영구적으로 쾌활해야 할 의무'나 '우리가 희망을 품은들 명백히 소용없을 때에도 희망을 품어야 할 의무'를 의미하지는 않는다. 아무리 암담하게 보이는 상황에서도 기독교신자들이 습관적으로 희망을 품는다는 사실은 유의미한 것이 분명하지만, 그들은 부활의 약속 때문에 희망을 품어도 정당하다고 생각하니까 습관적으로 희망을 품는다.

희망은 인내, 신뢰, 용기, 근면, 박력, 관용, 끈기, 지구력 등을 포함하여 동등하게 신용될 만한 성정들의 다발을 수반하는 덕목에 속한다는 사실은 주목될 만하다. 마르틴 루터는 희망을 "영적靈的 용기"[49]로 정의한다. 철학자 알랭 바디우는 희망을 가장 먼저 인내와 고집에 관련시켜서 "근면의 원리, 끈기의 원리"[50]로 간주한다. 그런 희망은 "충심에 충실한 충심"의 형식이고 가장 난감하고 가장 살벌한 사건을 겪으면서도 신념을 확고하게 지키는 방식이다. 그런 반면에 기질적 낙관주의는 희망과 특유하게 결부되는 덕목들의 대부분을 아예 무시해버린다. 자연스럽게 생겨나는 것에 속하는 기질적 낙관주의는 그런 도덕적 습관들을 함양할 필요성을 전혀 이해하지 못한다.

지금까지 우리가 '희망은 넓은 의미에서 욕망의 한 양상이다'고 인정해왔더라도, 일반적인 차원에서 희망과 욕망은 분별될 수 있다. 대체로 희망은 욕망과 예상을 겸비한다. 인간은 욕망하지 않으면서 예상할 수는 있어도 욕망하지 않으면서 희망할 수는 없다. 훌륭하면서도 탐탁찮은 것(예컨대, 자신이 응원하는 최우수선수가 승리할지라도 그 승리가 분명히 응원하는 자신의 것은 아닌 것)을 희망할 수 있는 사람도 있고 유쾌하면서도 불쾌한 것(예컨대, 범죄자들에게 부과되는 형벌)을 희망할 수 있는 사람도 있지만, 욕망을 결여한 희망은 결코 존재하지 않는다. 절망은 희망을 부정해도 욕망을 부정하지는 않는다. 왜냐면, 제인 워터워스가 강조하다시피, 절망에 휩싸인 사람은 먼저 죽은 벗을 재회하고파서 현생을 포기하고 죽기를 열망할 수도 있기 때문이다. 비록 희망이, 우리가 앞에서 살펴봤다시피, 우리로부터 합리성을 부여받은 욕망의 일종으로 분류될지라도 언제나 이롭거나 정당하다고 말해질 수는 없다. 희망은 단순한 욕구와 상반되게 도덕적으로 정제된 욕망의 일종이지만, 이 사실이 곧 '희망이라는 용어의 긍정적 의미에서 희망이 도덕적인 것이 되어야 할 필요성'을 의미하지는 않는다. 일곱 살보다 어린 모든 아동의 몰살을 희망할 수 있거나, '자신의 저서들을 난도질해대는 서평자들이 지옥에 떨어져 죽기'를 희망할 수 있는 사람도 있을 수 있다. '우리가 우리에게 바람직한 인상을 주는 것을 희망한다'는 사실은 반드시 '그것이 바람직하다'는 것을 의미하지 않고 심지어 '우리가 그것을 소유할 만한 가치를 지닌 것으로 믿는다'는 것을 의미하지도 않는다. 우리는 '우리가 희망하는 것은 우리가 그것을 줄기차게 희망하더라도 무가치하거나 치명적인 것이다'고 인정할 수도 있다.

바로 앞의 문장에 담긴 취지는 강조될 만한 가치를 보유하는데, 왜냐면 '희망자체는 하여튼 귀중하다'고 여기는 착각이 만연하기 때문이다. 희망은 "가족"이나 "상상력"이나 "미래" 같이 현혹적인 성질을 띠는 긍정적 용어이다. 그러나 아퀴나스는 '그릇되거나 악의적인 열망들의 존재'를 우리에게 상기시키는데, 에른스트 블로흐가 이 사항을 명심했을 가능성은 아마도 실제로 드러난 것보다도 더 높다. 고도*가 왔어도 파국을 증명할 수는 없다고 말할 수 있는 자는 누구일까? 브리튼의 국가國歌는 '국왕의 적들은 파멸하리라'고 기대하는 브리튼의 희망을 표시하는데, 이런 희망은 브리튼이 기독교국가로 추정된다는 사실에 비춰지면 기묘한 감상의 소산으로 보인다. 우리가 본능적으로 희망을 진취적인 것으로 생각하는 한 가지 이유는 아마도 희망이 필연적으로 상상력을 수반하기 때문일 것인데, 그런 상상력은 고색창연한 낭만주의전통 속에서는 명백한 선善으로 간주되는 능력이다. 그러나 상상력의 건전한 용법들만큼이나 유해한 용법들도 존재한다. 대량학살은 상상력의 충분히 교묘한 응용을 요구한다.

희망도 욕망도 객관적으로 선善한 것을 목적으로 삼는 법을 학습해서 훈련되고 육성될 수 있다. 그래서 희망과 욕망을 훈련시키고 육성하는 이런 과정은 이성理性의 개입을 요구한다. 이성은 단순히 희망들이나 욕망들의 실현방법만 문제시되는 장면 ― 토머스 홉스도 데이빗 흄도 상상하는 장면 ― 에는 개입하지 않는다. 왜냐면 이성은 그 장면 속에 처음부터, 그러나 희미하게, 현존해야만 하는 것이기 때문이다. 고대 그리스의 역사학자 투키디데스Thucydides(서기전460~400)는 희망과 이성을 대립시키지만, 둘을 너무 첨예하게 대립하는 것들로 보는 견해는 확실히 오해이다.[51] "거기에 희망은 있나?"라는 말은 "이성적으로 희

---

* Godot: 아일랜드의 극작가 겸 연극연출자 새뮤얼 베케트Samuel Beckett(1906~1989)의 유명한 희곡 『고도를 기다리며*Waiting for Godot*』(1953)에서 방랑자 두 명이 기다리지만 끝내 나타나지 않은 존재.

망을 품을 수 있나?"를 의미한다. 욕망의 상태들은 대체로 상념들과 맞물리면 인식될 수 있다. 정체불명의 열망을 느낄 수 있는 사람도 분명히 있는데, 그래서 그 사람은 차라리 자신이 두려워하는 것의 어떤 개념을 몰라도 두려움을 느낄 수 있다. 그러나 자신이 전혀 이해할 수 없는 어떤 것을 바라는 열렬한 갈망을 느낄 수 없는 사람도 있다. 그럴 가능성은 '어렴풋이 인식되는 내용을 지닌 (예컨대, 하품하고픈 충동에 사로잡힌) 욕망의 형식들이 존재한다'는 사실과 '그럴 가능성에 전혀 해당되지 않는 욕망(예컨대, 은행창구의 배후에 도사린 많은 은행간부들을 보고파하는 욕망)의 다른 양상들도 존재한다'는 사실을 부정할 수 없을 것이다. 비슷한 맥락에서, 희망은, 예컨대, 자신의 죽어가는 순간이 꼴불견으로 보이지 않기를 바라는 사람이 품는 희망처럼, 아주 평범하고 진부한 것일 수 있다. 그렇지 않으면 희망은 선연하게 인식될 수 있는 것이라서 구토증이나 정체불명의 짜증은 요구하지 않으면서 지식, 믿음, 이해를 요구하는 것일 수도 있다.

이렇듯 선연하게 인식될 수 있는 희망이 바로 에른스트 블로흐가 "학습된 희망*"이라고 지칭한 것이다. 이런 종류의 희망은 단순한 소망이나 자생적 충동과는 구별되는 도덕적 의향이다. 블로흐가 『희망원칙』에 쓰다시피, 희망을 결여한 이성은 만개할 수 없고 이성을 결여한 희망은 번영할 수 없다. 아마도 욕망의 몇몇 양상 중에 희망이야말로 이성과 가

---

* docta spes: 이 문구는 '의식된 희망,' '인식된 희망,' '가르쳐진 희망,' '교육된 희망'으로도 번역될 수 있다.

장 깊게 맞물려 있을 것이다. 왜냐면, 우리가 앞에서 살펴봤다시피, 희망의 목적은 실현될 수 있을 만한 것이 틀림없기 때문이고, 또 그런 실현 가능성은 예리한 판단력을 요구하는 것이기 때문이다. 우리는 앞에서 '희망은 현재와 미래를 상상력으로 접합시키는 과정으로 보이는 줄거리설정이나 계획 같은 것을 요구한다'는 사실을 알았고 '그런 것들이 희망의 합리적 측면들이다'는 사실도 알았다. 갓난아이는 양육되고자 욕망할 수 있어도 양육되고자 희망할 수는 없다. 데니스 터너는 "합리적으로 결합되면서 대체로 복잡하게 겹쳐지는 섬유들 같은 욕구들을 관류하여 욕망을 지속시키는 능력"을 기록하고 묘사하는데, 그런 능력은 아퀴나스가 자유의지voluntas로 지칭한 것이고 또 현대의 전형적인 자발주의voluntarism라는 창백한 상표보다는 의지의 개념을 더 풍부하게 재현하는 것이다.[52] 희망도 이런 용어들과 닮은 어떤 용어들로써 묘사될 수도 있다.

만약 희망이 이성을 요구한다면, 이탈리아의 마르크스주의 이론가 겸 정치인 안토니오 그람시Antonio Gramsci(1891~1937)의 "지성의 비관주의, 의지의 낙관주의"라는 유명한 정치구호는 어떻게 판단될 수 있을까? 격언 같은 이 구호는 정치적 좌파에게 '그들이 그들의 결의를 약화시킬 문제들에 직면하면 그 문제들을 명민하게 평가하지 못할 수 있다'고 경고한다. 그래도 인지부조화가 현실적으로 최선책일까? 희망과 이성이라는 두 능력이 그토록 쉽게 분리될 수 있을까? 그것들은 확실히 어느 정도까지 분리될 수 있다. 예컨대, 만사형통하리라고 생각하면서도 만사형통하지 않기를 희망할 사람도 있을 수 있는데, 이것은 그람시가 충고하는 바와 다소 대립하는 경우이다. 전반적으로, 틀림없이, 그람시는 '의지가 구성행위의 관건일 수 있다면 합리적으로 훈련되어야 한다'는 사실을 잘 이해했을 것이다. 그러나 너무 심하게 압축된 그의 투쟁구호는 자발주의에 빠져들거나 심지어 모험주의에 빠져들 위험성마저 지녔다. 그 투쟁구호는 엄밀하게 평가되면 결국에는 실현 불가능한 것으로 판명될 수도 있다. 심지어 자신의 처지를 어떤 희망도 품지 못할 처지로 생각할 때에도 진취적으로 행동할 수 있는 사람이 있지만, 그렇게 생각할 때마다 도저히 희망적으로 행동하지 못하는 사람도 있다.

*

희망은 고결하고 심금을 울리는 용어일 수 있지만 더 세속적이고 지극히 평범한 것일 수도 있다. 워터워스는 "일반적인 의미에서 희망은 정확히 행위구조 자체에 붙박인다"[53]고 논평한다. 우리는 '예컨대, 한 여자와 교제하기를 희망하는 남자는 그녀의 내면생활을 탐구하기보다는 오히려 그녀의 행동을 관찰해서 그런 희망을 품는다'는 사실을 알 수 있다. 그녀의 행동을 관찰한 남자는 '만약 그녀가 집의 출입문열쇠를 집안에 둔 채로 외출해놓고 귀가해서 집으로 들어가기를 희망하더라도 부엌창문을 당장 때려 부수는 방법을 사용하지는 않으리라'고 판단했을 것이다. 저급하고 무분별한 희망은 진부한 상상력처럼 인간실존의 도처에 만연한다. 자신의 희망목표를 달성할 확률이 높으리라고, 자신의 지난 체험에 비추어, 어렴풋하게나마 예감하지 않은 사람은 자신에게 권해지는 '정체불명의 액체가 담긴 유리잔'을 자신의 입술로 가져가지 않을 것이다. 이런 의미에서 희망은 "인간실존의 근본적 존재구조"[54]로 정의될 수 있다.

그러나 몇몇 논평자는 '그런 평범한 열망들을 멀리하면서 고결성을 유지하는 더욱 절대적인 희망도 있다'고 본다. 기독교 실존주의의 일인자로 손꼽히는 철학자 가브리엘 마르셀의 『호모비아토르*』는 희망에 관한 현대의 명상록들 중에도 가장 유명한 것인데, 그는 이 명상록에서 희망은 "먼저 특별한 대상들을 애착하기 시작하고" 그것들로부터 심리분석학적 의미의 욕망을 애호하는 친화력을 부여받으며 그것들을 "기필코 초월하고자 한다"[55]고 주장한다. 욕망도 일종의 초월방식이다. 그것은 곧 전능한 신처럼 근본적으로 아무데도 소속되지 않고 내세에만 존재하는 절대자의 세속화된 존재방식이다. 심리분석이론의 관점에서는, 순수하게 자동自動해서 결코 충족될 수 없을 듯이 보이는 근본적인 갈망이 모든 특수한 욕구로 스며든다. 기독교의 관점에서는, 이토록 깊고 무조건적인 갈망이 '인류가 자신들의 창조주에 순응하는 방식, 그리하여 오직 인류가 창조주에게 의존할 때에만 이행할 수 있을 방식'을 재현한다. 그런 방식은 인류의 존재구조 속에 현존하는 창조주의 흔

---

* Homo Viator: 이 표현은 '보행하는 인간,' '산책하는 인간,' '여행하는 인간,' '순례하는 인간,' '유랑하는 인간,' '방랑하는 인간,' '지상의 여행자' 등으로 번역될 수 있다.

적이자 모든 특수한 갈망의 언외의미이다. 독일의 신학자 요제프 피퍼 Josef Pieper(1904~1997)는 "우리의 모든 자연스러운 희망은 영생을 막연하게 반영하고 예시하는 활동들 같은 것들을, 그리하여 영생을 무의식적으로 대비하는 활동들 같은 것들을 이행하고자 한다"[56]고 쓴다. 우리는 나중에 '에른스트 블로흐의 철학은 이런 바울주의적인 견해의 세속화된 양태를 재현한다'는 사실을 알아볼 것이다. 블로흐의 해설자들 중 한 명이 쓴 대로라면, 블로흐는 "특수한 희망들 속에서 절대적 희망이나 총체적 희망이 미리 출현하는 과정을 기록하는 역사학자이다."[57]

'유토피아를 바라는 어떤 충동은 가장 하찮은 희망조차 비밀리에 활성화한다'고 말해질 수 있다면, '가장 평범한 욕망은 숭고한 어떤 것을 비밀리에 내포한다'고 말해질 수 있을 것이다. 심리분석은 종교적 신앙으로부터 무조건적 욕망의 개념을 물려받지만 그런 욕망의 초월적 대상-원천을 철폐하여 기독교신앙의 우스운 희극喜劇을 비극으로 보일 수 있게 거꾸로 뒤집어버린다. 우리가 우리의 충심을 바치기로 서약하는 대상은 신神이 아니라 '신을 바라는 충족 불가능한 욕망 — 여기서 내가 프랑스의 심리분석학자 자크 라캉Jacques Lacan(1901~1981)의 용어를 빌려 "현실욕망*"으로 지칭하는 욕망' — 즉 '여느 신만큼이나 절대적이고 무자비할 수 있는 욕망'이다. 이런 의미에서, 신을 바라는 열망은 전통적으로 신의 것들로 생각되는 특성 몇 가지를 겸비해온 듯이 보인다. 가브리엘 마르셀의 관점에서 절대적 희망은 모든 특수한 대상을 초월

---

* 이 용어에 포함된 '현실le Réel(the Real)'이라는 낱말은 한국에서는 '실재實在'로도 번역된다.

하고 오직 표상에 종속되어야만 타락할 수 있는 무한하고 무조건적인 능력이다. 마르셀이 쓰는 대로라면 "희망은 '모든 정보를 벗어나고 모든 명세서와 계산서를 벗어나는 존재의 핵심에는 나와 공모共謀하는 신비로운 한 가지 원칙이 존재한다'고 단언한다"[58]고 쓴다. 물론 이런 희망이 좋은 날씨나 금리변동 따위를 희망하는 평범한 감정들과 관계를 맺는 경위는 이해되기 어렵다.

마르셀이 절대적 희망으로 지칭한 것은 체험을 기반으로 삼지도 않고 실제로 체험을 전혀 고려하지도 않으며, 모든 특수한 열망의 폐허들에서 생겨난다. 그런 희망은 모든 합리적 타산을 무시하고, 어떤 한계나 조건에도 속박되지 않으며, 불변하는 확신을 고수하고, 결코 실망하지 않으면서 "단호한 메타자연학적 안전지대에서"[59] 존속한다. 그러므로 그런 희망은 역사를 수용하지 않는 거절을 대표하지만 역사를 마구잡이로 받아들이는 개방을 대표하지는 않는다. 그런 희망은 물리적 조건들로부터 자유로울 뿐더러 결코 좌절할 수 없는 것이라서 병리적 낙관주의와 구별되기도 어렵다. 승리를 확신하는 기고만장한 기분에 젖은 그런 희망의 상표는 철면피에게는 오히려 위로가 될 수 있을 만치 너무나 친숙한 것으로 읽힌다.

그래서 나치한테 점령당한 프랑스에서 민중의 희망이 바라던 대로 생각하는 기분에나 불요불굴을 꿈꾸는 심경에 쉽게 빠져들 수 있던 시절의 애국적인 프랑스 지식인이 『호모비아토르』를 집필했다는 사실은 전혀 놀랍지 않게 보인다. 마르셀이 단언하다시피, 절망은 불충스러운 것일 수 있었으므로 프랑스가 언젠가는 해방되리라고 믿기지 않을 도리가 없었을 것이다. 그는 인간은 "의지와 지식을 무릅쓰고"[60] 희망을 품어야 마땅하다고 강조한다. 그래서 이런 당위는 신앙의 세력권에 속하는 신앙주의*의 희망이 군림하는 영역에서도 동등하게 적용된다. 마르셀은 "'희망'과 '이성의 타산능력'은 본질적으로 다르다"[61]고 강조한다. 도구적 합리성의 문제에 속하는 이성은 희망처럼 존엄한 덕목을 상대로 거래할 수 없다. 마르셀이 절대적 희망으로 지칭한 것은 경험의 영역과 절연된 것이라서 실망을 경험하지도 못하기 때문에 일종의 확신을 의미한다. 그런 희망은 역사를 수용하지 않는 거절을 대표할 뿐 아니라 비극을 거부하는 부정否定도 대표한다. 그런 희망은 비극적 붕괴를 경험하기보다는 오히려 냉정하게 비극을 딛고 높게 솟아오른다. 마르셀은 '다른 모든 사람에게는 죽은 사람으로 알려진 자신의 아들이 살아 있기를 희망하는 어머니는 "객관적 비판의 영향권을 벗어나서"[62] 희망을 품는다'고 쓴다. 그 어머니에게 진실을 더욱 친절하게 설명해주면 결국에는 어머니를 납득시킬 수 있으리라고 제안하는 사람은 이런 견지에서는 틀림없이 상황에 비열하게 굴복하는 사람으로 보일 것이다. 『호모비아토르』의 그런 문장들에서 실질적으로 장려되는 희망은 이념의 일종이다. 그런 희망은 모든 반론을 거만하게 물리쳐버리고 스스로를 격려하는 유사-종교적 방식이다. 그래서 차라리 '의심을 용납하지 않는

---

* 信仰主義(fideism): '종교의 진리는 이성理性으로써 파악되지 않고 오직 신앙으로써만 파악될 수 있다'고 보는 주의主義.

진정한 신앙은 없다'고 말해질 수 있기라도 하듯이, 좌절을 겪지 못하는 희망은 결정적인 지식을 워낙 흡사하게 닮아서 도무지 희망으로 간주될 수 없을 것이다. 이런 희망은 '겁에 질려 벌벌 떠는 신앙이나 희망'이 아니다. 이런 희망은 '십자가에 못박힌 예수가 야훼에게 토로하는 비탄'을 충심으로 진지하게 받아들일 수 있는 희망도 아니다.

가브레엘 마르셀은 희망을 특별하거나 명확한 것으로 생각하는 견해를 경계한다. 왜냐면 그것은 너무나 단조롭고 경험적인 견해이기 때문이다. 그것은 차라리 알제리 출신 프랑스의 철학자 자크 데리다Jacques Derrida(1930~2004)가 인생후반기에 주목하다가 포기했을 메시아주의에 비견될 만한 견해인데, 그것은 '메시아가 출현하는 과정만큼이나 따분하리만치 명확한 어떤 일을 실행하리라'고 보는 메시아주의였다. 그것은 아주 명백한 어떤 대속구원도 요구하지 않는 사람들의 특권적인 견해인데, 그래서 그들에게는 '희망을 전혀 특별하지 않은 것을 기대하는 영구적이고 개방적인 예감으로 간주하는 견해'가 일정한 호소력을 발휘할 수 있다. 희망은 꺾이지 않으면 언제나 불만스러운 상태로 남아있기 마련이다. 오직 우리를 저버리지 않을 메시아만이 절대로 본색을 드러내지 않을 메시아이다. '나치는 언젠가는 패주敗走하리라'고 믿은 마르셀이 자신의 그런 신념을 지키려면, 희망은 전혀 특별하지 않으므로, 온갖 혼란을 겪어도 존속할 수 있을 만큼 확고하고 단호한 희망을 육성해야만 했다. 그런 암담한 시대에도 존속할 수 있는 유일한 희망은 이름 없는 희망일 수밖에 없다. 오스트레일리아의 철학자 앤드루 벤저민

Andrew Benjamin(1952~)은 비슷한 맥락에서 "희망의 시대는 현재를 언제나 열린 시대로 유지시키고 언제나 비타협적인 시대로 유지시키는 열린 시대 — 격렬한 현재 — 가 될 것이다"[63]고 쓴다. 이런 문법의 어색함은 생각의 막연함을 반영한다. 개방과 비타협은 무조건적인 선善들인가? 그것들은 절대가치들로서 제안되는가? 노예제도의 미래를 용납하는 개방은? 아니면 비非인종차별주의를 용납하지 않는 비타협은? 태초에 유태민족이 받은 약속은 이렇듯 막연하지 않았다. 그것은 빈민을 정의롭게 처우하고 피억압자들을 해방시키겠다는 약속이라서 앤드루 벤저민 같은 후기구조주의사상가들에게는 불쾌하리만치 명확하게 보이는 환상으로 간주될 수도 있다. 벤저민은 자신이 "업적달성용 정책과 실천"[64]으로 지칭한 것을 경계한다. 그렇지만 자신들의 여건을 개선할 몇 가지 구체적인 제안을 요구하는 자들은 다르게 생각할 수도 있다.

아무리 그럴망정, 공허하리만치 막연하지는 않되 불명확한 희망도 존재한다. 이런 불명확한 희망이 바로 가브리엘 마르셀이 절대적 희망으로 지칭하기보다는 오히려 근본적 희망으로 지칭한 것이다. 불명확한 희망은 '실패하고 패배하는 현실들'을 인정하지만 그런 현실들에 항복하기를 거부하고 '미래를 향해 열린 불특정하고 비목적적非目的的인 개방성'을 유지한다.[65] 사도 바울은 희망이 "심지어 저승에까지" 도달할 수 있다고 말하는데, 이것은 곧 '우리는 우리가 접촉하는 것을 모른다'는 말이다. 이것은 데리다가 말한 '개방을 위한 개방'의 문제가 아니다. 왜냐면 인간은 그런 어떤 것의 내용들을 판독할 수도 있기 때문이다. 바울의 희망대상은 파악되기 어려운 것일 수 있지만, 적어도 그는 그 대상에 신의 이름을 붙일 수 있다. 그럴망정 기독교신자들은 자신들이 희망하는 것을, 그것이 비록 바울이 명명한 것이더라도, 결코 정확하게 정의하지 못한다. 충분히 기묘하게도, 우리가 앞에서 잠시 살펴봤다시피, 희망자체는 확실하지만 희망대상은 모호하다. 에른스트 블로흐도 역시 '우리는 우리가 희망하는 것을 궁극적으로 모른다'고 주장한다. 기독교 『신약전서』의 「히브리인들에게 보낸 편지」에서 아브라함은 "그가 가는 곳을 몰라도" 믿었다는 식으로 언급되는데, 이것이 명확한 것들과 불명확한 것들을 결합시키는 사도 바울의 방식이다. 비슷한 맥락에서 칸트는 『순일한 이성의 한계들을 벗어나지 않는 종교Die Religion innerhalb der Grenzen der blossen Vernunft』(1793)에 "자신이 희망하는 것이 어떻게 실현될지 몰라도 그것을 신뢰하는" 사람에 관해 썼다. 신뢰는 요지부동할 수 있지만 신뢰하는 것의 실현방식은 그렇지 않을 수 있다. '("그래도 나는 확신하지 않는다"는 암묵적 추가조항이 따라붙는) "나는 그렇게 희망한다"는 진술처럼 실현 가능성을 의심하는 진술'과 '인간의 이해력을 벗어나는 어떤 미래를 자신만만하게 장담하는 진술'은 다르다. 라이프니츠는 '우리가 알면서도 모르거나 혹은 실제로 알기보다는 오히려 잠재적으로만 아는 모호한 지식'이 있다고 말한다. '이른바 "알려진 모르는 것들"이라는 유명한 표현을 사용한 전직 미국 국방장관 도널드 럼스펠드Donald Rumsfeld는 이런 의미에서 충실한 라이프니츠주의자이다'라고 주장하면서 만족스러워할 사람도 있겠지만, 럼스펠드는 사실을 거의 확실하게 몰랐다.[67] 럼스펠드의 상황은 신앙의 개념과 희망의 개념을 정의하던 바울의 상황과 흡사하다. 만약 우리가 어떤 다른 미래를 운위하면서 희망할 미래를 정확하게 안다면, 우리가 우리의 주변에 보이는 것들을 충분한 간격을 두고 볼 수 없을 것이므로 우리가 희망할 미래도 충분히 다르게 보이지는 않을 것이다. '우리는 욕망할 수 있는 것을 잘 안다'고 보는 심리분석의 관점이 유의미하다면, 아마도 우리는 희망할 수 있는 것을 오직 우리의 희망대상이 마침내 확연하게 드러날 때에만 알 수 있을 것이다.[68]

*

토머스 스턴스 엘리엇은 『4중주 4편*Four Quartets*』이라는 장시長詩에 '희망이 희망하지 말아야 할 것을 바라는 희망으로 전락할 가능성을 두려워하여 희망을 품지 않는 기다림'에 관해 쓴다. 이런 기다림은 독일의 철학자 마르틴 하이데거Martin Heidegger(1889~1976)의 "초연한 관망Gelaseenheit"이나 가브리엘 마르셀의 "능동적 기다림"과 흡사한 개념이라서 '세계가 제출하는 것을 쉽게 수용하는 개방성'을 지녔기 때문에 강력한 계획이나 명확한 대상을 도외시해버린다. 이런 종류의 불명확성은 귀중하게 여겨지는 종류의 수동성과 밀접하게 관련된다. 엘리엇의 시행詩行들은 희망을 일축해버릴 수도 있는 동시에 다소 무미건조한 기다림의 상태에도 똑같이 몰입하여 있을 수 있다. '현실'이 어두워질수록

'가능성'은 더 밝아질 수 있는데, 이것은 잉글랜드의 시인 존 키츠John Keats(1795~1821)가 지은 「어느 나이팅게일을 위한 송가頌歌*」에 나오는 다음과 같은 매력적인 시행들이 예시한다.

나는 나의 발치에 피어난 꽃들도 볼 수 없고

나뭇가지들을 감도는 부드러운 향연香煙도 볼 수 없지만

캄캄한 어둠 속에서도 짐작할 수 있다네

저마다 자신에게 알맞은 달[月]을 맞이하면

풀도, 덤불도, 야생과일나무도,

하얀 산사나무도, 목가적인 들장미도,

자신의 이파리들에 파묻혀 금세 시들어가는 바이올렛들도,

그리고 완연한 5월의 맏이로서

포도주이슬을 송송 매달고 피어나는 포도주색 장미꽃도,

여름의 해질녘마다 웽웽거리며 몰려다니는 하루살이들도

달콤한 향기를 내뿜으리라고.

(에른스트 블로흐가 비꼬듯이 "남근총아男根寵兒들의 일인one of the penis pets"으로 지칭한) 데이빗 허버트 로렌스David Herbert Lawrence(1885~1930)도 이런 시행들에서 표현된 공손한 감수성을 많이 드러내는 태도를 보

---

* Ode to a Nightingale: 이 제목에서 '나이팅게일Nightingale'은 유럽에 서식하는 소형 조류鳥類의 명칭이다.

인다. 그런 태도를 보이는 사람은 자신의 목적들과 관심사들을 세계의 소산들로 속이기를 거부하지만, 키츠주의적인 '부정적 재능이론'에서 말해지듯이, 어둡고 모호한 상황에서도 존재론적 안전을 확보하려는 어떤 조바심도 품지 않으면서 '널리 유행시킬 만하지만 도식화할 수 없는 새로운 어떤 생활양식'을 공손하게 기다릴 준비를 갖춘다. 로렌스의 관점에서 '자아'는 '우리가 소유할 수 있는 어떤 것'이 아니라 '자신의 낯선 논리를 증명하고 자신의 감미로운 방식으로 진화하는 과정'이다. 만약 용기가 능동적 덕목이라면, 무절제하고 뻔뻔스럽게 생활하는 과정은 기묘한 모순어법의 상태에서 생활하는 과정이다. 로렌스의 소설 『사랑에 빠져든 여인들*Women in Love*』에서 새롭고 장엄한 어떤 존재의 섭리가 존재의 폐허들에서 출현하리라고 믿는 루퍼트 버킨Rupert Birkin은 모든 것을 떠나보낼 준비를 갖춘다. 로렌스의 소설 『무지개*The Rainbow*』의 결말에서 어슐러 브랭그웬Ursula Brangwen은 이렇게 풍요로우면서도 쓸쓸한 자신의 처지를 깨닫는다. 독일의 철학자 겸 사회심리학자 에리히 프롬Eric Formm(1900~1980)은 "희망하는 과정은 아직 태어나지 않은 것의 탄생을 매순간마다 대비하는 과정이고 설령 우리의 생존기간에 아무것도 탄생하지 않더라도 체념하지 않는 과정이다"[69]고 쓴다.

역시 마찬가지로 '자아는 소유물이 아니다'라고 믿는 에른스트 블로흐는 『희망원칙』에서 현재순간을 '개념을 빠져나가버리는 파악되기도 판독되기도 불가능한 잉여순간'으로 보고, 이런 의미에서 현재순간을 '미래를 어렴풋이 예시하는 순간'으로 간주한다. 우리는 불가해한 현재를 파악할 수 없거나 자아의 수수께끼를 풀 수 없는 우리의 무능력 속에서 미래의 징조를 감지한다. 만약 우리가 실제로, 브리튼의 시인 겸 소설가 에드워드 토머스Edward Thomas(1878~1917)가 의미심장하게 표현하듯이, "시대를 속속들이 파악할" 수 있다면, 우리는 틀림없이 미래에 현존하기보다는 영원 속에 현존한다고 자각할 수 있으리라. 시간의 폭정에 맞서 궐기하는 여가餘暇는 아마도 시간의 폭정과 가장 흡사한 과정들 중 하나일지도 모른다. 블로흐의 관점에서 "지금"은 영위될 수는 있어도 파악될 수는 없으므로, 이렇게 실감되는 모호함 속에서 — 경험적인 것과 개념적인 것을 가르는 이런 틈새에서 — 미래의 희미한 윤곽이 식별될 수 있다. 프레드릭 제임슨은 마르셀 프루스트의 비슷한 틈새를 발견하는데, 만약 (주관적) 체험Erelbnis이 (객관적) 경험Erfahrung으로 변환되고 마치 최초로 겪듯이 현실적으로 겪는 경험으로 변환될 것이라면, 프루스에게는 현재를 구성하는 천연재료가 평심 속에서 회상되어야 하고 예술과 언어로써 전달되어야 하는 것으로 인식되었을 것이다.[70]

아마도 로렌스적인 영혼의 어두운 밤은, 엄밀하게 말하자면, 희망의 문제일 가능성보다는 신앙의 문제일 가능성이 더 높다. 그래도 희망은 대개는 신앙의 미래시제未來時制, 독일의 철학자 루트비히 포여바흐 Ludwig Feuerbach(1804~1872)가 지적한 "미래와 관련된 신앙"[71]의 미래시제이다. 그래서 만약 예측불허하게 갑자기 출현할 수 있는 것이 이런 미래시제에 편승하여 고스란히 지켜질 수 있다면, 즉 신앙이 관건이라면, 그럴 수 있는 까닭은 '미래에는 그런 새로운 삶의 활력소들이 실제로 존재하리라고 믿는 신념' 때문에 그렇게 지켜질 수 있을 텐데, 그런 신념은 곧 희망의 문제이다. 서로 긴밀하게 얽히고설키는 신앙과 희망이라는 두 덕목은 동정심 속에서 터전을 마련한다. 자신을 사랑받는 존재로 확신하는 사람은 신앙을 — 미래를 바라보면서 희망 속으로 녹아들어가는 신앙을 — 갖는 모험을 감행할 수 있다.[72]

신학자 카를 라너는 희망을 근본적 자포자기 — 자신의 통제력과 계산능력을 벗어나는 것을 인정하는 헌신 — 로 간주한다. 이런 의미에서도 희망은 신앙을 닮았고 신앙처럼 평심의 윤리에 도전하는 듯이 보인다. 이미 알려진(기지旣知된) 것이 아직 알려지지 않은(미지未知된) 것에 포함되듯이, 신앙을 닮은 희망은 그것을 품은 사람을 불가해한 것으로 진입시킬 수 있다. 그런 진입과정은 데이빗 허버트 로렌스가 "의식으로 진입하는 끝없는 모험"으로 지칭한 것에 비견될 수 있다. 레이먼드 윌리엄스가 『1780~1950년의 문화와 사회Culture and Society, 1780~1950』에서 주장하다시피, "우리는, 우리의 공통판단대로, 계획될 수 있는 것을 계획해야 한다. 그러나 문화개념이 '근본적으로 문화는 계획될 수 없다'는 사실을 우리에게 상기시킬 때가 바로 문화개념이 강조되어야 할 때이다. 우리는 생활수단을 확보해야 하고 공동생활수단도 확보해야 한다. 그러나 우리는 앞으로 이런 수단으로써 영위할 생활이 어떤 것일지 알 수도 말할 수도 없다."[73] 과거는 성취된 현실로서 파악될 수 있지만, 미래는 오직 암불란도ambulando(진행과정) — 미래를 구성하는 과정 — 에서만 알려질 수 있다. 여기서 내가 곁들여 말하건대, 신학자들처럼 윌리엄스도 '희망은 가장 먼저 스스로를 향하는 희망이 아니라 우리를 향하는 희망이다'고 당연하게 생각한다.

카를 라너의 견해대로라면, 희망에 수반되는 자포자기는 정치적 함의를 지닌다. 신뢰를 조장하는 희망 덕택에 우리는 "현재를 탈출하여 미래로 이주하겠다고 부단히 약속할"[74] 수 있다. 라너는 다음과 같이 쓴다. "세계구조들을 지속적인 재검토와 비판에 종속시키는 형식은 기독교적 희망의 구체적 형식들 중 하나인데, 불가해하고 제어할 수 없는 것에 스스로를 바치는 용기와 같은 그런 희망은, 비록 '세속생활의 요소를 결여한 사람은 절대적 허무에 거꾸로 처박혀버릴 수 있으리라'고 생각되더라도, 세속생활에 속하는 어떤 것이든 결코 꽉 붙잡지는 말아야 하는 것이다."[75] 희망은 모든 미래시간에 덧씌워진 절대적 미래들처럼 보이는 허울들을 벗겨버린다. 라너의 관점에서 절대적 미래(신국) 같은 것이 실제로 존재하는 듯이 보이지만, 그것의 역할은 '이미 달성된 것들뿐 아니라 우리가 기대하며 주시할 수 있을 다른 무엇이라도' 맹목적으로 숭배되지 않게 하는* 것이다. 그러므로 희망은 영속혁명의 일종이고, 그래서 메타자연학적 절망이 그런 희망의 적敵인 만큼 정치적 자만심도 그런 희망의 적이다. 그런 희망은 원칙적으로 끝없는 것이라서 어떤 특유의 관행을 이용하여 우상들을 만들기를 거부하지만, 그런 우상들 사이에서 심판하기를 거부한다고 말해질 수는 없을 것이다. 위르

---

* defetishise: 이 동사는 '탈물신화脫物神化하는'으로나 '맹신되지 않게 하는'으로도 번역될 수 있다.

겐 몰트만이 논평하다시피, 희망은 우리를 현재와 근본적으로 화해하
지 못하도록 계속 방해하면서 역사적 혼란을 끊임없이 유발하는 진앙
의 역할을 수행한다.[76] 그런 반면에 몰트만보다 더 보수적인 신학자 존
맥쿼리John Macquarrie(1919~2007)는 정확히 '희망의 미래지향적 편견이
"비현실적이고 유토피아적인 희망들"[77]을 고무할 수도 있다'고 봄으로
써 그런 편견을 경계한다. 비록 보편적 부활을 믿으리라고 추정되는 사
람이 기묘하게도 유토피아적 희망의 의혹주의를 유발할지언정, 미래에
관한 너무나 엉성한 객설은 정치적 좌파를 안심시킨다.

만약 희망이 수동적 측면을 지닌다면, 이런 견지에서 순수한 자기결
정능력도 희망의 반대가 아니듯이 절망도 희망의 반대가 아니다. 스스
로를 창조할 수 있는 사람에게 희망이 필요할 까닭은 무엇일까? 스스로
를 완전하게 지배하려고 노력했던 고대의 스토아철학자들은 희망을 필
연적으로 의존성과 불완전함을 동시에 수반하기 마련인 것으로 알아
서 의심스러운 것으로 간주했다. 셰익스피어의 『리어 왕King Lear』은 성
숙, 인내, 지구력을 이야기하는 희곡이면서도 자신의 운명을 홀로 감당
하려고 애쓰며 모든 의존상태를 비천한 상태들로 간주하여 무시해버
리는 맥베스와 코리올라누스* 같은 자기형성인自己形成人들에게 바쳐
진다. 셰익스피어의 작품들에 나오는 악인들은 타인의 영향을 받지 않

---

* 맥베스Macbeth는 셰익스피어가 1603~1607년에 창작한 비극희곡 『맥베스』의 주인공이고,
  코리얼레이너스Coriolanus(=코리올라누스)는 서기전5세기에 활동한 고대 로마의 장군 가
  유스 마르키우스 코리올라누스Gaius Marcius Coriolanus의 전설을 소재로 삼아 셰익스피어
  가 1605~1608년에 창작한 비극희곡 『코리얼레이너스』의 주인공이다.

는 전형적인 단독행위자들이다. "나는 그렇게 하고자 희망한다"고 말하는 사람은 '자신의 능력은 유한하다'고 인정하는 사람이다. 희망과 겸손은 이런 의미에서 일시적 친구들이다. 고대 그리스의 철학자 에피쿠로스Epikouros(=Epicurus, 서기전341~270)는 다음과 같이 썼다. "우리는 '미래가 완전히 우리의 것도 아니지만 우리의 것이 전혀 아닌 것도 아니라는 사실'을 명심해야 하고 그래서 '우리는 미래를 올 것으로 아주 확신하여 기대하지도 말아야 하지만 오지 않을 것으로 아주 확신하여 절망하지도 말아야 한다는 사실'을 명심해야 한다."[78] 무엄하게 추측하는 괘씸죄를 범한 자들은 미래를 소유하려고 애쓴다. 그러나 절망하는 자들은 미래를 탄생시키려는 모든 노력을 포기한다. 만약 희망이 인간능력의 한계를 표시한다면, 부분적으로는 의지가 최종문제는 아니기 때문에 그렇다. 우리가 욕망하기로 선택하지 않듯이, 대체로 우리는 희망하기로 선택하지 않는다. 우리는 분명히 어떤 특수한 현안을 긍정적으로 느끼는 감정에 때때로 빠져들 수 있는데, 차라리 비현실적인 희망들이나 도덕적으로 용납될 수 없는 희망들이나 너무나 힘겨운 고생을 감내해야만 겨우 실현할 수 있을 희망들을 품고도 억누를 수 있는 사람 역시 그런 감정에 빠져들곤 한다. 희망을 품는 행위를 경솔한 짓 또는 그저 쓸데없는 짓으로 간주하겠다고 결심하는 사람도 있을 것이다. 이런 의미에서 심술을 부리기로 결심할 수 있거나 사랑에 빠져들지 않으려고 노력할 수 있다면 차라리 희망을 품기로 결심할 수 있는 사람도 있다. 칸트의 "나는 무엇을 희망할 수 있는가?"라는 질문은 '희망은 제어될 수 있다'고 암시하는 것으로 이해될 수 있다. 그러나 이런 제어능력도 한계를 지닌다. 우리는 질투나 혐오를 뜻대로 쉽게 제어하지 못하듯이 희망도 뜻대로 쉽게 제어하지 못한다.

가브리엘 마르셀의 절대적 희망은 이념의 일종일 수 있지만, '희망은 무조건적인 것일 수 있다'고 보는 견해의 의미는 더 많은 것을 암시한다. 이 견해는 '비록 이런저런 열망이 수포로 돌아갈지라도 인류를 믿는 기본적인 신념은 그대로 보존되어야 마땅하다'고 보는 것이다. '미래는 예측될 수 없다'고 생각하는 사람은 '어떤 불가해한 선善이 때를 맞이하여 혹은 심지어 앞으로 24시간 이내에도 출현할 가능성'을 경솔하게 간과해버린다. 여기서, 예컨대, 21세기의 첫 10년을 잠시 되돌아보자. 그런 세기의 전환기에는 '서구는 냉전에서 승리했으며 서구의 경제도 여전히 건전하다'고 자신하는 승리주의의 분위기에 젖어 '역사는 끝났고, 획기적 사건들은 고갈되었으며, 현상유지정책을 대신할 거시정책들은 불신되고, 거대서사들은 일소되었다'고 주장하던 논평자들이 넘쳐났다. 그즈음 미래는 단순히 현재를 반복하기만 할 듯이 보였으리라. 정확히 그런 시점에서 (9·11테러를 당한) 세계무역센터가 붕괴했고, 이른바 '반反테러전쟁'이 선포되었으며, 많은 독재자가 쫓겨났고, 지배자들에게 집단적으로 대항하는 인구는 증가했다. 이런 사건들이 반드시 현저한 어떤 발전과정에서 발생하는 것들은 아니다. 차라리 이런 사건들은 역사의 도박을 믿기보다는 오히려 '마르틴 루터가 확실하고 영원한 지상명령들로 간주했을 것들'을 믿는 신념의 어리석음을 증명한다. 만약 영원한 지상명령들이 마르틴 루터의 관점에서는 메타자연학적인 것들로 보였다면 역사종말론歷史終末論을 팔아먹는 자들의 관점에서는 이념적인 것들로 보였을 것이다. 그런 반면에 독일의 시인 겸 극작가 겸 연극연출가 베르톨트 브레히트Bertold Brecht(1898~1956)의 관점에서는, 비록 역사가 내리막길로 갈 수 있을지언정 전진할 수도 있으므로, 단순히 변하는 사실도, 심지어 더 나쁘게 변하는 사실도, 절망의 예방약으로 보인다.

근본적 희망은 모든 특수한 희망이 좌절할 때에도 인간이 의존하는 것인데, 그런 희망은 차라리 심리분석이론이 '욕망에서 모든 특수한 욕구를 빼면 남는 것'으로 간주하는 욕망에 비견된다. 그래서 그런 희망이 절망과 구별되기는 언제나 쉽지만은 않다. 그래도 절대적 절망은 이런저런 희망을 내버리기보다는 오히려 희망 자체를 내버리는 단념의 문제이다. 실제로 키르케고르는 '모든 절망은 어떤 의미에서는 절대적인 것들이고 절망들의 이런 절대성을 인정하지 않는 것이 허위의식의 형식이다'고 주장한다. 그가 쓰다시피, "그는 세속적인 어떤 것을 포기하여 절망하면서도 자신의 절망은 영원한 것에 속한다고 생각한다."[79] 그래도 절망의 메타자연학적 성질이 존재하듯이 희망의 무조건적 형식도 존재한다. 주제 사라마구는 소설 『히카르두 헤이스가 죽은 해The Year of the Death of Ricardo Reis』에 "희망하기, 희망하고 오직 희망하여, 희망밖에 남지 않을 때까지, 그러니까 우리가 희망이 모든 것이라는 사실을 깨달을 때까지, 희망하기"라고 쓴다. 가브리엘 마르셀의 문체를 연상시키는 이 소설이 암시하는 순수하고 자동사 같은 희망도 있는데, 인간존재의 근본편견 또는 근저성향에 속하는 그런 희망은 오직 모든 현실적 열망의 허울들이 벗겨질 때에만 완전히 드러나는 것이다.

'이것은 비극적 견해이다'고 주장할 사람도 있겠지만, 이것이 반드시 비관적 견해를 가리키는 것은 아니다. 비극은, 차라리, '인류가 거의 멸종해버리는 상황'에서도 살아남는 것과 관련된다. 그렇게 살아남은 것이 무엇이든, 설령 여전히 양도되기를 거부할지라도, 확실히 기대될 수 있는 것이다. 그래서 그것의 추축을 다른 무엇으로 변경시킬 수 있는 것은 없다. 『맥베스』에서 로스Ross가 주장하다시피, "최악상황들은 끝나겠지만, 그렇지 않으면 악화되어/이전 상황들로 복귀하리라"(제4막 제1장). 요제프 피퍼는 『희망과 역사Hope and History』에서 차라리 비슷하게도 '인간실존 자체를 거부하는 의미로 오직 절대적 절망의 가능성에만 초점을 맞추는 희망의 근본형식이 존재한다'고 주장한다. 오직 그래야만, 모든 특수한 희망을 벗어나서 그런 희망들의 허약성을 완전히 자각하는 이토록 순수한 희망의 본질이 증명될 수 있다고 피퍼는 생각한다. 가브리엘 마르셀은 "희망은 …… 오직 지옥이 존재할 수 있는 곳에만 정착할 수 있다"[80]고 쓴다. 이것은 희망이 낙관주의와 다르게 존재할 수 있는 여러 방식 중 하나인데, 왜냐면 지옥은 쉽사리 상상될 수 없기 때문이다. 아브라함은 아들의 목에 칼을 들이대면서도 희망을 품지만, 아브라함을 낙관주의자로 묘사하기를 주저할 사람도 있을 것이다.

기독교에서 죄악시되는 종류의 절망은 '대속구원의 장기적長期的 실현 가능성'을 거부하는 심정의 문제이지 '이런저런 특수한 노력의 운이 명백히 다했다'고 결론짓는 심정의 문제가 아니다. 이런 장기적 절망이 도덕적 결함으로 간주되는 한 가지 이유는 그런 절망이 타인들의 노력을 저버리는 것으로 보일 수 있다는 것이다. 그런 절망은 '타인들의 명백한 승리는 날조된 것이고 그들의 실패는 미리 예정된 운명이다'고 넌지시 암시할 수 있어서 그들의 용기와 활력을 하찮은 것들로 보이게 만들 수도 있다. 그래서 특수한 상황을 실패한 상황으로 여겨서 자포자기하면서도 미래를 믿는 막연한 신념을 버리지 않는 사람도 있는데, 이런 사람이 품는 것이 바로 가브리엘 마르셀이 말한 근본적 희망이다. 근본적 희망은 어떤 특수한 목표도 갖지 않을 뿐더러 오히려 정신의 전체적 개방성의 문제라서 그런지 어느 해설자는 이런 개방성을 "미래를 대면하는 사람의 기풍이나 기질 …… 단순한 고집이나 대상없는 기대감"[81]으로 지칭한다. 근본적 희망은 낙관주의와 다른데, 왜냐면 근본적 희망은 한편으로는 기질의 문제에 불과하지는 않기 때문이고 다른 한편으로는 자체의 파멸 가능성을 언제든지 직면할 태세를 갖췄기 때문이다. 아마도 이런 근본적 희망으로 분류되는 희망은 '심지어 재난의 한가운데서도 인생은 영위할 가치를 보유한다'고 우리를 설득할 것이다. 그런 희망은 생존욕망 ― 그러나 특별한 어떤 것을 겨냥하지 않는 욕망 ― 에 불과할 수도 있지만, 그런 생존이 무언가 특별한 것을 바라거나 성취하는 데 필요한 전제조건이기 때문에 그럴 수도 있다. 삶은 희망의 충분조건은 아니라도 필요조건이다. 그래서 근본적 희망이나 무조건적 희망은 메타-희망에 속하는 만큼 우리의 더욱 명백한 모든 열망의 초월적 가능성이다.

체코에서 태어나 오스트리아에서 활동한 작가 프란츠 카프카Franz Kafka(1883~1924)의 친구 막스 브로트Max Brod(1884~1968)는 어느 날 "우리에게 익숙한 세계의 바깥에도 희망 같은 것이 있을까?"라고 카프카에게 물었고, 카프카는 "그곳에는 많은, 심지어 무한히 많은 — '그러나 우리를 위한 것은 아닌' — 희망이 있겠지"라고 대답했다고 전해진다. 아마도 카프카는 '우리가 아는 세상은 신이 안식일에 짜증스러운 기분으로 창조한 세상일 테고, 만약 그가 세상을 창조할 때 그의 기분이 덜 짜증스러웠다면 세상만사도 훨씬 덜 참담했겠지'라고 말하고파했으리라. 그렇지 않다면 카프카는 아마도 '바로 이 순간에 훨씬 덜 참담한 일들이 벌어지는 다른 세상들도 있겠지'라고 말하고파했으리라. 우주력宇宙力들이 조금만 불화해도 인류는 구원될 가능성을 얻지 못했을 것이다. '메시아가 출현하면 사소한 것 몇 가지만 조정해서 모든 것을 변화시키리라'고 믿는 신비주의적 유태교신앙을 상기할 사람도 있을 것이다. 한 가지 유의미한 사실은 '희망의 근거들이 실제로 존재해왔을 수 있으므로 카프카의 주장은 우리의 처지를 더욱 비통하게 느껴지도록 만든다는 것'이다. 또 다른 유의미한 사실은 '그의 주장이 다른 세상에도 희망이 풍부하게 존재할 수 있다고 암시함으로써 그런 비통한 정념을 누그러뜨린다는 것'이다. "풍부하되 우리에게는 어울리지 않는 희망"은 체호프가 창작한 인물 몇몇의 좌우명이 될 가능성을 충분히 지녔는데, 그런 인물들은 미래의 행복을 추구하지만 자신들에게는 그런 행복이 용납되지 않으리라는 사실을 안다.

'자살자들은 절망자들이다'고 흔히 말해진다. 그래도 이 말에는 뉘앙스가 더욱 정교하게 가미되어야 한다. 자살결행자가 생존을 무가치한 것으로 반드시 확신해야 할 필요는 없다. 그런 반면에 어떤 여인은 '희망을 품어도 될 충분한 이유는 있되 그런 희망적인 예상들은 자신에게 어울리지 않는다'고 믿을 수 있다. 혹은 그녀는 '희망을 품어도 될 만한 이유가 자신에게 있다'고 이해할 수는 있어도 '그런 이유가 존재한다'고 실감하지는 못할 수 있다. 그녀는 '자신의 고민들이 해결될 수는 있겠지만 자신은 그것들이 해결될 때까지 오래 기다릴 수 없으리라'고 생각할 수 있다. 그녀의 고통이 워낙 심해서 그녀가 도저히 견딜 수 없는 것이라면 어떤 사태를 더 온건하게 변화시키지도 못할 것이다. 가브리엘 마르셀은 '절망은 조바심의 일종이지만, 조금이라도 더 기다릴 수 없는 사람의 조바심은 솔직한 현실주의일 수 있다'고 말한다. 그래서 자살행위는 행위자 본인에게 아니면 인류 전체에게 어떤 절대적 절망을 암시하지 않아도 될 뿐더러 설령 그렇게 암시하더라도 '희망의 절대적 부정否定을 의미하는 절대적 절망에 완전한 합리성을 부여할 수 있는 상황들의 존재'를 부인할 수는 없을 것이다. 그런 상황들에 굴복하는 행위가 도덕적으로 심약한 행위로 간주되는 경우도 드물지 않지만 선견지명을 확실히 표현하는 최종행위로 간주되는 경우들도 있다. 그래서 예컨대,

중병에 걸린 환자를 도저히 치료할 수 없다는 합리적인 이유 때문에 절망하는 의사도 있을 수 있다.

자살은 희망의 문제이다. 자신의 고통을 중단시킬 수 있으리라고 기대하여 자살하는 사람도 있다. 정치철학자 존 그레이John Gray처럼 심지어 인류 전체의 멸종을 희망할 수 있는 사람도 있다. 그레이는 다음과 같이 쓴다. "호모사피엔스*는 대단히 많은 생물종의 하나에 불과할 뿐더러 보호되어야 할 명백한 가치를 지니지도 않았다. 머잖아 호모사피엔스는 멸종할 것이다. 호모사피엔스가 멸종하면 지구는 회복될 것이다. 인간동물의 자취들이 사라진 이후 오랜 세월이 지나면, 지금 인간동물이 열심히 파괴해대는 많은 생물종도 앞으로 발생해야 할 다른 생물종들과 함께 나란히 줄기차게 존속할 것이다. 지구는 인류를 망각할 것이고, 생명활동은 계속될 것이다."[82] 기독교의 관점에서, 희망은 최종적으로 인간을 벗어나지만, 그레이의 기대와 다르게, 인류자체를 벗어나지는 않는다. 자신의 사멸을 예감하는 사람은 기묘한 평화를 느낄 수 있는데, 쇼펜하워도 그런 평화를 느낀다. 그런 예감은 평정한 자아체념自我諦念을 요구하기 마련이고, 그것은 심미적 자아체념과 흡사하다. 이런 관점에서, 가장 귀중한 희망은 '모든 희망이 불가능해지는 상황'을 기대하는 희망이다. 왜냐면 아무도 그런 희망의 주체가 되지 못하기 때문이다. 그런 희망이 궁여지책이어야 할 필요는 없다. 그런 반면에 인류가 멸종하면 생명은 이런 일시적 장애를 극복하고 번영하는 본연의 생명력을

---

* Homo sapiens: '생각하는 인간' 또는 '현생인류.'

회복할 수 있다. 이런 견해는 데이빗 허버트 로렌스의 견해를 닮았다.

근본적 희망은 '궁극적으로 인생은 살아볼 만한 가치를 지닌다'고 믿는 출처불명의 확신에 집착한다. 그래도 그런 확신이 사실인지는 불확실하다. 쇼펜하워가 태연하게 지적했다시피, 어쩌면 구차하게 사느니보다 차라리 죽는 편이 더 나을 남녀도 아주 많다. 인류가 존속하면 인류에게 조금이라도 더 이롭기는커녕 분명히 압도적으로 더 해로울 상황들(예컨대, 고준위 방사능 잔류지대나 회복불능으로 오염된 지구환경)이 초래되기 십상이다. 죽느니보다 차라리 살아가는 편이 명백하게 더 낫지 않다면 인생자체는 귀중하지 않다. 만성적인 극심한 고통에 시달리는 사람은 인생의 귀중함을 믿지 않을 수도 있다. '삶이 있는 곳에 희망이 있다'고 말해질 수는 없어도 '삶이 없는 곳에 희망이 없다'고 확언될 수는 있다. 대안을 기대하는 그럴듯한 희망도 일절 없이 괴롭고 궁핍한 미래를 맞이할 운명을 짊어진 인류의 어느 집단은 모든 불길한 기획의 실행을 금지하는 편을 더 낫게 생각하기 십상이다. 그래서 근본적 희망의 개념은, 적어도 종교적 맥락의 바깥에서는, 무근거한 것으로 판명될 수도 있다. 비록 우리가 미래를 예견할 수 없어서 그 개념을 확실히 알 수 없다는 사실이 근본적 희망을 유지하는 데 일조할 수 있을지라도 역시 그 개념은 무근거한 것으로 판명될 수 있다. 그래도 나중에 우리는 '희망을 잃어도 절망하지는 않을 가능성의 존재'를 살펴볼 것이다.

*

절망의 개념은 희망의 개념만큼이나 분분한 논란을 유발하는 문제이다. '절망은 숙명주의적 무기력증의 형태를 띠기 쉽다'는 J. P. 데이의 지적대로라면, 절망은 필사적인 감정과도 다르고 필사적으로 행동하는 상태와도 다르다. 절망하는 상태는 절망적인 처지에 내몰린 자의 꼼짝하지 않는 상태인 반면에 필사적인 상태는 가능한 거의 모든 행동을 감행할 태세를 갖춘 상태이다.[83] 키르케고르는 자신의 위대한 절망현상학을 설명하는 『죽음에 이르는 병』에서 포스트모더니즘 문화를 예시하는 것으로 이해될 만한 상황을 묘사한다. 포스트모더니즘을 철학의 반열로 승격시키는 거짓말 같은 과업을 완수하는 듯이 보이는 키르케고르는 개인들을 '자아들로 만드는 이행되기 힘거운 계획을 봉행하라는 명령을 신으로부터 받는 존재들'로 이해한다. 그런 신의 계획은 개인들에게 저마다 자아의 근거를 나름의 독특한 방식으로 신의 불가해한 존재Being에서 찾기를 반드시 요구한다. 키르케고르가 생각해낸 '개인자아'라는 기막힌 개념이, 그러니까 그에게는 전리품이자 대단한 골칫거리인 그 개념이, 완벽한 설득력을 얻기는 어렵다. 그 개념을 성립시키는 것은 '신은 모든 영원한 것으로써 우리 각자를 만든다'는 절대적 주장이다. 그러니까 '신의 아들(예수)은 **나**를 위해 고통스럽게 죽었고, 나의 자아는 우주자체만큼이나 불변하고 독특하며, 나는 자아로 알려진 이 독특하기 그지없는 존재에게 부과된 끔찍하면서도 유쾌한 책임을 짊어져서 비틀거리고, 그런 자아는 헤아릴 수 없이 뻗어가는 우주시간의 모든 연장선상에서도 오직 단 한 번밖에 생겨나지 않을 것이라서 내가, 그리고 오직 나만이, 그것을 낙원으로 아니면 지옥으로 데려갈 책임을 진다'는 심난한 사실이 그 개념을 성립시킨다는 말이다.

이토록 과중한 책임을 짊어져서 괴로워하는 남녀들이 그런 책임을 피해서 다소 덜 숭고하게 위협적인 형태의 정체성으로 달아나고 '그들을 영원히 소환하는 자아가 되기'를 거부하며 더 만족스럽고 편리한 어떤 존재방식을 추구하기 마련이더라도 이상하지 않다. 이런 종류의 자아구성주체들은 자신들의 진정한 자아 — 그러니까 천국으로 승천할 자신들을 위해 비축해두는 자아 — 를 온전히 소유하지 못해서 절망하고 차라리 환상적이거나 가설적假說的인 기존의 다종다양한 정체성들을 선택하는데, 그런 정체성들은 제멋대로 호출되어 키르케고르가 말한 "허구적" 방식대로 존재하다가 변덕부리듯 자연스럽게 분해되어 사라져버린다.

이런 주체들은 포스트모더니즘적인 주체처럼 순수한 가능성에 도취되어 제멋대로 구는 주체들이다. 그런 남녀들은 자기지배자가 되기를 열망한다. 그러나 자아는 휘발되어 사라져버렸으므로 그들은 다스릴 왕국을 잃었어도 부끄럽지 않은 절대군주들과 같은 처지에 있다고 느낀다. 그래서 이것은 절망을 느끼며 살아가는 처지일 수 있다. 키르케고르의 관점에서 그런 남녀들이 소화할 수 없는 모순적인 사실은 '진정한 인간자주권을 지탱하는 근간이 바로 신에게 기대는 의존성 — 그토록 거만한 자유의지론적인 정신들은 오직 다른 여느 형태의 여건이나 구속이나 결정력이나 필연성과 마찬가지로 용납할 수 없는 방해요인으로만 간주할 수 있을 따름인 의존성 — 이다'는 것이다. 그들은 '우리는 우리 스스로에게 속하지 않는다는 사실'과 '어떤 진정한 정체성도 바로 이런 모순적 사실을 토대로 삼아야만 번영할 수 있다는 사실'을 용납하지 못한다. 그래서 내가 여기서 곁들여 말하건대, 키르케고르를 "실존주의자"로 보는 어떤 견해도 충분히 반박될 수 있다고 믿는다.

그래도 이런 모순지경에 내몰린 개인들은 각자의 참되거나 영원한 자아를 완벽하게 벗어나지 못한다. 키르케고르에게는 이런 사실이 다른 형태의 절망을 생장시키는 것으로 보인다. 그런 개인들은 본연의 자신들이 아닌 것들이 되고파하므로 결국에는 아무것도 되고파하지 않는 자들이 되어버린다. 그들이 열망하는 것은 죽음이다. 그러나 키르케고르의 관점에서 죽음은 전혀 중요하지 않다. 왜냐면 자아의 핵심은 영원하기 때문이다. 키르케고르는 "[절망의] 희망결여상태는 심지어 최후희망조차, 죽음조차, 사멸해버린 상태이다"[84]고 썼다. 이런 생명말살열망은 극한상황에 내몰리면 악마적 형태를 띤다. 그런 악마적 열망은 '하여튼 뭔가 있다'고 수군대는 추문이 혐오하는, 그러니까 '토마스 아퀴나스에게는 존재의 타고난 선善으로 보였을 것'[85]이 혐오할, 실존의 적나라한 사실에 격분하는 자들을 규정하는 조건이다. 이런 악마 같은 자들은 의미 자체를 능욕적인 개념으로 간주하고 가치 자체를 파산한 하위관념으로 간주하는 냉소주의자들이자 허무주의자들이다. 세계를 증오하는 음울한 격분에 휩싸인 그들은 자신들을 서툰 솜씨로 속이려는 부모들 때문에 쓰라린 환멸감을 느껴서 악의적으로 심술부리는 유아들처럼 행동한다. 그러나 만약 그들이 절멸을 갈망하는 자들이라면 신의 눈[目]에 침을 뱉으며 신의 창조활동을 헛된 어릿광대짓으로 비하하여 신을 능욕하려고 계속 살아가려는 의향을 품은 자들이기도 하다. 물론 그들 역시 그런 어릿광대짓으로써 창조된 가장 선연한 표본들에 속할지라도 그렇다는 말이다.

그런 사악한 절망은, 키르케고르가 논평하다시피, "그런 절망을 확립시켜준 권력자[예컨대, 신]를 과감하게 떨쳐 내버리기를 바라지도 않는다. 그런 절망은 그런 권력자를 야비하게 압박하고 그에게 악착같이 빌붙어 줄기차게 그를 괴롭히면서 노골적인 원한을 풀고파한다……. 모든 실존에 반역하는 절망은 '절망이 실존을 논박하는 증거와 실존의 선善을 논박하는 증거를 획득했'고 생각한다. 절망하는 인간은 자신을 그런 증거로 생각하고, 그런 증거가 바로 그가 되고파하는 것인데, 이것이 바로 그가 그자신이 되고파하는 까닭이며 모든 실존에 맞서 필사적으로 항거하느라 이렇게 번민하는 그자신이 되고파하는 까닭이다."[86]

그러니까 위안은 저주받은 지옥망령들을 파멸시킬 수도 있다. 그들을 실존시키는 것은 그들의 추잡하고 탐욕스러운 원한이다. 아이가 자신을 감싸는 담요에 집착하듯이 불운한 자들은 자신들을 괴롭히는 고통에 집착하고, 지독하게 아파서 미친 듯이 기뻐하며, 모든 구원제안을 자신들의 정신적 존엄성을 모욕하는 것들로 간주하여 혐오하고, 끔찍한 허무보다는 괴로운 삶을 선호한다. 죽지도 못하는 그들의 무능력은 모조模造된

실존을 승인하는 자아의 핵심에 있는 허무를 닮았다. 그들을 침몰하지 않게 유지시켜주는 것들은 구역질과 자기모독自己冒瀆이다.

만약 절망의 한 부류가 가능성 속으로 침잠하는 과정에 있다면 다른 부류는 가능성 일체를 축출하는 과정에 있을 것이다. 키르케고르의 견해대로라면, '신이 자신의 현존을 실감되게 만드는 곳'인 자아의 핵심에는 현실의 공허가 존재하는데, 이 무서운 심연을 마주하는 대면이야말로 희망으로 진입할 수 있는 유일한 방법이다. 그러나 이 숭고한 공허를 받아들이면서도 두려워하는 사람들은 언제나 그 공허를 피해서 군중의 허위의식 속으로 도망칠 수 있다. 키르케고르는 "정신의 범주에 일말이라도 속하는 인생을 영위하는 사람은 지극히 드물다"[87]고 논평한다. 남녀들의 대다수는 무분별한 즉물적 상태로 존재하지만, 훌륭한 자의식을 지닌 소수자들에게 적합한 자아는 영속적인 위기 속으로 내던져진다. 군중은 자아의 모험들과 도박들을 기피하므로 신념을 머금은 의식으로 진입하는 위험한 모험을 감행할 수 없을 뿐더러 진부한 사회관습을 본받는다. 정신이 상품처럼 매매되는 과정에서 개인들은 저마다 "조약돌처럼 반들반들하게 마모되어 법정화폐처럼 교환될 수 있게 가공된다."[88] 하이데거가 주목한 인간일반*의 영역에서 혹은 사르트르가 주목한 거짓신념**의 영역에서는 남녀들이 스스로를 '절망을 오롯이 체험할

---

* Das Man: 존재자Dasein의 존재Sein할 가능성을 구성하는 '불특정인간'을 가리키는 이 용어는 '일반인,' '세인世人,' '세상사람,' '그들,' '일상인,' '그자아自我들'로도 번역될 수 있다.

** mauvaise foi(bad faith): 이 용어는 '허위의식'이나 '자기기만'으로도 번역될 수 있다.

수 있는 독특한 주체들'로 충분히 자각할 가능성은 거의 없다. 그러나 키르케고르에게 절망은 주관적 여건일 수 있는 동시에 객관적 여건일 수도 있다. 즉물적으로 착각하면서 살아가는 과정은 희망을 상실하는 과정이고, 사실을 모르는 무지無知는 희망상실증의 징후이다. 실제로 이런 의미에서 절망은 키르케고르의 눈에는 비[雨]나 햇빛처럼 익숙한 군중현상의 일종으로 보인다. 스스로는 만족한다고 생각하면서도 실제로는 극심한 곤경에 처해있는 사람이 많은데, 그들은 차라리 스스로는 건강하다고 믿으면서도 실제로는 중병을 앓는 사람들에 비견될 수 있다. 키르케고르의 관점에서는 지구인들의 대다수가 자신들의 눈에 보이지 않아서 전혀 자각하지 못하는 만성질환을 앓는 듯이 보이는데, 그 질환이 행복이라는 이름으로 통칭되기 때문에라도 적잖이 그럴 것이다.

*

'인간은 발생하리라고 확신하는 일이 앞으로 발생하기를 희망할 수 없다'는 견해에 이론가들은 동의한다.[89] 희망과 지식은 상호배타적인 것들로 보일 수 있는데, 그것은 차라리 신앙주의적인 이단異端에게 신앙과 지식이 상호배타적인 것들로 보이는 경우와 닮았다. "나는 그렇게 희망한다"는 말은 일반적으로 불확실성을 암시한다. 그 말은 "나는 그렇게 생각한다"는 말보다 더 모호하고, 또 "나는 그렇게 생각한다"는 말은 "나는 안다"는 말보다 더 불명확하다. 네덜란드의 유태계 철학자 스피노자Baruch Spinoza(1632~1677)의 관점에서 희망은 언제나 희망대상이 모호하기 때문에 두려워하는 공포심과 혼합된 것이다. 토머스 하디는 소설 『광란하는 군중을 멀리 떠나서Far From the Madding Crowd』에 "희망으로 변해가는 신앙"이라고 썼는데, 이 문구에는 아마도 '신앙은 지식보다 더 허약한 어떤 것이고 희망은 신앙보다도 훨씬 더 허약한 성정이다'고 말하려는 의도가 담겼을 것이다.

앞의 문구에서 "인간이 발생하리라고 확신하는 일이 앞으로 발생하기"라는 구절은 확실히 문제를 내포한다. 비非결정주의자의 우주에는, '우리가 행하기로 작정한 무슨 일이든 반드시 행해질 것이다'는 의미에서, 앞으로 발생할 일 같은 것은 전혀 없다. 이것이 바로 '미래를 아는 지식을 가졌다고 회자되는 신'도, 다가오는 월요일 오후6시27분에 미국 댈러스에서 반드시 발생해야 할 일을 알아야 한다는 의미에서, 그때 그곳에서 실제로 발생할 일을 알 수 없는 한 가지 이유이다. 끝없이 열린 세계에는 그런 지식대상은 전혀 없다. 그래서 만약 신이 세계를 안다면 '자유롭게 자율적으로 우연하게 현존하는 세계의 실상'을 알아야만 한다. 그는 '암갈색으로 채색된 개념'이나 '우파右派 부르고뉴 포도주병' 따위를 알 수 없듯이 '앞으로 반드시 발생해야 할 일'도 알 수 없다. 그가 모든 것을 다 아는 신이라면 다가오는 월요일에 댈러스에서 우연히 발생할 일을 확실히 알겠지만, 이런 그의 지식은 또 다른 문제이다. 우리가 나중에 잠시 살펴보겠다시피, 그런 신은 자신의 왕국이 출현하리라고 확실히 알기도 하겠지만, 이런 그의 지식은 토네이도tornado나 경제위기가 발생할 시점이나 지점을 아는 지식과 다른 것이다.

그러나 심지어 "앞으로 발생할 일"이라는 문구의 약간 덜 단호한 의미에서조차, '어떤 일이 앞으로 발생하리라고 확신되면 희망될 수도 없다'고 확언될 수 없다. 예컨대, 19세기말엽에 유행한 과학적 사회주의의 견해대로라면, 사회주의의 미래는 철갑처럼 단단한 몇몇 역사법칙 때문에 확실하게 실현될 것이었으므로 확실한 인식대상이기도 했다. 이런 견해가 '그런 미래를 간절하게 기대하고 그런 미래의 실현을 기다리느라 노심초사하며 품는 의심들의 한복판에서도 그런 확실한 인식에 끈질기게 집착하는 사람은 여전히 그런 미래를 희망할 수 없으리라'고 의미하는 것은 확실히 아니다. "상황이 아무리 나쁘게 보여도 나는 만사형통하리라고 믿는 확신을 간직한다"는 말은 희망에 일정한 확실성을 혼합한다. 어떤 알튀세르주의자*는 '과학의 차원에나 이론의 차원에 속하는 어떤 지식을 소유하면서도 이념의 관점에서 희망적 기분을 느끼는 사람도 있을 수 있다'고 주장할 수 있다. 아마도 자신이 생각하는 것이 반드시 발생하기를 희망하는 사람도 있을 텐데, 그 사람은 차라리 불변하리라고 자신이 인정한 과거를 후회하는 기분을 느낄 수 있는 사람에 비견될 수 있다.

기독교신자들은 신국의 출현을 확실성의 문제로 간주하면서도 신국의 출현을 기대하는 희망을 덕목으로 간주한다. "나는 그렇게 희망한

---

* Althusserian: 프랑스의 철학자 루이 알튀세르Louis Althusser(1918~1990)의 사상을 지지하거나 추종하는 자.

다”는 관용어의 지극히 평범한 용법과 다르게, 그들은 앞으로 발생하리라고 확신하는 어떤 것을 신뢰한다. 사도 바울에게 희망은 메시아의 출현을 끈질기고 기쁘게 확신하면서 기다리는 과정을 의미한다. 라이프니츠의 희망은 그의 우주적 낙관주의에 기반을 두는 것이라서 논쟁을 불허한다. [그의 관점에서] 자비로운 신은 세상만사를 갸륵한 목적에 부응하도록 정해놓았기 때문에 희망은 평온한 확신의 문제이다. 희망을 더 세속적인 관점에서 바라보는 프랑스의 철학자 겸 정치학자 앙투안-니콜라 드 콩도르세Antoine-Nicolas de Condorcet(1743~1794)는 평화롭고 평등하며 인간을 완성시키는 미래를 꿈꾸면서도 그런 미래사회질서의 출현을 사실상 확실한 것으로 생각한다.[90] 그런 반면에 “나는 그렇게 희망한다”의 일상적 용법은 그렇게 확실시되는 어떤 기대감도 누그러뜨리는데, 그것은 차라리 “의심될 여지없이”라는 표현이 그것을 구성하는 낱말들의 본래 의미들을 (예컨대, “의심될 여지없이 그는 윗옷을 손으로 세게 문질러 여러 번 세탁했지만 윗옷의 핏자국들은 여전히 선명하게 보였다”는 문장에서처럼) 변경시키는 경우에 비견되고 또 “확실히”라는 낱말이 (예컨대, “확실히 당신은 그가 윗옷을 결코 한 번도 손으로 세탁하지 않았다고 주장하지는 않죠?”라는 의문문에서처럼) 권위적인 반응보다는 미심쩍어하는 반응을 얻는 경우에 비견된다. 철학자 알랭 바디우는 ‘비난을 불허하는 신학의 정통학설에서 희망은 확실성과 연관되며 신앙은 확신과 연관된다’고 말한다.[91] 그는 ‘신학적으로 말해지는 신앙은 “나는 그렇게 믿지만 확신하지는 않는다”를 의미하지 않는다’는 중요한 사실을 간파한다. 그의 동료로서 파리에서 활동하는 철학자 장-뤽 낭시Jean-Luc Nancy(1940~)도 그 사실을 간파하고 다음과 같이 쓴다. "신앙은 믿음이 아니다. …… 신앙은 신뢰이고, 가장 강력한 의미의 신뢰라서, 요컨대, 궁극적으로 설명될 수 없거나 정당화될 수 없는 신뢰이다. 그래도 모든 신뢰는 어느 정도 정당화되는데, 왜냐면 그렇게 정당화되지 않을 경우에 어떤 두 사실 중 하나만 신뢰될 까닭은 전혀 없을 것이기 때문이다 …… 신앙은 '아무것도 확신할 수 없다'고 믿는 확신을 고수하는 것이다."[92]

『옥스퍼드 영어사전』에서 희망은 '기대하고 욕망하는 감정'으로 정의되지만 희망과 관련하여 불확실성은 전혀 언급되지 않는다. 니케아 신조信條*의 유일하게 희망을 암시하는 대목 — 망자들의 부활과 영생을 희구希求합니다**— 은 '죽은 자의 부활과 영생이 실현되지 않을 가능성'을 감안하지 않는다. "기대하다"나 "희구하다"를 뜻하는 라틴어 동사 "엑스펙토expecto"는 의심의 기미를 전혀 함유하지 않는다. "나는 내일 당신을 만나기를 희망합니다"는 말은 일반적으로 "나는 내일 당신을 만나기를 기대합니다"를 의미하지 "나는 내일 당신을 과연 만날 수 있을지 심각하게 의심합니다"를 의미하지 않는다.

---

* Nicene Creed: 여태까지 한국에서는 이른바 '사도신경使徒信經'으로 알려진 이 신조는, 정확하게는, 325년 제1차 니케아 공의회First Council of Nicaea에서 처음 채택되었다가 381년 제1차 콘스탄티노플 공의회First Council of Constantinople에서 수정되고 보강되어 채택된 '니케아-콘스탄티노플 신조Nicene-Constantinopolitan Creed'이다.

** expecto resurrectionem mortuorum et vitam venturi saeculi: 이 대목은 한국에서는 대체로 "몸의 부활과 영생을 믿습니다"로 번역되어왔다.

만약 이런 견해가 자크 데리다 같은 철학자에게 용납될 수 없다면, 그 까닭은 그가 확실성을 오직 과학적 계산의 문제로밖에 이해하지 못하기 때문일 텐데, 그것은 차라리 포스트모더니즘이 확실성을 오직 교조주의로밖에 이해하지 못하는 경우에 비견된다. 만약 인간이 앞일을 예견할 수 있다면, 데리다가 『마르크스의 유령들Spectres de Marx』에서 주장하다시피, 희망은 계산될 수 있고 설계될 수 있을 것이다. 그러나 실증주의자들이 구체화시킨 합리성을 충분히 숙지하면서도 결국에는 부정할 수 있다고 칭찬받을 까닭은 전혀 없다. 확실성의 형식들은 과학적 합리주의자들이 권장하는 것들이 아니라도 많이 존재한다. 그래서 보나벤투라*는 희망은 자명한 지식과 연관되기보다는 오히려 "일정한 신뢰를 보증하는 것"과 연관된다고 말한다.[93] 폴 뢰쾨르가 암시하듯이, "우리는 희망과 절대지식 사이에서 선택해야 한다"[94]는 것은 사실이지만, 이런 당위는 절대지식의 어떤 결함이 의혹주의자들에게 양도되어야 한다는 것을 의미하지 않는다. '나는 사랑에 빠져들었다'고 확신하거나 '바흐는 리암 갤러거**보다 더 뛰어난 작곡가이다'고 확신하거나 '유아들을 괴롭히는 짓은 도덕적 행위도 가장 빛나는 행위도 아니다'고 확신하는 사람도 있을 수 있다. 데리다는 확신감정을 신앙에도 희망에도 적대하는 것으로 간주하는 순혈 신앙주의자이다. 그러나 만약 확신

---

* Saint Bonaventure(=San Bonaventura, 1221~1274): 본명은 조반니 디 피단차Giovanni di Fidanza이고 중세 이탈리아의 프란체스코회 수도사, 스콜라 신학자 겸 철학자.

** 바흐Johann Sebastian Bach(1685~1750)는 독일의 유명한 작곡가이고, 리엄 갤러거Liam Gallagher(1972~)는 잉글랜드의 탬버린 연주자 겸 작곡가 겸 록밴드 가수이다.

감정이 골칫거리로 인정된다면 희망과 확신감정은 견원지간으로 변할 수밖에 없다. 니컬러스 래쉬는 '오스트리아 출신 브리튼 철학자 칼 포퍼Karl Popper(1902~1994)의 『역사주의의 빈곤The Poverty of Historicism』은 확실성을 과학적 예보능력과 동일시하여 해석보다는 오히려 설명에 국한시켜버리는 과오를 범했다'고 지적한다.[95] 기독교는 정반대로 '신앙은 완전한 지식보다 더 확실하지는 못할지라도 확실성의 일종이다'고 가르친다. 인간은 아직 일대일로 신을 만날 수 없기 때문에 신을 믿는 신앙으로 임시변통할 수밖에 없지만, 이것은 어떤 명제를 아직 과학적으로 증명할 수 없기 때문에 가설명제로 취급하는 경우와 똑같지는 않다. 신을 믿는 아브라함의 신앙은 '비록 최고신의 존재는 결코 확증될 수 없다는 주장을 뒷받침할 증거가 있더라도 최고신은 존재한다'는 이론을 인정하는 문제는 아니다. 아브라함은 틀림없이 그런 '지식이 될 수 없는 어떤 개념'을 발견했을 것이다. 불의에 저항할 수 있는 남녀들의 능력을 믿는 신념을 품는 과정은 그런 능력의 존재를 가정하는 과정의 문제가 아니다. 실제로 그런 능력의 확실성을 전혀 믿지 않으면서도 그런 능력의 존재를 인정할 수 있을 사람도 있다.

일반적으로 우리는 일련의 과학명제들을 신앙한다고 말하지도 않고 그런 것들을 희망한다고 말하지도 않는다. 과학지식은 신앙도 희망도 결여한 것으로 보일 수 있다. 과학지식은 신뢰나 언약이나 욕망이나 확신과 전혀 무관하게 보인다. '결혼한 미혼남자들은 전혀 없다'고 주장하거나 '화산학자들은 에트나 산*의 분화시점을 다시 한 번 더 성공적으로 예측했다'고 주장하는 어떤 사람의 정체성도 위태로워지지 않는다. 이렇게 주장하는 상황들은 우리 스스로를 위태롭게 만드는 상황들이 아니다. 우리는 항공기술공학자들에게는 우리의 생명을 용감하게 내맡길 수 있겠지만 아시리아학자**들에게는 그리할 수 없으리라. 그래서 '만약 신앙이나 희망과 과학적 증명 가능성을 가르는 차이점이 있다면 신앙이나 희망은 막연한 추측들에 불과할 수밖에 없다'는 식으로 상상되기 쉽다. 사회주의나 여성주의를 믿는 자들 중에는 이런 식으로 잘못 상상하는 오류를 아무도 범할 수 없겠지만, 기독교에 관해서는 꽤 많은 사회주의자와 여성주의자가 이런 오류를 범한다. 하여튼 그래서 미국의 철학자 찰스 샌더스 퍼스Charles Sanders Peirce(1839~1914)는 '지식습득과정은 희망을 지성활동자체에 관련시키는데, 이런 의미에서 희망은 "논리의 불가결한 요건들" 중 하나이다'고 주장한다.

우리는 '절망하는 자들은 아무래도 유감스럽거나 무근거한 확신감정에 붙들리지만 희망하는 자들은 그렇지 않다'고 생각하고파한다. 그래도 브리튼국교(성공회)의 장례식에서는 부활을 "확신하는 확실한" 희망이 운위된다. 독일의 신학자들인 루돌프 불트만과 카를 하인리히 렝스토르프는 "확신하는 기다림과 신뢰하는 희망"[97]이라고 쓴다. '기독교신자들이 미래가 불확실하기 때문에 희망을 품지 않고 어떤 불가사의한

---

* Mount Etna: 이탈리아의 시칠리아 섬 중앙에 있는 유럽 최대 활화산.

** Assyriologist: 서西아시아의 고대국가 아시리아Assyria를 연구하는 학자.

의미에서 충분한 근거를 지녔기 때문에 희망을 품는다'는 것은 진실이다. 그들의 희망원천은 히브리경전들에서 ("나는 내가 되어야 할 것이 되리라"는 구절처럼) 미래시제로 언급되어 자신의 백성을 실망시키지 않을 야훼 속에 있다. 이런 의미에서 희망은 부질없는 기대의 문제가 아니라 즐거운 기대의 문제이다. 그런 희망은 유지되기 어렵게 보이는 상황들에서 오히려 더 기특하게 보인다. 제인 오스틴이 소설 『설득*Persuasion*』에서 희망을 "미래를 믿는 명랑한 확신"으로 지칭한 것도 그런 희망을 재현하는 것이다. 기독교경전 「시편」은 '희망은 꺾이지 않으리라'고 장담하고 사도 바울은 '희망은 우리를 속이지 않는다'고 강조한다. 어느 해설자는 토마스 아퀴나스의 관점에서 희망은 경솔한 낙관주의와 동떨어진 "확고부동한 신념[과] 설레는 확신"을 수반하는 것, 그러니까 "열정과 꺾이지 않는 고집으로 특정되고 승리를 확신하는 신념으로 특정되는, 들썩거리는 조마조마한 기대감"을 수반하는 것으로 보인다고 설명한다.[98] "승리를 확신하는 신념"이라는 문구가 자만심을 과시하는 불쾌한 문구로 읽힐까봐 걱정하는 사람은 '기독교신앙의 관점에서는 주제넘은 예측이 절망만큼이나 죄악시된다'는 사실을 상기해야 한다. 그런 신념은 병리학적 낙관주의에 상당하는 신학적 낙관주의이다. 그것은 '구원은 궁극적으로 신의 손에 달려있지만 신의 방법들은 신비로워서 신자로 하여금 승리주의에 젖지 않고 구원을 희망할 수 있게 해준다'고 믿는 신념이다. 확신되는 승리는 이 세계의 해로운 세력들을 진압한 신의 은총이 거둔 최종승리이지 천국의 만찬회에 마련된 개인의 자리가 아니다.

아퀴나스는, 요컨대, 그가 '부활 이후 역사의 보편적이고 역전될 수 없는 추세'로 이해한 것에 관해서 말하지 어떤 특수한 개인의 운명에 관해서 말하지 않는다. 그런 역사가 끝나는 순간부터 아무도 자유로운 행위자가 될 수 없을 뿐더러 자신의 구원을 확신할 수도 없기 때문에 이런 보편적 확신에는 의심과 불안이 스며들기 마련이다. 사랑과 자선 심이 풍부하게 존재할 수 있어도 그것들은 우리를 위한 것들이 아닐 수 있다. 주제넘은 자들의 관점에서도 진보주의자들의 관점에서도 역사법 칙들에는 다행스러운 결과가 각인되기 때문에 인간은 지나치게 분발하지 않아도 구원될 수 있을 듯이 보인다. 사도 바울은, 정반대로, '희망은 인간을 절대로 속일 수 없다'고 설교하겠지만, 그러면서도 '구원은 인간을 위해 이루어져야 한다'고 강조한다. 트렌트 공의회*의 관점에서는 주제넘은 예측이 '절대적이고 무결한 확신을 품은 구원받은 자들 사이에 포함되려는 예측자의 의도'를 나타내는 듯이 보여서 '정신의 혼수상태를 조장할 수 있는 건방짐이나 (아우구스티누스가 말한) 사악한 방심 perversa securitas'으로 간주된다. 이것이 바로 아우구스티누스가 「시편」을 해설하면서 '희망은 오직 겸손한 자들에게만 주어진다'고 말한 까닭이 틀림없다. 기독교신앙의 관점에서 희망의 근거들은 신의 사랑과 아량인데 실제로 확실한 듯이 보인다. 그것들은 '신을 위해 신이 되어야 할 것'에 속한다. 이런 의미에서 기독교는 마르크스주의보다 훨씬 더 결

---

* Council of Trent: 로마 교황이 소집하여 이탈리아 북부의 트렌트에서 1545~1547년, 1551~1552년, 1562~1563년에 세 번 개최된 기독교세력권의 종교회의.

정주의적인 교의敎義인데, 이런 사실도 '마르크스주의를 무쇠처럼 견고한 역사법칙들에 몰두한 것으로 추정하여 조롱하는 종교적 보수주의자들'에게는 아무 영향을 끼치지 못한다. 신神의 치세治世는 당도해야 할 뿐 아니라 원칙적으로는 예수가 부활한 이후부터 이미 신의 치세가 실행되어왔으므로 현재의 인류는 자연스럽게 종말일終末日들을 살아가는 셈이다. 그래도 '역사의 만사가 근본적으로 형통하다'는 사실이 '역사에 동참하는 어떤 특수한 사람의 만사가 근본적으로 형통하다'는 사실도 '월스트리트의 굶주린 늑대들이 어린양들과 사이좋게 지내리라'는 사실도 함의하지는 않는다.

주제넘은 예측을 희망의 "가증스러운 모방"으로 생각하는 요제프 피퍼의 관점에서 그런 예측은 미래를 건설하는 과정의 험난한 본성을 인식하지 못하는 것으로 보인다. 마르크스주의적 결정주의자들과 부르주아 진보주의자들에게도 그렇듯이 주제넘게 예측하는 자들에게도 미래는 이미 견고하게 확립된 것으로 보인다. 신의 선민選民들이 구원받으면 이제 세계역사는 더 발전하지 못한다. 그들의 관점에서는 중요한 모든 것이 이미 발생했는데, 그것은 여태껏 발생한 모든 것을 본연의 역사에 모질게 들어붙는 서막 같은 "선사先史"로 간주하는 마르크스주의의 관점과 현저히 다른 관점이다. 이런 의미에서 주제넘은 예측은 절망과 별로 다르지 않고 비슷해서 변화의 가능성을 배격하는 것이기도 하다. 피퍼가 주장하듯이, 절망자는 오직 신의 정의正義만 노려보는 반면에 주제넘은 예측자는 오직 신의 아량만 기대한다. 절망도 주제넘은 예측도 설익은 열매를 따듯이 역사를 조기에 동결시켜서 불변하는 숙명으로 만들어버리는 방식들이다. 신학의 관점에서 절망은 '신국이 출현할 수밖에 없다'는 사실을 도외시하는 반면에 주제넘은 예측은 '신국은 자유로운 인간행위자들의 노고 없이는 출현하지 않으리라'는 사실을 망각한다고 말해질 수 있다. 양자의 관점들이 '주어진 것과 창조된 것 사이의 긴장'을 이완시키는 방식들도 각각 다르다.

*

희망이 '기원祈願하는 성질'뿐 아니라 '실행하는 성질'도 겸비한다는 사실은 유의미하다. 바라는 바를 달성하려고 노력할 수 있는 욕망도 두 성질을 겸비할 수 있다. 특정한 미래를 굳게 믿는 확신도 그런 미래를 영접하는 데 일조할 수 있는데, 그것은 차라리 '주위사람들에게 친절하고 다정한 사람들이 친구를 얻을 확률이 무례하고 인색한 사람들이 그럴 확률보다 더 높은 경우'에 비견될 것이다. 에른스트 블로흐는 '그렇듯 실행하는 희망은 정치적 혁명에도 부응하지만 더 세속적인 현안들에도 명백히 부응할 수 있을 것이다'고 생각한다. 자신들이 중병에 걸리면 과연 회복될지 의심하는 사람들이 그 병에 걸려 죽을 확률은 아마도 그렇게 의심하지 않는 사람들이 그럴 확률보다 더 높을 것이다. '희망이 있다'고 생각하고 행동하지 않는 사람은 '희망이 없다'고 확신하는 사람일 수 있다. 이런 관점에서 희망은 미래를 기대하는 예감으로 보일 뿐 아니라 미래를 구성하는 행동력으로도 보인다. 잉글랜드의 시인 퍼시 비쉬 셸리Percy Bysshe Shelley(1792~1822)가 극시劇詩『결박된 프로메테우스Prometheus Unbound』(1820)에 썼듯이 "희망이란 비록 희망이 난파되더라도 기대하는 것을 창조할 때까지 계속 희망하는 것이다." 이 시구는 비극적 희망관希望觀과 실행적實行的 희망관을 결합한다.

희망을 '미래의 어떤 행복을 기대하면서 얻으려고 투쟁하는 과정'으로 여기는 아퀴나스는 '희망은 문제를 극복하는 데 역량을 집중하려는 사람을 도울 수 있고, 그런 유쾌한 성질을 지녔으므로 더욱 효과적인 활동에 이바지할 수 있다'고 주장한다. 그런 희망의 유쾌한 성질은 어떤 계획을 추진하려는 사람을 도울 수도 있고, 그리하여 결과적으로 희망도 두려움처럼 자기실현과정이 될 수 있다. '보상을 희망하지 않는 어떤 사람도 정의로울 수 없다'고 믿은 칸트도 희망을 유덕한 행위의 강력한 동기動機로 생각했다. 그의 관점에서 최고선最高善을 희망하는 사람은 최고선을 실현하려고 자신의 모든 능력을 발휘할 책임을 짊어지는 사람으로 보인다. 이 주제를 다룬 어느 현대 사상가는 희망을 "어떤 목적의 바람직함과 실현 가능성에 능동적으로 기여하는 헌신"으로 보면서 심리 상태의 일종으로 간주하기보다는 오히려 활동의 일종으로 간주한다.[99]

희망이 단지 자신의 목표를 욕망해서 실현하는 식으로 자기를 실현하는 예언은 분명히 아니다. 아퀴나스의 관점에서 이런 사실은 희망의 난관을 감소시킬 것이다. '간절하고 절실하게 희망하는 사람은 소원성취하리라'고 믿는 미국의 대중적 신념은 자발주의와 이상주의의 이념

적 유산이라서 그것의 중심에는 확고부동한 의지가 자리한다. 미국의
[대중가수 프랭크 시나트라Frank Sinatra가 부른] 「높은 희망들High Hopes」이
라는 노래의 가사에서는 "높은 희망들"이라는 소절과 "하늘에 떠있는
사과파이*처럼 높은 희망들"이라는 소절이 나란히 배치되어 운율이 맞
춰지는데, 이런 수법은 작사자의 의도를 부지불식간에 폭로한다. 왜냐
면 과학은 여태껏 "하늘에 떠있는 사과파이" 같은 현상의 존재를 증명
할 수 없었기 때문이다. 그렇더라도 대안적인 미래를 상상할 수 있는 단
순한 행위는 현재를 멀리 떼어두고 상대화시킴으로써 '우리를 움켜쥔
현재의 악력握力'을 '대안적 미래의 실현 가능성이 더 높아질 때'까지 느
슨하게 약화시킨다. 이것이 바로 낭만적 상상력이 급진적 정치학과 연
결되는 한 가지 이유이다. 그런 낭만적 상상들이 불가능해질 때 희망은
진짜로 사라질 것이다.

　희망이 완전히 사라지면 진정한 만족이 가능할 수 있다. 그런 희망소
멸상태가 반드시 절망을 의미하지는 않는다. 정반대로 그런 상태는 절
망을 치료하는 가장 강력한 효험을 발휘할 수 있다. 스토아철학자들은
'너무 높게 오르지 않는 사람들은 추락할 수 없다'**고 가르친다. 이것은
가깝게는 토머스 하디의 소설에서도 발견되는 교훈이다. 하디가 창작
한 인물들의 다수는 비현실적으로 열망하기 때문에 비통한 불행을 겪

---

*　apple pie in the sky: 이 표현에서 '사과파이apple pie'는 '순전히 미국적인,' '완전한,' '정연
　한,' '나무랄 데 없는'이라는 의미들도 함유한다.

**　혹은 '너무 높은 희망을 품지 않는 사람들은 낙심할 수 없다.'

지만, 또 다른 인물들은 자신들이 돌이킬 수 없는 처지에 내몰렸다고 너무나 성급하게 예단하기 때문에 불행을 겪는다. 하디의 작품들에 나오는 어느 인물의 관점이든 절대화해버리는 사람은 언제나 경솔하다. 어떤 지극한 행복을 전혀 볼 수 없는 관점도 존재하지만 어렴풋하게나마 볼 수 있는 관점도 언제든지 존재할 수 있다. 이런 의미에서 '세계는 파편적이고 모순적인 것이다'는 사실은 희망의 원천이다. 그것은 자신에게는 중요하게 보일 수 있는 것이 타인의 존재를 돋보이게 만드는 단순한 배경에 불과한 것일 수도 있는 사연을 인정하면서 아이러니하게 살아가는 사람에게 더 유리한 희망의 원천이다. 실행 불가능한 것을 희망하지 않는 사람은 자신의 파멸을 예방할 수 있다. 희망의 반대는 절망이 아니라 오히려 용감한 체념정신일 수 있다. 『윤리학*Ethica*』(1677)에서 희망을 (불확실하므로 지속되지 않는) "한시적 기쁨"으로 묘사하는 스피노자는 희망에도 공포심에도 단호하게 반항한다. 합리적 개인은 확실한 지식대로 살아가지만, 희망은 무식자의 망상이다.

무기징역형을 선고받고 감옥에서 20년간 복역한 어느 잉글랜드 언론인은 다음과 같이 쓴다. "희망이 무기징역수의 심신을 소진시킨다는 말은 진실이다. 희망은 당신을 잠들지 못하게 하고 당신을 미치광이로 만들 수 있다 — 그러므로 아무것도 기대하지 않아서 결코 실망하지 않으면 훨씬 더 편안하다."[100] 고대 로마의 시인 베르길리우스 Vergilius(서기전70~서기전19)의 대서사시 『아이네이스*Aenēis*』에는 "한 번 구원받는 자는 패배자로 남으리니 — 아무것도 희망하지 말라"는 시구가 나온다. 철저하게 파멸한 자들이야말로 망상을 가장 단호하게 떨쳐 낼 수 있는 자들이다. 평정이나 평심을 가장 온전하게 유지시키는 것은 조기에 소진된 장래성이다. 승리들의 미미함을 보장해주는 것은 실패들의 미미함도 똑같이 보장해주는 것이다. 만약 좋은 삶이 평정한 삶이라면 그것은 굶주린 맹수 같은 시간에게 우리를 먹잇감으로 제공하는 기분들인 희망도 절망도 포기해야만 하는 삶일 것이다. 미래라는 짐을 내버리는 단념은 근심을 즉각 치료하는 처방이다. 플라톤은 『공화국 *Republic*』에서 만족하는 영혼을 운명의 변덕에 면역된 영혼 — 다른 영혼들에 애착하는 위험을 무릅쓰기보다는 오히려 스스로를 믿는 평온한 영혼 — 으로 간주한다. 아리스토텔레스는 정반대로 『니코마코스 윤리학*Nichomachean Ethics*』에서도 『정치학*Politics*』에서도 '위험과 비난을 무릅쓰지 않는 삶은 무기력한 삶이다'고 주장한다. 고대 로마의 웅변가 겸 정치인 겸 철학자 키케로Cicero(서기전106~서기전43)는 "어떤 두려움도 느끼지 않고, 어떤 괴로운 고통에도 시달리지 않으며, 어떤 갈망에도 휘둘리지 않고, 허망한 쾌락들에 마취되면 초래되는 어떤 관능적인 권태에도 빠져들지 않는"[101] 다행스러운 영혼들을 기록했다. 프랑스의 작가 겸 철학자 알베르 카뮈Albert Camus(1913~1960)는 『시시포스 신화*Le Mythe de Sisyphe*』(1942)에서 '희망을 포기하라, 적어도 종교적 희망만은 포기하라'고 우리에게 충고한다.

스토아철학자들은 '살아서 모욕당하지 않을 가장 유쾌한 해법은 죽음이다'고 생각한다. 그러나 이런 목표는 '욕망에도 환멸에도 면역

172

될 정도로 자학自虐을 일삼는 자들의 살아있는 죽음으로서 혹은 그들의 함양된 무감각'으로서 현재에 나타나는 만큼 언제든지 예시될 수 있다. 이탈리아의 작가 주세페 토마시 디 람페두사Giuseppe Tomasi di Lampedusa(1896~1957)의 소설 『표범Il Gattopardo』에 나오는 돈 파브리쵸 Don Fabrizio는 "죽음이 있는 곳에 희망이 있다"고 말한다. 만약 이것이 스토아철학자의 표어라면 순교자들의 좌우명이 될 수도 있을 것이다. 스토아철학자의 관점에서 고결한 삶은 욕구를 육성하기보다는 오히려 극복하는 삶이다. 인생의 목적은 운명여신을 유혹하기보다는 오히려 멸시하는 것이다. 그것은 비극적 전망과 상반되는 것인데, 왜냐면 모험적이고 야심만만한 인간일수록 전락할 가능성도 높기 때문이다. 고대 그리스의 비극작가 소포클레스Sophocles(서기전496~406)의 희곡『필록테테스Philoctetes』에서 합창단은 "저주는 여태껏 평범한 운명보다 더 높은 운명을 짊어진 인간의 몫이었네"라고 해설한다. 그런 반면에 아무 위험도 무릅쓰지 않는 사람은 아무것도 잃지 않는다. 고대 로마의 정치가 겸 철학자 겸 비극작가 세네카Seneca(서기전4~서기65)는 인간은 "결코 상승하지도 추락하지도 않는 평화로운 상황에서 살아야"[102] 한다고 썼다. 최선은 아파테이아*뿐이다. 평온은 속죄하는 지루한 과정을 일정하게 감수해야만 얻어지는 것이다. 스토아철학자는 세계에 현존하는 동시에 부재하고 살아있는 동시에 죽어있으며 세계의 시끌벅적한 난장판

---

* Apatheia: 이 그리스낱말은 '평정심,' '무정념無情念,' '초연심超然心,' '무념무상' 등으로 번역될 수 있다.

에 내던져지는 동시에 자신의 고결한 영혼으로써 세계의 파란들을 벗어나 독야청청하게 초연하다. 희망을 품은 사람들은 다른 의미에서 현존하는 동시에 부재한다. 그러니까 그들은 '분명히 실감되면서도 불완전한 것'과 '부재하면서도 유혹적인 것' 사이에서, '현재의 고집'과 '미래의 약속' 사이에서, 망설이는 사람들과 같다. 쇼펜하워는 '희망은 거짓기대감들로써 평정심을 교란하는 악惡의 근원이다'고 생각한다. 그는 "모든 소망은 희망을 먹지 않으면 금세 죽어버리므로 [예컨대, 실망 같은] 고통을 낳지도 못한다"[103)고 썼다. 미국의 극작가 유진 오닐Eugene O'Neill(1888~1953)의 희곡 『얼음장수의 왕림The Iceman Cometh』에서 시어도어 히키Theodore Hickey는 다음과 같은 식으로 희망을 단념하라고 말한다. "이제야 자네들이 체념할 수 있겠군. 마음 푹 놓고 바다밑바닥까지 가라앉아버리게. 편히 쉬어. 그곳에는 자네들이 해야 할 일이 없지. 자네들을 닦달하던 빌어먹을 희망이나 꿈 따위는 아예 없으니까 말이야"(제2막). 히키의 이런 소견은 그의 주위에서 흥청거리는 난봉꾼들과 술꾼들에게, 아니면 결국 그 자신에게도, 특별히 유익한 것은 못된다.

거짓희망의 가짜미끼들을 피하는 또 다른 방책은 욕망들을 억누르기보다는 만족시키는 것이다. 만약 인간이 완벽해질 때까지 영생할 수 있다면 모든 결핍에서 해방되면서 모든 희망에서도 해방될 것이고 종국에는 모든 실망에서도 해방될 것이다. 이것은 셰익스피어의 비극희곡 『안토니우스와 클레오파트라Antony and Cleopatra』에서 안토니우스와 클레오파트라가 끝까지 실행하는 전략이다. 안토니우스와 클레오파트라는 모든 순간을 꽉꽉 채우듯이 충만하게 살아서 시간을 포위하여 공격하는 식으로 열망의 허를 찌르고자 애쓴다. 그리고 잉글랜드 시인 존 던John Donne(1572~1631)의 연애시戀愛詩 몇 편에서는 이런 전략보다 오히려 더 호방한 기사도적騎士道的 계획이 발견되기도 한다. 『안토니우스와 클레오파트라』의 서막에서 안토니우스는 철철 넘치면서도 끊임없이 소생하는 분수처럼 "정량을 초과[하는]" 인물로 설명된다. 아일랜드의 시인 윌리엄 버틀러 예이츠William Butler Yeats(1865~1939)는 「내전*기간의 명상들Meditations in Time of Civil War」이라는 시의 1연에서 그런 안토니우스 같은 인물을 상징적으로 제시한다.

어느 부잣집 정원의 꽃피는 잔디밭에도

그곳의 조경용 언덕들에서 살랑거리는 나뭇잎들에도

야망을 쫓는 고통을 아예 모르는 생명이 넘쳐나고

분지에도 세찬 폭우처럼 내리는 생명이 범람하는데

생명이 폭우처럼 내릴수록 산봉우리들은 더 아득히 높게 치솟으며

오직 자기의지대로 모습을 바꿀 뿐이네

절대로 기계처럼 혹은 노예처럼

비굴하게 타의他意대로 모습을 바꾸지 않으려는 듯

이 시문은 영원한 범람과 보충의 이미지를 연상시킨다. 안토니우스

---

* 이것은 정확히 '아일랜드 내전Irish Civil War(1922년 6월 29일~1923년 5월 24일)'이다.

도 이 시문과 비슷하게 "나일 강은 더 높게 범람할수록/ 더 풍요로운 결실을 약속하오"(제2막 제7장)라고 말한다. 클레오파트라는 애인의 넘치는 관용을 "가을 …… 수확할수록 더 넉넉해지는 계절"(제5막 제2장)에 비유한다. 여기서는 부족한 것이 없으므로 욕망도 없다. 안토니우스의 친구 에노바르부스Enobarbus가 말하다시피, 클레오파트라는 "그녀가 가장 만족하는 곳에서 허기를 느낀다." 그런 허기는 '욕망은 단지 또다른 만족을 찾아가는 길에 만족하는 일순간일 따름이다'는 것을 의미한다. 그래도 미국의 시인 월러스 스티븐스Wallace Stevens(1879~1955)가 「여름의 증거들Credences of Summer」이라는 시에서 "아무것도 더 수확될 수 없는 옥토의 불모不毛"로 지칭한 상황에서는 만족이 더 많은 만족을 낳는다.

셰익스피어의 희곡 『겨울 이야기The Winter's Tale』에서 플로리즐Floreizel(=플로리젤)은 퍼디터Perdita(=페르디타)에게 "당신의 행위들은 저마다 워낙 특별하고 독특해서 지금 행해지는 당신의 행위들에 일일이 왕관을 씌워주므로 당신의 모든 행위는 여왕들로 등극한답니다"(제4막 제4장)라고 말하는데, 이 말은 『안토니우스와 클레오파트라』의 주인공 연인들에게도 해당될 것이다. 그렇지 않다면 같은 희곡에서 옥타비우스Octatvius가 차라리 경멸하는 어조로 주장하다시피, 안토니우스는 "자신의 공허를 자신의 색욕으로" 채우며 "[자신이] 지금 누리는 쾌락에 [자신의] 체험을 전당잡히는" 식으로 자신의 과거를 지워버린다(제1막 제4장). 고대 로마인들의 이름들을 가진 희곡의 등장인물들에게는 역사의 부담을 면제해주는 신의 가호처럼 보이는 것이 보수적인 옥타비우스의 관점에서는 '침체되어 자멸하는 형식'으로 보인다. 옥타비우스는 변덕쟁이 평민들은 "시류에 떠밀려 이리저리 방황하며 비굴하게 오락가락하다가 조금이라도 움직이면 시류에 휘말려들어 망가져버리는 깃털[갈대] 같은 것들이야"(제1막 제4장)라고 단언하지만, 이런 묘사는 안토니우스와 클레오파트라를 바라보는 그의 관점에도 똑같이 적용될 수 있을 것이다. 옥타비우스는 쓸데없는 짓에 열렬히 몰두하는 자들을 찬미하지 않는다.

희곡 속의 안토니우스와 클레오파트라에게는 쾌락으로 꽉꽉 채워지는 시간의 모든 순간 하나하나가 절대적 순간들이 되므로 영원의 이미지처럼 기능한다. 이렇게 열렬하게 살아가는 과정은 죽음과 몰락을 초월하는 과정이고, 그래서 그것은 덕목을 전혀 요구하지 않는다는 의미에서 희망을 버리고 살아가는 과정이다. 기대감은 장래성과 함께 폐기된다. 또 다른 의미에서 이렇게 살아가는 과정은 '죽음이 마중할 영원'을 예시하는 과정이다. 그것은, 예컨대, 현재의 자신을 시간의 종착점에 갖다 놓으려고 애쓰는 사람이 현재를 충족pleroma시키는 죽음의 완결을 예상하여 죽음을 두렵지 않게 만드는 과정에 비견될 수 있다. 그것이 바로 타나토스Thanatos 또는 죽음본능의 손아귀에 붙들려도 편하게 희희낙락할 수 있는 안토니우스가 신혼침대로 뛰어들고파 안달하는 강력한 성욕을 못 이겨 자신의 죽음을 향해 질주하는 과정이다. 그가 살아가는 시간의 순간들 각각은 독립적인 순간이라서 다른 순간에 후속하는 순간이나 종속하는 순간은 아예 존재할 수 없고, 그래서 '계획과 인과관계와 열망과 예상과 그것들에 수반하는 좌절들'의 문제도 존재할 수 없다. 『안토니우스와 클레오파트라』의 폼페이Pompey(=폼페이우스)는 "나의 능력들은 서서히 성장하고, 나의 예견하는 점쟁이 같은 희망도 나의 능력들이 완성되리라고 장담한다"(제2막 제1장)고 큰소리친다. 그러나 이 희곡에서 성장, 희망, 예견, 기대를 운위하는 대화는 로마의 담화이지 이집트의 방언이 아니다. 감각적 쾌락의 시대는 인간적 행위의 시대가 아니므로, 알렉산드리아에서 역사는, 그것이 제국의 수도로 호출하는 소환장의 형태로 안토니우스의 어깨를 툭 치는 경우만 제외하면 철폐되어버린다. 쾌락주체는 역사변동과 시간순서를 면제받는 주체인데("영원은 우리의 입과 눈 속에 있었노라"), 그래서 셰익스피어의 관객에게는 오히려 안토니우스와 클레오파트라 같은 역사적 실존인물들이 영원한 현재의 기념비들처럼 거대한 위용들을 불쑥 드러내는 전설적인 인물들로 보인다.

3장

희망철학자

니체가 명약관화하게 권력철학자이고 하이데거가 틀림없이 존재철

학자라면, 에른스트 블로흐는 **명실상부하게** 희망철학자이다. 블로흐는

서구 마르크스주의를 발전시킨 탁월한 인물들 중 한 명이면서도 그들

중에도 세인들의 관심을 가장 적게 받은 인물들 중 한 명이기도 하다.

그런 무관심은 블로흐의 대표저서 『희망원칙』의 영어판이 거의 1,400

쪽에 달한다는 사실과 무관하지 않을 것이다. 그래서 어떤 종말을 간절

히 바라는 기대 ─ 그 저서에서 유토피아주의적인 것으로 묘사되는 태

도 ─ 는 그 저서의 독자들 중 몇몇에게만 익숙한 체험일 수 있다. 심지

어 박식하기로는 블로흐에 필적할 듯이 보이는 브리튼의 역사학자 페

리 앤더슨Perry R. Anderson(1938~)조차도 고전으로 평가되는 저서 『서구 마르크스주의에 관한 고찰들Considerations on Western Marxism』(1976)에 블로흐를 한 번도 언급하지 않는다.

　블로흐의 몇몇 저작에서 발견되는 짐짓 허풍스럽고 예언자연하는 산문은 그를 주목받게 만들어주지 못한다. 독일의 철학자 위르겐 하버마스Jürgen Habermas(1929~)는 블로흐의 문체를 "후기표현주의자"의 문체로 규정하고 "[그 문체에는] 낱말들을 하이픈(-)으로 결합하는 용어법을 과용하는 야릇한 구문들, 중복되고 장황한 비유적 문구들의 현란한 증식현상들, 열광적인 호흡의 용승현상湧昇現象이 존재한다"[1]고 해설한다. 또한 정확하게도 쉽게도 말해질 수 없는 공식들마저 존재하는데, 그것들은 블로흐가 (내가 거의 임의대로 골라본 문장인) "살아있는 순간의 침실에 어울리는 섬광처럼 번쩍이는 순간들과 징조들에 놀라는 지나치게 명백한 경악驚愕"[2]이라는 문구를 쓸 때도 적용된다. 블로흐가 쓴 몇몇 구절은 비록 찬연하게 빛날지라도 그의 과언하는 수사법修辭法, 부주의하고 진부한 시적詩的 표현법들, 사상들을 심오하게 보이도록 장식하는 수법들은 마르크스주의이론에 오명을 씌우는 것들이다. 만약 블로흐의 문체가 상상력을 자극하는 생생한 유토피아를 예시한다면 그만큼 불확실하고 어두운 유토피아도 예시할 것이다. '불투명한 유리를 통해 신국을 바라보려는 시도'라는 사도 바울의 표현보다 그런 문체를 더 적절하게 비유하는 것은 드물 것이다. 블로흐의 장황하고 열광적인 산문을 읽던 사람이 잠언처럼 간결하고 경제적인 벤야민이나 아도르노의 산문을 읽으면 안도감을 느낀다.

블로흐의 대표적 연구서의 형식은 그 연구서의 내용을 반영한다. 커다란 복주머니 같은 그 책은 그것에 언급되는 미래를 예시하는 가치들인 '자유와 다양성'으로 칭해지는 어떤 엄밀한 구조의 권위도 인정하지 않는다. 그래서 그 책을 읽는 행위는 곧 유토피아를 경험하는 행위를 의미한다. 중앙집권적 계획과 위계질서는 무시되는데, 왜냐면 그것들은 공산주의의 왕국에서 등장할 것들이기 때문이다. 스탈린주의적 전체성의 개념은 특수한 것들을 무자비하게 짓밟아버리는 반면에 블로흐의 변덕스럽고 기묘한 상상력은 임의적인 것들과 우발적인 것들을 완전히 공평하게 다루는데, [블로흐의 저서에서는] 풍부하고 상세한 객담들이 꼬리에 꼬리를 물고 이어지기 때문이다. 블로흐의 저서에 함유된 기묘한 유물론적 시정詩情은 그것 자체로 인습적 줄거리마저 거부하는 정치적 제스처인데, 그것은 그런 시정을 '정통적 학문의 관례들을 지속적으로 맹렬하게 공격하는 것'으로 보이게 표현하는 제스처이다. 테오도르 아도르노는 "지식분야의 관례들"을 위반하는 블로흐의 무례행위들을 운위한다.[3]

좌익 독일유태인으로서 블로흐는 나치 시대의 독일을 탈출하여 유럽 각지를 떠돌며 살다가 1938년에 미국으로 이주했는데, 그가 『희망원칙』을 집필한 곳도 미국이었다. 1949년에 그는 동독으로 이주했는데, 어느 논평자의 표현대로라면, 그곳에서 "블로흐는 미래를 위해 '일구이언하는 현재'와 파우스트적 계약을 체결했다."[4] 요컨대, 그는 스탈린주의의 철저한 옹호자가 되어 모스크바 공개재판*을 지지했고 트로츠키에게 게슈타포 간첩의 누명을 씌워버렸다. 그는 소련공산당을 멀리하는 태도를 고수하면서도 이따금 가장 조잡한 스탈린주의 논쟁들에도 뛰어들었고, 그럴 때마다 그는 동독체제에 대한 절대적 충성심을 반복적으로 공언했다. 하버마스가 주장하듯이, 블로흐는 '자유와 다원성'으로 가는 길은 '국가권력, 폭력, 중앙집권적 계획, 집단주의, 교리적 정통주의'를 경유하는 길이라고 굳게 믿어 마지않았다.[5] 자신의 좌익동료들 다수와 마찬가지로 블로흐도 시대의 결정적 선택권은 스탈린과 히틀러Adolf Hitler(1889~1945) 사이에 있다고 보았다. 아무리 그래도 소련에서 유토피아의 씨앗들을 얼핏 보는 순간은 경험을 무찌른 희망의 현저한 승리를 상징했는데, 그렇다면 독일민주공화국German Democratic Republic(GDR=DDR=동독)에서 희망에 관한 글쓰기는 그곳에서 살아가는 경험을 무찌른 현저한 승리였다고 말해질 수 있다.

비록 블로흐는 동독을 믿었을지라도, 동독체제에서는 신비주의와 메타자연학의 열광적 잡동사니로 간주된 『희망원칙』이 그를 동독의 당국자들로부터 사랑받는 인물로 만들어줄 수 없었다. 만약 마르크스주의가 과학적으로 정확하게 미래를 예언할 수 있었다면, 구태여 희망 같은 '프티부르주아 신앙심'이 필요할 까닭이 있었겠는가? 블로흐는 당연하게도 추궁당하고 모욕당하며 교육과 출판을 금지당했다. 1961년 서西베

---

* Moscow Trials: 1936~1938년에 정적政敵들과 반체제인사들을 숙청하려던 스탈린이 선동하고 사주하여 모스크바에서 4차례에 걸쳐 집행한 공개재판들의 총칭.

를린을 방문했다가 하필이면 그즈음 설치된 베를린 장벽(1961~1989)에 막혀서 동독으로 귀국하지 못한 그는 장벽의 서편에 남기로 작정했고 그보다 먼저 활동한 스탈린주의의 명수들을 맹렬히 연구하기 시작했다. 기특하게도 그는 '환멸을 느낀 좌익인사가 껄끄러운 반동주의자로 변절하는 통상적인 수순'을 밟기를 거부했다. 그대신 그는 반핵反核운동과 베트남전쟁반대운동을 전개하는 학생들을 지지했고 독일의 지배계급을 비난받아 마땅한 자들로 간주하며 혹독하게 비난했다. 그리하여 그는 마침내 서구좌파의 가장 존경받는 예언자들 중 한 명이 될 수 있었고 살아있는 동안에도 신화적인 인물로 등극할 수 있었다.

페리 앤더슨은 '비非마르크스주의사상을 받아들이는 수용력은 서구마르크스주의의 각별한 특징이다'고 주장하면서 '그람시가 받은 이탈리아 철학자 겸 비평가 베네데토 크로체Benedetto Croce(1866~1952)의 영향, 아도르노가 받은 헤겔의 영향, 사르트르가 받은 하이데거의 영향, 알튀세르가 받은 스피노자의 영향'을 그런 수용력의 증례들로 제시한다.[6] '블로흐의 저작들은 그런 수용력을 패러디parody의 극한까지 밀어붙인다'고 주장할 사람도 있으리라. 블로흐의 굉장히 방대한 백과사전적 지식은 (개념들을 부정확하게 사용하는 블로흐의 수법을 "밉살스러운" 행실로 여기는) 하버마스가 "피타고라스의 숫자상징체계, 징조들에 관한 카발라의 가르침, 밀교적密敎的 관상학觀相學들, 연금술과 점성술"[7]로 지칭한 것에까지 확대된다. 그것은 동베를린 관료들의 일용할 양식은 결코 아니다. 블로흐는 자신의 초기저서 『유토피아 정신The Spirit of Utopia』

에서 유태교 메시아주의와 고전철학을 결합하고 신비학과 종말론을 결합하며 마르크스주의와 신지학神知學을 결합했다. 블로흐의 저작들에서 다뤄지는 지식의 엄청난 방대함은 놀랄 만하다. 폴란드의 철학자 레셰크 코와콥스키Leszek Kołakowski(1927~2009)는 "완결된 메타자연학, 우주론, 사변적 우주발생론"을 마르크스주의에 융합시키려는 블로흐의 시도[8]를 운위한다.

『희망원칙』은 '종교에 필적할 만한 깊이와 넓이를 겸비하면서도 종교비판에 이바지하는 마르크스주의의 형식'을 탐구한다. 그래서인지 『희망원칙』은 영지주의자*들에서 [가톨릭교의] 근대주의자들까지, 독일의 신학자 야콥 뵈메Jacob Boehme(1575~1624)에서 볼셰비즘Bolshevism까지, 엘도라도Eldorado에서 이탈리아의 신학자 조아키노 다 피오레Gioacchino da Fiore(1135~1202)까지, 베네수엘라의 오리노코Orinoco 삼각주에서 '구워진 비둘기들'과 '알라딘의 램프'**까지 아우른다. 블로흐의 관심사들은 윤리학, 미학, 신화론, 자연법칙, 인류학뿐 아니라 환상, 대중문화, 성욕, 종교, 자연환경마저 포함한다. 그는 고전적 마르크스주의의 유럽중심주의적 편견을 통렬하게 비난하고 비非유럽문화들을 충분

---

* 靈智主義者Gnostic: 기독교에서 이단시되는 신비주의 종파인 그노시스교Gnosticism를 신봉하는 사람.

** '엘도라도El Dorado'는 남아메리카 아마존 강변에 있다고 상상되던 황금나라이고, '구워진 비둘기들roast pigeons(=gebratene Tauben)'은 독일의 소설가 겸 신학자 요한 페터 헤벨Johann Peter Hebel(1760~1826)이 1808년에 발표한 단편소설 「칸니트베르슈탄Kannitverstan」에서 '풍족한 물질'을 비유하는 데 사용한 표현이며, '알라딘의 램프 Aladdin's Lamp'는 『아라비안나이츠The Arabian Nights』에 나오는 '소원성취'의 상징이다.

하게 중요시해야 할 필요성을 강조하기도 한다. 그의 해설자 두 명이 쓰다시피, 다른 여느 역사유물론자도 "혁명실천용 철학, 예술, 종교의 중요성을" [블로흐보다] "더 설득력 있게 증명하지" 못했다.[9] 이런 견지에서 블로흐는 마르크스주의의 비판자들에게는 만만하게 느껴질 수도 있을 마르크스주의자에 속한다. 그래서 해방신학자들, 문화역사학자들, 자유주의인문학자들, 그리고 유물변증법에 바쳐진 블로흐의 확고한 헌신을 기꺼이 너그럽고 관대하게 눈감아줄 여타 학자들이 블로흐의 환심을 사려고 그토록 주도면밀하게 애썼다는 사실도 전혀 놀랍지 않다.

그러나 블로흐는 자신을 "사회주의상상력의 영양실조"로 비칭卑稱한 것을 저주하면서 라블레*식 균형들의 개념을 비대하게 만드는 위험을 무릅쓴다. 어떤 사람들에게는 감동적인 박학다식으로 보일 수도 있는 것이 다른 사람들에게는 지식을 과다하게 탐하는 증세의 걱정스러운 일례로 보일 수도 있다. 재치와 과묵함이라는 고전적 덕목들로부터 블로흐의 과대한 감수성보다 더 동떨어진 것은 없을 것이다. 그는 희소함과 완곡함이라는 개념자체들을 모른다. 보편적 지식을 거의 병리적으로 탐하는 과욕이 그의 사상에 동력을 공급한다. 그런 과욕은 공산주의 유토피아의 토툼Totum(총체)을 예시한다. 이런 의미에서도 역시 블로흐의 저작형식은 저작내용과 동일하다. 그런데 이토록 엄청나게 다양한 저작의 역리逆理가 바로 그 저작의 근본적으로 단조로운 성질이다. 그 저작의 지나치게 방대한 범위는 오히려 빈약한 관심사들의 동일

---

* François Rabelais(1483~1553): 프랑스의 르네상스를 주도한 작가 겸 의사 겸 인문주의자.

한 집합만 거듭거듭 예증할 따름이다. 블로흐의 놀랍도록 풍부한 저작은 개념적 성격보다 경험적 성격을 더 많이 함유하고, 그래서 그 저작을 구성하는 핵심개념들의 집합은 상대적으로 소소할 뿐더러 그런 개념들의 다수도 서로 얼마간 대동소이한데, 구체적 현상들의 터무니없는 팽창은 그런 개념들을 삽화적으로 예증한다. 블로흐의 저작은 실로 놀라운 반복성을 띤다. 토툼과 울티뭄Ultimum(궁극)은 옵티뭄Optimum(최선)과 수뭄 보눔summum bonum(최상선最上善)의 동의어들로 사용되지만, 하이마트*, 존재, 완전체the All, 종말, 충만은 서로 어느 정도 교환될 수 있는 용어들이다. 물론 이 모든 용어가 미래의 평화롭고 자유로우며 계급 없는 상태를 표현하려는 몸짓들과 같다는 사실은 여기서는 논외문제일지라도, 이 모든 용어의 내용은 확실히 부실하게 보인다.

블로흐의 저작은 마르크스주의의 색채를 너무 미미하게 띠는 동시에 너무 진하게 띤다고 — 그러니까 거의 모든 역사현상이, 그러나 현대정치로부터 동떨어진 역사현상들이, 함유한 해방용 가치에 걸맞게 최대한 이용될 수 있다고 너무나 간절히 추정하고파하면서도 이토록 막대한 재료를 역사유물론이라는 주형鑄型에 쏟아 부으려고 너무나 열렬히 의도한다고 — 주장할 사람도 있을지 모른다. 과거는 다양할 수 있겠지만 과거의 목적지는 단일하다. 그래서 '스탈린주의자 블로흐'는 '아무짝에도 쓸데없는 싸구려마저 선매先買하려고 덤벼드는 충동구매자 블로

---

* Heimat: '공간적이고 사회적인 소속관계'를 뜻하는 이 독일낱말은 '출신지,' '태생지,' '고향,' '향토의식,' '지역색,' '지연地緣,' '연고지緣故地' 등으로 번역될 수 있다.

흐'와도 '인류문화의 굴곡진 샛길들과 어둑한 뒷골목들을 배회하는 이단아들과 일탈자들의 변호인 블로흐'와도 밀접하게 존재한다고 평가될 수 있다. 만약 블로흐가 생각하는 미래상이 지나치게 산만하다면, 그것은 지나치게 압축된 미래상이기도 할 것이다. 그의 저작은 확대하는 동시에 축소한다. 그것은 갖가지 잡동사니로 꽉꽉 채워질 뿐만 아니라 모든 메타서사metanarrative의 모성母性을 재현한다. 그의 저작에서는 우주력宇宙力들에 관한 엉성한 객담도 과다하게 남발될 뿐더러 유물변증법에 관한 도식적 허언도 과다하게 남발된다. 『희망원칙』은 모든 인류문화유산을 기꺼이 받아들이되 결국에는 오직 그것들을 전유專有하려고만 그렇게 할 따름이다. 마르크스주의는 이전부터 존재해온 모든 창조적 사상의 유산을 상속받지만 그런 상속행위로써 그런 유산들을 극복한다. 『희망원칙』에서는, 예컨대, 블로흐가 '거의 모든 전前마르크스주의사상은 미래시제를 자연스럽게 타고난다'고 암시하는 듯이 보이는 대목들이 발견된다. 미래는 역사유물론과 나란히 태어난다. 마르크스의 사상은 이전에 제시된 모든 자유로운 미래상에서 발견될 진실의 핵심을 구현하듯이 '히브리 예언자들과 스위스의 독일계 신비철학자 겸 연금학자 파라켈수스Paracelsus(1493~1541)에서 헤겔과 근대로 상속된 유산'을 구현한다. 원시原始-마르크스주의proto-Marxism의 증거를 물색하는 과정은 모든 곳에서 물색자의 시야가 넓어지느냐 좁아지느냐 여부를 문제시하는 과정이 아닐까?

만약 비非마르크스주의사상을 대하는 블로흐의 태도가 일반적인 서구 마르크스주의자의 태도라면, 블로흐는 자신이 긍정하는 정신을 견지하는 학파의 대표자는 아닐 것이다. 페리 앤더슨은 서구 마르크스주의를 조사한 연구논문에서 '몇몇 서구 마르크스주의사상가는 시종일관 우울한 기분에 시달리지만 블로흐는 지나치게 발랄하므로 비난받아도 무방할 것이다'고 지적한다. 블로흐의 이런 낙천적 태도를 초래한 역사적 원인들이 있을 수 있다. 만약 블로흐의 관점에서 희망이 심리상태로 보이기보다는 오히려 존재론적 사안事案으로 보였다면, 아마도 그가 살았던 암울한 역사시대에는 오직 이런 관점만큼 깊은 뿌리를 가진 확신만이 살아남을 수 있었기 때문에 그렇게 보였을 것이다. 지극히 평범한 희망은 여태껏 복원력을 충분히 증명하지 않았을 것이다. 그토록 우울한 시대에 그토록 확고하게 긍정하는 과정은 대단히 비범한 미래전망을 요구하든지 아니면 유별나게 무분별한 맹목성을 요구한다. 아마도 여기서 말해지는 희망은 어떤 단순한 경험적 패배도 좌절시킬 수 없을 희망일 것이다. 블로흐가 희망에 붙인 상표는 아무런 이유를 갖지 않아서 취소될 수 없는 것일까?[10]

블로흐는 확실히 '희망은 세계구조자체에 붙박인다'로 읽히기 십상이게 쓴다. 희망이라는 덕목이 이토록 단호한 존재론으로 쓰이면 '세계에 존재하는 희망'은 '세계에 존재하는 우라늄'과 거의 같아진다. 의도, 기대, 예상이 현실자체의 근본적 결정요인들일 가능성보다는 의식意識의 측면들일 가능성이 더 낮다. "시종일관 선善하게 작동하는 선善"[11], 혹은, 새뮤얼 베케트의 단막희곡 『막판Endgame』에 나오는 인물들 중 한 명이 오히려 더 불길하게 운위하는 "자체방침대로 작동하는 어떤 것"이 존재한다. 존재 자체는 존재의 핵심에 내재된 희망 같은 것인데, 그래서 이런 내면적 노력이 없으면 존재는 허무로 전락할 수 있다. 블로흐는 "세계의 본질-형성구조들은 …… 완전체를 지향하는 미완체未完體the Not-Yet의 성향을 가득 품는다"[12]고 주장한다. 그가 믿는 대로라면, 미래의 가능성은 순전히 주관적인 것이기보다는 오히려 "객관적으로-현실적인" 것이어야 하고 단순한 기대상황에 잠재하기보다는 오히려 현재상황에 잠재하는 것이어야 한다. 우리가 앞에서 살펴봤다시피, 마르크스도 이렇게 믿었지만, 블로흐는 이런 믿음을 한 단계나 두 단계 더 진전시킨다. 인간이 품는 희망은 구체적으로 실감되는 근거들의 뒷받침을 받는 것이어야 할 뿐 아니라, 블로흐에게 희망은 어떤 의미에서 세계에 ─ 인류역사에도, 그리고 실제로는, 정연井然한 우주자체에도 ─ 내재된 객관적 원동력으로 보인다. 블로흐는 자신은 무엇보다도 공산주의우주론을 산출하는 작업에 열중한다고 강조한다. 그런 반면에 마르크스는 생산력들의 진화를 기대했을 테지만 '이런 진화의 전개과정이 어떻게든 세계의 내용에 각인된다'고 주장하지는 않는다. 그런 진화는 헤겔의 정신Geist이나 프랑스의 철학자 앙리 베르그송Henri Bergson(1859~1941)의 생명도약élan vital 같은 것이라서 메타자연학원리가 아니다. 오히려 그것은 역사적 투기장에서만 한정적으로 진행되는 진화이다. 마르크스는 메타자연학적 사변思辨을 용납할 수 없어서 그런지 정연한 우주의 운행에는 전혀 무관심한 듯이 보인다. 그는 '세계 자체는 유익한 목적지로 서서히 전진한다'고 주장하지 않는다. 블로흐는 "지금까지 진행되어온 역사의 궁극적으로 예정된 성향-가능성"을 재현하는 "무계급인간"[13]에 관해서 이야기하지만, 마르크스는 그런 초역사적超歷史的 공상들 중 어느 것에도 빠져들지 않는다. 실제로 마르크스는 '역사는 고유한 목적들을 가진다'고 보는 견해를 부정하느라 애쓴다. 앞에서 우리가 살펴봤다시피, 그는 도덕적 차원의 부단한 진보에 관한 몇몇 우화를 찬성한다고 말하지도 않는다. 파시즘은 진일보한 봉건주의가 결코 아니기 때문이다.

'현실은 부단히 진화한다'고 보는 견해가 옳을 수 있겠지만, 오직 변화자체가 바람직한 경우에만 이 견해는 희망의 논거가 될 수 있다. 블로흐는 낭만주의적 생기론자生氣論者처럼 '운동, 동력론動力論, 가변성, 유동성, 불안정성, 생산성, 무제한성, 가능성 같은 것이 선명한 사실은 아니더라도 솔직히 긍정되는 것이다'라고 쓰는 듯이 보일 수 있다. 블로흐는 "운동하고 변하며 교환될 수 있는 존재는 …… 개방된 생성능력을 지닌다"[14]고 단언한다. 그는 잠재적 미래들 중 몇몇은 완전히 불쾌한 미래로 판명될 수 있다고 덧붙여 쓰지는 않는다. 어쩌면 미국 월스트리트의 투기꾼들에게는 미래가 유가치할지라도, 미래 자체는 무가치하다. 개방된 결말을 내다보는 단순한 전망이 반드시 축하받는 것은 아니다. 제3제국 시대의 독일은 무한영속을 열망했던 만큼 종결을 거부했다. 『공산당선언』이 날카롭게 지적하다시피, 여태껏 자본주의보다 더 가변적인 역사체제는 존재하지 않았다. 대량학살은 역동적 과정이다. 기치를 올리는 과정이 반드시 번영하는 과정은 아니다. 상황들은 실제로 전개되는 과정에서 충만해지는 동시에 희석될 수도 있다. 보수주의자는 '이런 전개과정은 대체로 사실이리라'고 느끼므로 '찬동할 만한 변화는 오직 현상유지를 추구하는 변화뿐이리라'고 짐작한다. 보수주의자도 미래를 기대하는 희망을 품지만 오직 '미래가 현재를 얼마간에나마 잇는 연장선이 되리라'고 느끼는 경우에만 그리한다. 물론 이런 느낌이 반드시 현상유지를 기꺼워하는 자기만족감 — 불가해한 상황으로 뛰어들어 현상유지를 어렵게 만들지 않으려는 단순한 거부감 — 을 수반할 필요는 없다.

오직 플라톤주의자들만이 가변성을 불완전성의 징표로 간주하지는 않는다. 발터 벤야민 같은 메시아 사상가는 역사의 덧없음을 역사의 무가치함과 밀접하게 맞물린 것으로 이해했다. 게다가 정지된 평형상태에 관해서 본질적으로 제기될 만한 반론은 전혀 없다는 사실도 주목될 만하다. 불변성不變性은 칭찬받을 조건일 수 있다. '여성들에게 참정권을 부여하는 추세는 일시적 유행에 그치지는 않으리라'고 믿기며 '아동노동을 금지하는 법률들은 법전에서 사라지지 않으리라'고 믿긴다. 변화는 보편적 관점 자체에는 부합하지 않아도 단지 일정한 도덕기준에만 부합하면 긍정적인 것으로 간주된다. 그래서 블로흐가 직면하는 친숙한 역사주의의 문제는 '그런 도덕기준들을 파생시킨 원천들'과 '그런 기준들이 역사를 구성하는 동시에 심판할 수 있는 경위'를 알아야 한다는 데 있다. 어쩌면 역사현상들은 그런 현상들이 완전체 또는 토툼의 출현에 이바지한 공헌도를 기준으로 평가될 수도 있으리라. 그러나 이 텔로스tolos(궁극목적)는 아직 실현되지 않았으므로, 그러니까 역사는 아직 어떤 완전체를 성립시키지 못했으므로, '텔로스를 탄생시킬 과정'을 판단하려는 인간이 하필이면 텔로스를 판단잣대로 삼을 수 있는 경위는 파악되기 어렵다.

'희망은 물리과정에 고유하게 내재하는 것이다'는 주장의 의미도 역시 파악되기 어렵다. 어떤 의미에서 그런 주장은 '질투나 야심도 희망의 고유한 특징이다'고 강조하는 주장만큼 부조리하게 보인다. 오스트레일리아의 철학자 웨인 허드슨Wayne Hudson이 주장하다시피, 블로흐에게 "희망은 미래주의적 성질들을 지닌 의식일 뿐만 아니라 현실이다."[15] 현실은 진화한다는 의미에서 미래주의적 성질들을 지니는 것이 사실이지만, 그렇다고 진화가 칭찬받을 결과를 낳는 방향으로 진행된다고 말해질 수는 없다. 비록 물질의 핵심에 있는 원동력이 진화를 전진前進시킬지언정 상승上昇시키기도 하리라고 추정될 수는 없을 것이다. 오직 변화를 자체생산적인 것으로 간주하는 사람만이 그렇게 추정할 것이다. 그렇게 전진하기만 하는 진화들은 한 세기쯤 혹은 서아프리카의 특정지역들에서만 진행되었을 테고 역사현상들의 성질들일 수도 있겠지만 행복한 상황을 낳는 방향으로 진행되지는 않는다. 정연한 우주는 필사적으로 자멸하려는 우주도 아니듯이 열렬하게 향상되려는 우주도 아니다. 빅토리아 시대의 철학자 허버트 스펜서는 '세계가 진화할수록 세계의 이질성異質性은 점점 더 심해진다'고 가르쳤다. 그러나 오직 이질성이 '권장될 수는 있되 확실히 판단될 수 없는 조건'으로 간주되는 경우에만 스펜서의 가르침은 희망의 논거들을 구성한다. 이런 가르침은 '세계는 성장하면서 점점 더 통합된다'거나 '문명은 인류의 지능을 점점 더 높이고 신생아들을 점점 더 건강하게 만들며 인간수명을 점점 더 길게 연장시킨다'는 주장에도 똑같이 적용된다. 물론 앞으로 태어날 신생아들이 필연적으로 더 총명하거나 더 건강하거나 더 귀여울지라도, 인간존재를 애초부터 무의미한 것으로 간주하는 사람들이 그런 필연성을 경축할 이유는 전혀 없다. 공산주의사상을 혐오하는 사람들은 블로흐의 미래를 희망할 만한 가치를 지닌 것으로 생각하지 않을 것이다.

블로흐가 믿는 대로라면, 물리현실의 완전체는 내재적 합목적성이나 완벽해지려는 성향을 가득 머금었다. 그가 그런 성향을 알아낸 경위는 설명되기 어렵다. 그런 성향이 부르주아 이상주의理想主義의 모습을 띠고 불쑥 출현하면 블로흐는 필시 그것을 자신이 경멸하는 사변적 관점의 일종으로 간주했으리라. 실제로 그런 성향은 가장 무분별하게 의기양양한 부르주아 이념을 불쾌하리만치 닮은 인상을 풍긴다. 이런 분위기에서 블로흐는 마르크스의 제자처럼 보이기보다는 프랑스의 철학자 겸 고생물학자 겸 예수회성직자 테야르 드 샤르댕Teihard de Chardin(1881~1955)을 더 많이 닮은 듯이 보인다. 블로흐는 게오르크 뷔히너 같은 급진주의자의 사상에 동조하기도 한다. 시종일관 냉혹하게 진행되는 희곡을 창작한 뷔히너도 '자연에 동력을 공급하는 것은 통합과

조화에 이바지하는 법칙이다'고 주장했다. 웨인 허드슨이 암시하듯이, 블로흐가 생각하는 진보의 미래상은 신神을 변증법적 물질로 대체하는 과정에서 생겨난다.[16] 실제로 블로흐는 프리드리히 엥겔스Friedrich Engels(1820~1895)의 『자연변증법Dialectics of Nature』을 칭찬하는 아주 드문 서구 마르크스주의자들 중 한 명이다. 만약 물질이 전능한 신의 권좌를 찬탈할 수 있다면, 그것은 블로흐가 신성을 닮은 어떤 속성들을 처음부터 물질 속으로 밀반입했기 때문에 그럴 수 있다. 그래서 만약 물질이 신을 대체한다면, 종국에는 인류가 신을 대체할 것이다. 잉글랜드 시인 존 밀턴John Milton(1608~1674)의 관점에서도 그랬듯이 블로흐의 관점에서도 야훼는 '자신은 최후에는 권좌에서 물러나리라'고 자신의 백성들에게 약속해준 듯이 보인다. 야훼는 자신의 권좌에서 물러나서 자신의 신성한 권위를 '자신의 아들로 자처하는 인간'에게 양도할 것이다. 그렇게 퇴위할 신의 빈 권좌에 오를 인간은 최고주권자로서 군림할 뿐 아니라 실제로도 인간의 주권은 신의 주권을 능가할 것이다. 이것이 무신론의 미래상인지 종교적 미래상인지 여부는 파악되기 어렵다.

하버마스로부터 '마르크주의자 셸링*'이라는 별명을 얻은 블로흐는 '정연한 우주의 조직에는 비밀스러운 창조적 잠재력이 숨어있다'고 가정하는 듯이 보일 수 있다. 아리스토텔레스라면 순전히 생물학의 형식들에만 적용했을 이론이 총체적 우주론으로 부풀려진다. 인류가 희망을 품을 가능성은 이미 존재하는 잠재적 자원들을 활성화할 가능성보

---

* 여기서 '셸링'은 독일의 철학자 프리드리히 폰 셸링Friedrich von Schelling(1775~1854)이다.

다도 더 낮다. 가능한 모든 서사 중에 가장 거대한 서사에서도 그런 자원들을 활성화하려는 똑같은 충동이 작용하는데, 그런 충동은 가장 다양한 현상들 속에 잠복할 수 있는 듯이 보인다. 이것은 필연적인 개념이동概念移動이라서 유의미하다. 만약 세계를 구성하는 다양한 과정들이 모두 전진하는 동시에 상승하는 과정들이라면, 이 과정들은 놀라운 동시발생현상들일 수밖에 없든지 아니면 동일한 원천에서 발생한다는 사실로부터 유래하는 과정들일 수밖에 없다. 보편적 진보주의의 근저에는 일원주의一元主義(monism: 일원론一元論)와 본질주의essentialism로 분류될 만한 몇 가지 주의主義가 반드시 깔려있기 마련인데, 보편적 진보주의가 아무리 다양한 형태를 띠더라도 그렇기는 마찬가지이다. 그렇지 않다면 '전진하는 세계 자체'도 '세계의 이런 혹은 저런 영역과 대립하는 세계 자체'도 운위될 수 없었을 것이다. 그렇다면 차라리 '단일한 미완체가 존재하기보다는 오히려 다양한 미완체들이 존재한다'고 상상될 수도 있었을 것이며 '정연한 우주의 몇몇 경향은 완벽해지는 반면에 다른 경향들은 그렇지 않다'고 상상될 수도 있었으리라.

그런 경향들이 다양성을 지녔다면 최소공통분모나 완전한 기초원리 같은 것을 반드시 공유하기 마련인데, 바로 이것이 블로흐가 유토피아의 원료를 구하느라 우주의 기초구성요소들로 눈을 돌린 까닭이다. 그래도 '현실자체는 어떤 궤적軌跡을 드러낸다고 말하는 행위'의 의미나 '공산주의가 아메바의 생체구조에 내재하는 방식을 파악하는 행위'의 의미는 석연찮다. 세계내부의 이런 혹은 저런 역사적 경향을 거스르는

데 세계 자체는 어떻게 완성되어갈 수 있었을까? 어떤 광자光子가 낙원 — 블로흐가 정연한 우주의 종점을 지칭하는 데 사용하는 용어들 중 하나 — 을 향해 날아간다는 사실의 의미는 무엇일까? 그러나 이런 신비한 유물론이 아무리 다르게 판단되더라도, 그런 판단은 마르크스주의와 거의 또는 완전히 무관하다. 마르크스의 관점에서 유물론은 물질의 본성에 관한 메타자연학적 주장이 아니라 '인간사人間事에서 행해지는 물리적 실천의 최우위성을 믿는 신념'이다.

블로흐는 '인간이 악해지고 부패하여 타락할 수 있다'는 사실을 부정하지 않는다. 실제로 독일의 나치가 폴란드 아우슈비츠Auschwitz에서 유태인학살을 자행한 후부터 블로흐는 '근본악根本惡의 기본요건을 규정하자'고 칸트의 표현법을 빌려서 주장한다. 더구나 블로흐는 '정연한 우주의 유토피아 성향들이 필연적으로 대세를 이루리라'고 주장하지도 않는다. 그렇게 주장하는 과정은 그가 거부하는 결정주의적인 마르크스주의로 접근해가는 난처한 과정이기 때문이다. 세계에는 자아실현 충동 같은 것이 존재하지만 그런 충동은 오직 자유로운 인간행위로써만 실현될 수 있다. 그렇지 않다면 총체적 계획은 실패하기 십상이었을 것이다. 정연한 우주는 우리의 협조를 요구한다. 그런 우주의 내부동력은 인류의 자의식을 기르면서 능동적으로 증진된다. 희망은 우주에 붙박이지만 결코 확실히 보장되지 않고 언제든지 탈선할 수 있다. 그래서 블로흐는 순수한 목적론을 자유의지를 믿는 신념과 결합시키느라 애쓴다. 실제로 이런 그의 노력은 기독교의 섭리주의와 별로 다르지 않다.

그런 섭리주의는 '천국은 실현되기로 예정되어있다 — 실제로 모든 피조물은 심지어 지금에도 이 최종목적을 실현하느라 번민과 고통을 감내한다 —'고 주장하면서도 '신의 계획에는 신의 가호를 받을 남녀인간들이 이 목적을 실현하려는 신의 계획에 자유롭게 협력하리라는 예상마저 포함되어있다'고 주장한다.

우리가 이미 살펴봤다시피, 기독교신앙의 관점에서 신은 인류의 서사를 선善한 목적 — 실패할 수 없는 목적 — 에 부합하도록 규제해온 듯이 보인다. 심지어 핵무기로 초래될 대량학살이나 생태학적 재난을 포함한 어떤 역사적 사건도 '복음서의 관점에서 역사는 부활의 범주에 속한다'는 사실을 무효하게 만들지 못한다. 부활한 그리스도 때문에 희망은, 요컨대, 처음부터 생겨났다. 미래는 처음부터 과거의 보호를 받아왔다. 그래서 기독교신자들에게 희망은 어떤 의미에서는 실제로 정연한 우주의 구조에 붙박인 것이다. 그리스도는 창조주이면서 역사의 주관자이다. 그래도 블로흐에게 이런 기독교의 관점이 진실로 간주될 수 있는 경위는 파악되기 어렵다. 그의 무신론은 이런 관점의 진실성을 보증할 만한 어떤 것도 함유하지 않는다.

만약 블로흐의 견해가 타당하다면 당연하게도 희망은 대세를 거스르기보다는 오히려 우주의 흐름에 순응할 것이다. 더구나 만약 이 가설이 옳다면 뭔가 특별한 것을 희망하는 행위의 가치는 교묘하게 저평가될 것이다. 그것은 정연한 우주의 대세에 동참하는 행위이기 때문에 **아무래도 대세를 거스르는** 희망 — 가장 절망적인 상황에서도 꺾이기를 거부하는 희망 ─ 보다는 덜 힘겹게 행해진다. 그것은 밀턴이 칭찬할 수 없던 은둔생활자의 덕목에 비견될 수 있는데, 왜냐면 은둔생활자는 그 덕목을 신성시하느라 힘겹게 분투할 필요성을 전혀 느끼지 못하기 때문이다. 그래서 너무 쉽게 실현되는 종류의 희망은 우리에게 아무 감동도 주지 못할 수 있다. 희망은 우주의 뒷받침을 요구하지 않을 뿐더러 오히려 그런 뒷받침을 받지 않아야 훨씬 더 명예로워질 수 있다. 발터 벤야민은 '역사는 우리를 편든다'고 믿는 신념을 '정치적으로 자살하는 자기만족감'의 결정판으로 간주한다. 그와 비슷하게 토머스 하디도 '우주는 인류와 한통속이다'고 믿는 신념을 '위험한 감상적 망상'으로 간주하는데, 이것이 그가 '세계는 우리에게 고약한 심술을 부린다'고 생각했다는 것을 의미하지는 않을 것이다. 우주는 행위자가 아니다. 오히려 하디의 관점에서 보이는 현실은 자체의 기분들이나 의견들을 전혀 보유하지 않으므로 낙담의 원인일 수 있듯이 희망의 원천일 수도 있다.[17) 만약 세계가 우리의 더 많이 칭찬받을 만한 계획들에 협력하지 않는다면 우리의 더 적게 칭찬받을 만한 계획들에도 협력하지 않을 것이다.

만약 역사가 유토피아에 붙박인 어떤 궤도를 계시한다면, 어찌하여 이 궤도는 세계를 흘깃 둘러보기만 하는 사람한테도 금세 간파될 수 있을 정도로 망가질 수 있을까? 『희망원칙』은 '인간의 활동이 그 궤도를 망가뜨릴 수 있다'고 대답한다. 세계를 전진시키는 추진력 자체는 은혜롭지만 언제든지 배반당할 수 있다. 우주를 완성하느냐 파괴하느냐 여부를 선택할 수 있는 권리는 세계들을 만들기도 하고 파멸시키기도 하는 인간의 것이다. 블로흐는 '완성과 파괴 사이에 중도中道는 없다'고 생각할지라도 그 까닭을 설명하지는 못한다. 여기서 문제는 인간욕망을 표현하느냐 봉쇄하느냐 여부이다. 블로흐의 질문은 "인간의 진보가 차단되면 인간은 무엇이 될 수 있는가?"[18]이다. 그런 진보가 봉쇄되지 않는다면, 인류는 '정연한 우주가 인류를 위해 마련해둔 지상낙원'으로 가는 여행길에 오르리라고 추정될 수도 있으리라. 이런 진보를 방해할 수도 있을 장애물들은, 낭만적 자유의지론자들 대다수의 관점에서도 그랬듯이 블로흐의 관점에서도, 내부에 붙박인 것들로 보이기보다는 오히려 외부에 존재하는 것들로 보인다. 그리고 외부에 존재하는 장애물들의 대부분은 내부에 존재하는 장애물들보다 더 쉽게 극복되는 만큼 이런 진보 자체가 잠재적 위안거리이다.

그러나 양분법적 이론모형은 확실히 오해를 유발하기 마련이다. 왜냐면 첫째, 악惡의 목적이 파괴행위를 향락하는 문란한 환락일 경우에 이런 이론모형은 악의 현실성과 화해할 수 없기 때문이다.[19] 인간의 가치를 순전히 위조된 것으로 간주하는 허무주의 같은 것은 이런 이론모형에 아무것도 더해주지 않는다. 둘째, 모든 부정성否定性은 인간의 더욱 세련된 본능들을 억압하는 과정에서만 생겨나지는 않기 때문이다. 도덕을 손상시키는 다른 원인들이 존재한다. 초현실주의자들은 '인간욕망들이 억압당하면 병적인 것들로 변한다'고 주장하고파하며, 잉글랜드 시인 겸 화가 윌리엄 블레이크William Blake(1757~1827)의 작품을 피상적으로 이해한 사람도 그렇게 주장하고플지 모른다. 그러나 인간욕망들은 단순히 억압당한다고 병적인 것들로 변하지는 않는다. 오히려 정반대로 보편적 행복을 빌미로 억압당할 수밖에 없는 욕망들도 있다. 그렇더라도 낭만적 자유의지론은 '우리의 열망들 중에 더 진보한 것들과 덜 진보한 것들을 우리가 판별할 수 있는 경위'를 전혀 해명해주지 않는다.

우리의 내면존재를 실현하는 과정은 일련의 외부장벽들을 황홀하게 돌파하는 과정을 필수적으로 요구할 뿐 아니라 우리 스스로에 갇힌 우리 스스로를 해방시키는 훨씬 더 정밀한 작업도 필수적으로 요구한다. 우리는 우리의 욕망들을 외부로 자유롭게 방면해야 할 뿐 아니라 그것들을 재교육해야 한다. 심리분석이론을 싫어한 블로흐는 '욕망의 핵심에 욕망을 부정하려고 애쓰는 욕망이 존재한다'고 생각하면 불안해졌을 것이다. 프로이트는 욕망을 어떤 의미에서는 언제나 실패하고 왜곡되는 것으로 간주하는 반면에 블로흐는 욕망을 희망의 형태를 띠는 명백히 긍정적인 것으로 간주한다. 부정성은 대체로 장애물의 문제이다. 부정성은 희망 자체에나 욕망 자체에 전혀 속하지 않는다. 프로이트는 우리의 열망들을 구속하는 것들의 대부분이 '인간주체의 내심內心에 설치된 검열기관처럼 기능하는 법률' 속에 존재한다고 생각한다. 그러나 그렇게 구속하는 것들의 대부분은 정치영역 속에 존재한다. 프로이트의 관점에서 욕망은 '법률에 항거하는 원시적 폭력' 같은 것으로 보이지 않고 오히려 '법률에 맞서 치열하게 항전하는 우리가 입는 상처의 효과'로 보인다. 블로흐는, 으레 그렇듯이, '결핍감을 초래하는 **행복을 장**

담하는 약속 promesse de bonheur을 바라는 욕망에 휩싸이는 결핍감'을 미온적으로 다루려는 경향을 띤다. 또한 그는 '법률을 위반하기 쉬운 그런 욕망의 본성은 언제나 진보를 편든다'고 가정하기도 한다. 무한한 것에 바쳐지는 그의 찬가는 오만함의 개념을 거의 함유하지 않는다.

이 대목에서 혹자는 '마르크스도, 역시 마찬가지로, 일반적인 사회관계들이 생산력들을 저해하는 방식을 설명하는 경우에는 표현/억압이론모형에 적잖이 의존한다'고 주장할지 모른다. 마르크스가 추정했을 성싶듯이, 만약 그런 생산력들이 인류자체를 모함한다면, '인간능력들을 실현하는 과정 자체가 선善이고 오직 인간능력들을 저해하는 것만이 문제이다'고 상상되기 쉬울 것이다. 자아실현윤리의 옹호자들 대다수와 마찬가지로 마르크스도 '우리는 우리의 능력들 중에 훨씬 더 유해할 수 있는 것들을 어떻게 분별할 수 있느냐?'는 문제를 다룰 때면 평소의 태도보다 더 신중한 태도를 요구한다. 그렇지 않으면 마르크스는 천진난만한 자유의지론자처럼 '어떤 능력의 명백한 존재는 그 능력을 실현시키는 충분한 요건이다'고 가정하는 위험에 빠져들 것이다.

그래도 마르크스의 역사관歷史觀은 종합적 견지에서는 그토록 단순하지 않다. 왜냐면 첫째, 공산주의는 정치혁명의 소산이지 정연한 우주의 소산은 아니기 때문이다. 둘째, '마르크스는 생산력들의 진화를 메타서사의 구성요인으로 생각한다'는 주장은 여태껏 격렬한 논쟁을 유발해왔기 때문이다.[20] 하여튼 우리가 이미 살펴봤다시피, 이런 생산력들의 해방은 오직 장기적 관점에서만 이로운 것으로 증명될 것이다. 단기적 관점에서 이런 해방은 문명뿐 아니라 야만주의도 초래한다. 그래서 역사는, 트리스트럼 샌디*의 암담한 자서전처럼, 진보하는 동시에 퇴보한다. 만약 역사가 서서히 전진한다면, 마르크스가 강조하듯이, 나쁜 방향으로 전진할 것이다. 과거에서 현재로 유증되는 자원들은, 마르크스도 프로이트도 알아채다시피, 오염된 재화財貨들과 악독해진 재능들이다. 더구나 마르크스는 비록 '물리적 토대에서 이루어지는 진화의 일정한 연속성'을 긍정하는 듯이 보일 수는 있을지라도 이른바 상부구조 superstructure에는 아무것도 요구하지 않는다. 그런 반면에 블로흐가 '상부구조의 예술, 문화, 정치, 종교는 동일하고 근원적인 희망원칙의 아주 많은 다양한 표현처럼 파악될 수 있으므로 상부구조도, 역시 마찬가지로, 굉장히 거대한 서사를 재현한다'고 본다는 사실은 유의미하다.

만약 희망이 단일하고 긍정적인 심력心力으로 환원되어버린다면, 완전히 악독한 부류에 속하는 열망들은 설명되기 어려울 것이다. 유럽에서 유태인들을 몰아내려는 희망이나 소련에서 쿨락**들을 몰아내려는 희망도 그런 식으로 환원된 희망의 대표적 증례들이다. 블로흐는 그런 악독한 계획들을 철저히 무시하지도 않지만 충분히 불안스럽게 느끼지도 않는다. 그는 "희망"이라는 낱말을 생각하거나 들으면 지나치게 명랑해져서 그런 악독한 계획들에 정면대응하지 못한다. 물론 실제로 그

---

* Tristram Shandy: 아일랜드계 잉글랜드의 작가 겸 잉글랜드 국교 성직자 로렌스 스턴 Laurence Sterne(1713~1768)이 집필한 9권짜리 소설 『신사 트리스트럼 샌디의 인생과 견해들The Life and Opinions of Tristram Shandy, Gentleman』의 주인공.

** kulak: 러시아의 부유한 농민.

는 심지어 가장 악랄한 열망들에 내재하는 아주 기괴하게 변질된 유토피아 충동마저 탐지할 수 있다.

　이런 관점에서는 몇 가지 이득이 획득될 수 있다. 예컨대, 그는 동시대에 파시즘을 바라보는 마르크스주의자들의 관점보다 훨씬 더 미묘한 관점을 획득할 수 있었다. 그런 마르크스주의자들의 관점에서 파시즘은 죽어가는 자본주의의 격통들을 대변하는 것에 불과하여 어떤 의미에서는 아주 반가운 것으로 보였다. 대중의식大衆意識의 양상들을 탐구하고 새로운 문화정치Kulturpolitik 같은 것의 필요성을 주창하는 블로흐는 '마르크스주의가 문화적 상부구조cultural superstructure로 지칭하는 것'을 감탄스럽도록 진지하게 받아들이고 파시즘의 신화들 및 환상들에서, 예컨대, 다른 상태에서는 정치적으로 풍성한 결실을 낳는 것들로 증명될 수도 있을 왜곡된 욕망들을 발견한다. 프레드릭 제임슨이 주장하다시피, 블로흐는 "모든 부정적인 것은 그것들보다 존재론적으로 앞서는 긍정적인 것을 어떤 식으로든 암시하기 마련이다"[21]는 근본원칙에 집착한다. 그렇지 않으면 위르겐 하버마스가 비슷한 맥락에서 주장하다시피, "블로흐는 허위의식에 갇힌 진실한 것을 구원하고파한다."[22]

　아무리 그래도 정신의 이런 아량을 제약하는 한계들이 존재한다. 모든 몽상자가 골방의 혁명가들이지는 않다. 유태인들의 세계를 말살하고파하는 소망에 함유된 비록 엄청나게 추악할지라도 긍정적인 충동을 탐지하는 행위는 도덕적 음란행위 같은 것으로 간주될 수 있다. 모든 희망이 유토피아의 전조前兆들이지는 않다. 집단폭행자들을 일치시키는 통합성이 공산주의의 미래를 예고하는 왜곡된 징후의 가장 선연한 증례로 보이지는 않는다. 유토피아 정신을 증언하지 않는 세계변화방법들이 존재한다. 살인은, 예컨대, '변화가능성, 현재의 일시적 본성, 역사의 가변성'을 믿는 신념을 암시한다. 그래서 "우리에게 보이는 모든 것의 형상은 세계의 어디에서나 어떤 원초적 형상의 변형이 되고 유토피아인 …… 미래를 향하는 원초적 운동의 표현이 된다"[23]는 프레드릭 제임슨의 견해는 사실로 증명될 수 없다. 그러나 이런 견해는 바로 희망과 희망목표를 특이한 것들로 간주하는 사람 ― 인간의 모든 희망은 비밀스럽다고 주장하는 사람 ― 이 자초하는 오해이다.

더구나 자체의 추축을 중심으로 확고하게 회전하는 세계 전체를 갑자기 비틀어 미래로 직진시켜서 모든 진정한 사상을 해방사상들로, 모든 진실한 예술을 유토피아 예술들로, 모든 정당한 행위를 미완체들의 전조들로 바꿔버리는 과정은 현실체들을 과분하게 존칭尊稱하는 행위로써 왜소하게 만들어버리는 과정이다. 그것은 예술, 사상, 행위에 중대한 의미를 대여하면서도 '그것들의 진실은 그것들의 바깥에 있다'고 주장하는 과정이다. 현실은 현실에서 제거되고 끝없이 유예되는 사변적 텔로스 같은 것에 맡겨진다. 블로흐는 "오직 마르크스주의가 대기실待機室 같은 과거의 지평선과 함께 점령하는 미래의 지평선만이 현실에 현실의 차원을 부여할 수 있다"고 단호하게 주장한다.[24] 현존하는 세계는 "진정한 것이 아니"다고 그는 논평한다. 그러나 그의 단호한 주장도 진정한 것이 아니다. '어떤 것이 현실에서 모자란다면 그것이 아직도 충분한 잠재력을 획득하지 못해서 그렇다'는 주장은 옳지 않다. 병아리로 부화되지 않는 모든 달걀이 불량하지는 않다. 혹은 유토피아에 미달하는 모든 정치개혁 프로그램이 공허하지는 않다. 현재는 과거보다 존재론적으로 열등하지 않다. 또한 과거는 현재의 서막에 불과하지도 않다. 가정법은 직설법을 이길 수 없기 마련이다. 루트비히 비트겐슈타인은 『철학탐구들*Philosphical Investigations*』에서 '우리가 언제든지 다른 집을 지을 수 있으므로 마을에는 마지막 집이 없다'는 식으로 주장하지 말라고 경고한다. 물론 우리는 그렇게 주장할 수 있겠지만, 그런 주장이 '지금 이곳에 마지막 집이 있다'는 사실을 일변시키지 못한다. 확실히 마을은 넓어질 수 있지만 영원하지는 않다.

*

경험주의적인 것들을 멸시하는 블로흐의 태도는 그의 저작에 겸비된 지극히 추레한 측면들 중 하나이다. 코와콥스키는 '분석할 줄 모르는 무능력을 이론적 미덕의 반열로 승격시키는 블로흐의 수법'을 신랄하게 기록한다.[25] 블로흐가 속류俗流-낭만주의적 편견으로 접근하는 위험을 불사하는 경우들도 있는데, 그런 편견에 비춰진 사실들은 단순한 물물관계物物關係*들로 보이고 사실을 사실대로 설명하는 진술들은 "실증주

---

* reification(Verdinglichung): '물화物化,' '구체화,' '구상화具象化' 등으로도 번역될 수 있는 이 용어를 헝가리의 마르크스주의 미학자 조르지 루카치György Lukács(1885~1971)는 "사회 관계들과 그것들에 수반되는 관계들이 사용가치와 인간성을 상실한 상품처럼 거래되는

의적" 진술들로 보인다. 그래서 블로흐는 "단순한 사실의 현실"을 조롱하듯이 운위할 수 있다. [그의 관점에서] 기존상황들은 '유일하게 실재하는 더 심층적인 어떤 과정'의 스냅사진들에 불과하다. 이성Vernunft(理性)은 이해력Verstand(오성悟性)보다 우월하고, 상상력은 진부한 합리성보다 훨씬 더 귀중하다. 현실적인 것은 가능한 것을 소화할 수 없는 비겁한 영혼들에게 부응한다. 현실에 너무 깊게 몰입하는 과정은 현실을 부정하는 형식을 띤다. 현실에서 발생하는 사건만큼 저속한 어떤 것도 유토피아의 미래상을 논박할 수 없다.

이런 고상한 존재론과 블로흐의 스탈린주의 사이에는 일정한 관계가 있다. 만약 오직 공산주의의 미래만이 진실로 현실적인 것이라면 그런 미래를 건설하는 과정에 필연적으로 수반되는 야만주의를 견딜 수 있는 사람도 있을 것이다. 만약 정연한 우주가 자체의 텔로스를 실현할 시점을 끝없이 뒤로 미룬다면, 동독의 체제도 역시 그리할 것이다. 이런 의미에서 블로흐의 미완체이론은 신정론의 일종이다. '토툼, 울티뭄, 엔스 페르펙티시뭄Ens Perfectissimum(완벽존재자), 본질자What-Essence, 근거자That-Ground와 기타 해괴한 추상개념들에 관한 고찰들이 우리를 현재의 현실정치realpolitik에 시달리지 않도록 보호하는 데 일조할 수 있다'고 보는 견해도 어쩌면 사실로 증명될 수 있으리라. 만약 블로흐가 희망관념을 '베르톨트 브레히트가 새로운 빙하기로 지칭한 것' 속에서도 생생하게 유지한다면, 아마도 부분적으로는 '미래를 사랑하는 그의

물건과 물건의 관계들로 전락하는 과정"을 가리키는 데 사용한다.

애심'이 '그의 시대를 두려워하는 공포심들'을 막아주는 방어선 같은 역할을 하기 때문에 그러리라고 짐작된다. 만약 '현재를 우상시偶像視하는 자들은 미래를 거부한다'고 보는 견해가 옳다면, '미래를 우상시하는 자들은 현재를 거부한다'고 보는 견해도 옳을 것이다.

블로흐가 긍정하는 희망의 종류는 우리가 앞에서 '근본적 희망'이라는 별명을 붙인 것이다. 그것은 이런 혹은 저런 특수한 열망보다는 오히려 위압적인 고상한 열망에 속하는 희망이다. 그런 희망의 대상은, 프로이트가 관찰한 욕망의 대상과 마찬가지로, 모호하고 확정되지 않은 것이다. 왜냐면 그런 희망의 충족은 현재에는 상상될 수도 없는 상황이기 때문이다. 그러므로 당연히 블로흐에게 희망은 어떤 의미에서는 주먹 같은 것으로 머리를 세게 얻어맞은 사람이 느끼는 기분처럼 거의 객관적인 것이면서도 다른 의미에서는 그를 격분시킬 정도로 막연한 것이기도 하다. 그런 희망이 실현된 상황은 백일몽들과 환상들, 일탈된 환락 jouissance의 순간들, 새로운 건축양식들 속에서 얼핏 목격될 수 있다. 그러나 그런 상황은 정면으로 직시될 수 없는데, 그것은 유태인들이 야훼를 비신非神으로 전락시킬 수 있는 야훼신상들을 조각하는 행위를 허락받지 못한 경우에 비견된다. 프로이트의 관점에서도 마찬가지로 꿈들과 환상들은 징후학symptomatology 같은 것을 성립시키는 듯이 보인다. 그러나 프로이트에게 꿈들과 환상들이 상기시키는 것은 미래가 아닌 과거이다. 프로이트는 꿈들과 환상들을 최초 트라우마trauma(심리외상心理外傷) 같은 것의 의미기호들로 취급하는 반면에, 심리분석(학)을 탈진한 부르주아 계급의 소산으로 간주하는 블로흐는 꿈들과 환상들 속에서 실현될 것 — 기독교의 성찬식처럼 신성한 생활과 얼마간 비슷한 것 — 을 예고하는 전조들을 발견한다. 블로흐는 '분석되는 장면이 해방된 미래를 발굴하느라 과거를 굴착하는 장면이라는 사실'을 인정하지 않는 듯이 보인다. 만약 블로흐가 '과거에 내재된 미래'를 추적한다면 프로이트는 다른 의미에서 그린다. 프로이트의 관점에서 현재는 해안을 덮쳤다가 후퇴하는 파도 같은 과거의 저변역류底邊逆流에 휩쓸려 끊임없이 후퇴하는 듯이 보이지만, 블로흐의 관점에서 현재는 미래의 주기적 조수간만운동에 편승하여 견인력을 획득하는 듯이 보인다. 두 사람 모두에게 현재순간은 중요시될 만한 다른 순간을 잉태하는 듯이 보인다. 프로이트의 관점에서는 상처받은 자아ego가 불행하게 태어나기 이전의 시점으로 회귀하느라 고투하기 때문에 종말은 시초始初에 있는 듯이 보인다. 블로흐의 관점에서는, 블로흐의 대단히 유명한 표어들 중 하나처럼, 창세創世는 종말에 있는 듯이 보인다. 프로이트에게 미래는 죽음이고 블로흐에게 미래는 삶이다. 프로이트의 미래상은 비극적인 것인데, 그것이 '욕망의 파행결과들을 보상하는 어떤 행위도 불가능하다'는 사실을 의미하지는 않는다. 그런 반면에, 우리가 앞으로 잠시 살펴보겠지만, 블로흐의 미래상이 비극적인 것일 가능성은 아주 희박하다.

고급희망으로 분류될 수도 있을 희망은 인류역사를 거대한 메타서사로 변화시키지만, 블로흐에게 이런 변화는 순조로운 직선적直線的 과정이 아니다. 그의 저서는 그가 무시해버린 제2국제노동자동맹*의 마르크스주의에 정신적 의미를 부여하는 — 그런 마르크스주의의 총합적이고 목적론적인 형식들을 보전하면서도 그런 형식들에 다른 원칙을 부여하는 — 저서로서 읽힐 수 있다. 그러나 만약 미래가 실제로 현재 속에서 비밀리에 작동한다면, 직선적 시간은 '역사의 더 곡선화曲線化되고 더 다층적이며 더 비非동시적인 미래상' — 그래서 블로흐도 타당하게 고찰했듯이, 마르크스주의에 시급히 요구되는 미래상 — 에 길을 내어줄 것이다. 이런 의미에서 블로흐가 생각하는 역사의 미래상은 다중적인 동시에 일원적一元的인 것이다. 정확하게는 이렇듯 블로흐의 저서에서 중구난방으로 가지를 뻗는 모든 내용은 똑같이 중구난방으로 적용되는 원칙의 소산들이기 때문에, 독자들은 그 저서의 줄거리를 늘일 수도 축약할 수도 있고 그 저서를 앞에서 뒤로 읽어갈 수도 뒤에서 앞으로 읽어갈 수도 있으며 그 저서의 서로 동떨어진 내용들을 병치해볼 수도 있고 그 저서에서 다뤄지는 광범위한 현상들을 통합시켜볼 수도 있으며 '아주 오래된 과거에 매장된 미래'를 발견할 수도 있다.[26] 만약 이렇게 바라보는 방식이 벤야민적인 측면을 겸비한다면, 그것은 정통성을 더 많이 띠는 마르크스주의의 전망과 밀접하게 맞물린 측면일 것이다. 벤야민의 관점에서 희망은 역사주의와 상충하지만 블로흐는 희망과 역사주의를 혼합해버린다.

---

* the Second International: 1889~1914년 프랑스 파리에서 조직된 이 사회주의국제기구는 '제2인터내셔널'로도 지칭된다.

'직선적 역사는 잠재적으로 비극적 역사이다'고 보는 견해는 유의미하다. 왜냐면 실행된 행위는 취소될 수 없기* 때문이다. 그런 한편에서 인류서사순환론들은 '일말의 흔적도 남기지 않고 영원히 사라지는 것은 없고, 모든 것은 결국에는 겉모습만 변해서 회귀할 것이므로 비극적인 것들이라기보다는 오히려 희극적인 것들이다'고 주장한다. 윌리엄 버틀러 예이츠도 아일랜드의 시인 겸 소설가 제임스 조이스James Joyce(1882~ 1941)도 그런 순환론적 관점을 고수했다. 정반대로 직선적 시간은 성장, 후회後悔, 전진, 회귀를 용납하지만 절대적이고 무자비한 것이기도 하다. 사망자와 패배자를 우리의 소망대로 다시 상상하여 재기시키더라도 사망자는 언제까지나 사망자이고 패배자는 언제까지나 패배자이다. 그래서 벤야민의 마르크스주의는 비극적 경향을 띠지만 블로흐의 마르크스주의는 그렇지 않다. 실제로 비극은 블로흐의 사상을 감싸는 모든 분위기와 상충한다. 그는 '앞으로 올 것이 이미 지나가버린 것보다 언제나 더 낫지는 않다'는 사실도 분명히 알고 또 '그가 "앞으로 진군하면서 상실한 것들"로 지칭한 것들이 존재한다'는 사실도 분명히 안다. 그러나 『희망원칙』은 "희망은 실패를 사랑하기보다는 오히려 성공을 사랑한다"[27]는 불길한 주장을 내놓고 나서야 겨우 본론으로 진입한다. 블로흐는 비극의 현실성을 인정하지만 비극사상가일 가능성은 거의 없다. 그러나 그가 유토피아를 꿈꾸는 자이기 때문에 그

---

* 이 문구는 "한번 엎질러진 그릇의 물은 그릇에 되담길 수 없다"는 속담으로도 번역될 수 있다.

렇다기보다는 오히려 '변모된 존재는 오직 강탈행위에 대항하는 경우에만 출현할 수 있다'는 사실을 오직 발작적으로만 인정하기 때문에 그렇다.

확실히 그는 때때로 이런 진실의 최대압력을 감내하기도 한다. 새로운 삶은 오직 공허를 직면하는 경우에만 출현할 수 있다. 그는 『희망원칙』에 "자신의 형제들을 가장 겸손하게 대하려는 마르크스의 인간성이 자신의 형제들을 기본적으로 존중하려고 겸손을 내포함으로써 결국 '자신의 형제들 대다수는 기본적으로 전혀 겸손하지 못하다는 사실'을 증명하는" 방식을 기록하면서 다음과 같이 덧붙인다. "프롤레타리아 계급이 지금 재현하는 극한적 소외의 영점零點은 마침내 변증법적 변동지점變動地點이 된다. 왜냐면 마르크스는 '우리의 모든 것은 정확하게 이 영점의 허무에서 발견된다'고 우리에게 가르치기 때문이다."[28] 그것은 마르크스주의의 비극적 본성 — 존재의 상실은 마르크스주의의 긍정적 정치목표들을 달성하는 데 요구되는 조건이라서 그런지 그런 정치목표들을 결코 싸구려로 만들지 못하는 비극 — 을 꿰뚫어보는 흥미로운 통찰이다. 그러나 만약 블로흐의 이런 문장들이 주목받을 만하다면 그의 다른 많은 문장과 상반되게 그의 감수성에 끼어드니까 특히 더 주목받을 만할 것이다. 그렇게 감지되는 비극적 인식은 그의 저서를 주도하는 기본방침이 결코 아니다. 『희망원칙』은 '희망이 항전해야 하는 악의적인 충동들'에 빠져드는 느낌을 독자에게 거의 주지 못한다. 우리는 '권력의 오만함,' '인류역사의 모든 획기적 시대에 폭력과 사리사욕을 끈질기계 추구하는 완고한 고집,' '상호공멸로 치닫는 충돌들의 상습적 재발,' '허위의식의 유행,' '상대를 망가뜨리고 착취하며 모욕하려는 고질적 욕망'에 귀를 기울여야 마땅한데도 그리하지 않는다. 그토록 고약한 현실들을 외면하는 어떤 인문주의도 틀림없이 희망을 헐값에 매수하려고 들 것이다. 블로흐의 관점에서 과거역사의 대부분은 낙원을 예고하는 전조들이지 '마르크스가 말했던, 살아있는 자들의 두뇌를 짓누르는 악몽들'은 아니다.

블로흐가 더 일반적으로 장려하는 것은 비극보다는 오히려 신정론인 듯이 보인다. 그는 "새롭게 출현하는 모든 것은 '이용당하고 패배하는 심정 같은 허무주의'를 내포하고 '승리에 도취되는 순간 같은 죽음'을 내포한다"[29]고 쓴다. 실패는 성공으로 연금鍊金되듯이 변질되고, 죽을 운명은 승전가로 만회된다. "역사 속으로 점점 더 거세게 난입하는 허무는 완전체 자체로 나아가는 변증법에 조직권력을 부여해왔다."[30] 미완체가 "유토피아적이고 변증법적인 방식으로 전진하"[31]듯이, 부정성도 단순히 진보의 원동력일 따름이다. 블로흐가 더 엄혹한 허무의 가능성을 인정한다는 것은 사실이다. 그런 허무는 역사과정 일체의 붕괴를 의미하는 것일 수도 있고 또 어떤 변증법적 묘수妙手도 소화흡수할 수 없는 것일 수도 있다. 그렇지만 부정성은 그런 붕괴 같은 재난을 초래하지는 않더라도 도덕적이고 정치적인 근육을 단련시킬 기회를 암시하는 듯이 보일 수도 있다. 이런 방식으로는 합리화될 수 없는 재난들은 철저하게 비하된다. 블로흐가 공언하는 놀라운 견해대로라면 "펠로폰네소스 전쟁이나 30년 전쟁 같이 상호공멸을 초래한 사건들은 단순한 불행들이지 변증법적 변화들이 아니다. 네로의 광분, 히틀러, 명백히 악마적인 이 모든 분노폭발은 지옥심저地獄心底의 괴룡怪龍에 속하지 역사의 전진과정에는 속하지 않는다."[32] 30년 전쟁은 어쩌면 단순한 불행, 역사의 탈선, 역사의 변증법적 고속도로에 무작위로 설치된 진출로 같은 것이었을지 모른다. 히틀러는 역사의 합리적 근거를 결여한 악마의 분노폭발에 불과하다. 역사의 희망을 촉진하는 데 실패한 모든 것은 진실로 역사적인 것들이 전혀 아니다. 그래서 블로흐는 나치스가 세운 이른바 유태인 대학살 계획 — 그러니까 '사악하면서도 완전히 무산되고 명백히 헛되며 무의미한 역사논리'의 일부로서, 그리고 '현대역사에 달라붙어 빈둥거리면서 건설적인 어떤 역할도 하지 못하는 부정성'의 일부로서, 거대한 규모로 자행되는 세계역사적인 사건 — 의 지극히 끔찍한 측면들 중 하나를 아예 모르는 듯이 보인다. 이런 사실 자체가 '블로흐의 광신적 헤겔주의는 거짓이다'고 증명한다.

'**그러므로 나는 낙원에 있다**Et in Arcadia Ego라는 문장의 발언자는 **죽음이다**'는 사실은 이따금 망각된다. '인간은 죽어야 할 운명을 타고났다'는 사실을 극복할 수 있는 어떤 유토피아도 상상될 수 없다. 그러나 더욱 음울한 기분에 젖어 '죽음은 궁극적 반反유토피아이다'고 생각하는 블로흐는 '심지어 이런 반유토피아가 마지막에는 존재할 수도 있다'고 오만과 궤변을 뒤섞어 암시한다. 『희망원칙』에는 불멸성을 지향하는 한 가지 막연한 의사표시보다 더 많은 것이 담겨있다. 블로흐는 "계급의식의 확실성은" '나는 죽어도 우리는 죽지 않으리라'를 의미하는 "…… 명실상부하게 죽음에 대항하는 새것Novum이다"[33]고 쓴다. 게다가 만약 인간의 진정한 정체성이 미래에 있다면 그 정체성은 아직 존재하지 않으므로 파괴될 수 없을 것이다. 아직 생겨나지 않은 것은 사멸할 수 없다. 철학역사학계에서는 더욱 엄밀한 논증들이 행해져왔다. 블로흐는 '완벽하게 실현된 삶에는 죽음도 영향을 끼치지 못한다'고 암시한다. 완벽한 자아실현은 '시간과 과정 및 그것들과 함께하는 필멸성必滅性'의 종결을 의미할 것이다. 각 개인의 핵심에는 "불멸요소" 같은 것이 존재하므로 "존재가 자신의 핵심에 근접할 때마다 불멸이 시작된다."[34] 에피쿠로스라면 '인간이 있는 곳에 죽음은 없다'고 말했을 것이다. 이 말은 비록 완전히 거짓말일지라도 감동적인 생각을 표현한다. 실제로는 '인간이 있는 곳에 죽음이 있다'가 맞는 말이다. 죽음은 인간성과 더불어 자의식으로 변해간다.

죽음을 대하는 블로흐의 태도는 근본적으로 비非마르크스주의자의 태도이지만 비非기독교신자의 태도와 거의 동등하기도 하다. 기독교는 '자신의 육체를 잃어도 살아남을 개인의 핵심에는 불멸할 정신이 존재한다'고 가르치지 않는다. 기독교는 오히려 '육체를 결여한 개인의 참된 정체성은 존재하지 않으므로 대속구원은 반드시 육체부활을 요구한다'고 주장한다. 그리고 역시 기독교의 주장대로라면, 비록 죽음이 과격한 폭행 같을지라도 오직 사랑의 내면구조와 다름없는 자제심을 발휘하여 죽음의 필연성에 순종하는 행위만이 '죽음한테 폭행당하는 자의 격통'

을 흡수할 수 있다. 블로흐의 관점에서 부활은 불멸의 가능성을 의미하지만, 그는 '십자가에 매달려 죽지 않는 자는 결코 부활하지 못한다'는 사실을 숙고하지 않는다. 죽음은 '불사신 같은 것을 꿈꾸는 몽상 속에서 부정되기보다는 오히려 죽음의 한계를 넘나들며 풍성한 결실을 맺는 것'으로 증명되려면 시종일관 생명력을 부여받아야 한다. 오직 이런 방식으로만 약점에서 강점이 인출될 수 있다. 기독교는 마르크스주의와 마찬가지로 '진정한 존재는 오직 존재를 상실해야만 출현할 수 있다'고 믿기 때문에, 기독교와 마르크스주의의 신조들은 모두 이런 견지에서 블로흐의 승리주의와 상충한다. 블로흐는 『죽음에 이르는 병』에서 표방된 '대속구원될 수 있는 삶은 부정성의 모든 형식을 경험해야만 한다'고 보는 키르케고르의 관점을 수용한다. 그러나 '블로흐가, 헤겔의 표현법대로, 부정적인 것과 더불어 충분히 오래 머물렀다'고 — '희망이 피해 보상을 전혀 약속받지 못하고 당하는 파괴행위들에 굴복할 수 있다'고, 아니면 '모든 인간의 모험심이 완전히 부조리하게 발휘될 수 있다'고 — 감지되기는 어렵다. 내구력과 충분한 근거를 겸비한 희망은 비싸게 구매되어야 하는 반면에 블로흐의 우주에서 한 가지 문제는 '그 우주가 내용물로 충만한 장소이다'는 것이다. 희망은 이런 민담에 혹은 저런 신화적 이미지에 담긴 이토록 불가해한 지혜의 단편이 목격되거나 저토록 감격적인 공간구성형태가 목격되는 모든 곳에서 가시화된다.

이런 의미에서 희망은 현실에 너무나 광범하게 내재한다. 그래도 희망은 너무나 초월적인 것이라서 이 세계에 너무나 미미하게 존재한다.

희망의 최종목적은 완벽함이다. 그것은 비합리적인 목적이다. 그래서 우리에게 희망을 요청하는 자들은 무분별하게도 우리를 상습적 불평불만에 침잠시키는 위험마저 무릅쓰는 자들이다. 블로흐의 사상은 무조건 양자택일하려는 걱정스러운 성향을 띠는데, 그런 성향은 절반짜리 만족을 혐오하고 완전충족을 바라는 유사類似-병리적 욕망의 소치이다. 인류문화의 그토록 광대한 자취들을 흡수하려는 블로흐의 게걸스러운 탐욕에서도 그런 성향이 감지될 수 있다. 블로흐의 상상은 폭발직전까지 과잉하고 과대하게 팽창하는데, 그렇더라도 결함을 암시하는 가장 희미한 기미조차 그런 상상의 완벽해지려는 꿈을 위협할 것이다. 이것은 블로흐의 아니무스*가 프로이트와 대립하는 또 다른 이유가 틀림없다. 프로이트는 '심지어 충족된 욕망도 충족될 수 없는 잔여욕망을 내포한다'고 생각한다. 만약 프로이트가 블로흐의 이상적 미래를 들여다보았다면 틀림없이 유년기의 돌이킬 수 없이 망각된 과거 이미지를 발견할 수 있었으리라. 실제로 블로흐의 토툼(총체)이 페티쉬fetish(물신) 같은 것 ─ 도저히 인내될 수 없는 부재不在의 역할을 대신하는 것 ─ 으로 간주되기는 어렵지 않다. '블로흐에게 희망은 욕망의 죽음으로 읽히기 때문에 귀중하다'는 사실은 유의미하다. 그는 "열망은 끝없이 불만스러운 상태로만 존속하지는 않는다"[35]고 말한다. 희망은 욕망의 반半맹목성 같은 것을 간직하는데, 그래서 '희망은 스스로 추구하는 바를 실제로 전

---

* animus: 이것은 '여성적 무의식 속에서 작동하는 남성심리'를 의미하는 심리학용어인데, 흔히 '남성적 무의식 속에서 작동하는 여성심리'를 의미하는 심리학용어 '아니마anima'와 대비된다.

혀 모른다'는 것이 사실이다. 그러나 희망은 스스로를 긍정적인 방향으로 비틀기도 하는데, 그리하여 희망은 스스로를 무기력하게 만드는 심한 결핍을 메운다. 희망대상이 바로 희망에 장대하고 충분한 목표를 부여하는 토룸이다. 그러나 이것은 모든 것을 포괄하므로 오히려 없는 것이나 다름없는 매우 특이한 목표이다. 그래서 희망은 욕망의 불확정성 같은 것을 보유할 뿐 아니라 욕망의 위압적이리만치 절대적인 속성도 겸비한다. 그런 희망은 단순히 경험적인 것으로 환원될 수 없는데, 이것이 바로 블로흐의 관점에서 미래가 그토록 난감하도록 막연하게 보이는 한 가지 까닭이 틀림없다. 블로흐의 저서에서 영웅적 주인공 역할을 맡아서 단순하고 세속적인 열망들의 차원으로 하강하려는 희망은 더욱 엄밀하고 자세하게 희망을 설명하고자 하리라. 만약 희망이 우리의 더 세속적인 욕망들과 섞이지 않으려고 한다면, 희망은 스스로 바라는 것을 정확하게 진술하지 못할 것이 틀림없다.

만약 현실이 변화와 성장이라면, 도대체 왜 절대적 미래 같은 것이 도래해야만 할까? 블로흐는 '물질은 영원히 완성되지 않는다'고 생각한다. 그러나 이런 그의 생각이 '물질은 언젠가는 완성될 수 있으리라'고 암시하는 것으로 이해될 필요는 없다. 미완성은 물질의 본성에 속한다. 물질은 여전히 스스로 완벽해져야 하는 것이 아니라 오히려 완벽해지면 물질일 수 없을 것이다. 그렇다면 역사의 텔로스는 스스로를 탄생시킨 과정과 어떻게 상충할 수 있는가? 블로흐는 "세계전체를 어떤 총체적 완벽성과 일치시키는 어떤 희망의 토룸"[36]이라고 쓰지만, 그는 '인간의 불만'과 '현실의 물리적 본성'의 관계를 간과한다. 오직 물질 자체가 전폐되어야만 비극은 초월될 수 있다. 욕망의 죽음은 인간성의 죽음을 의미할지도 모른다. 완벽한 것은 실제로 풍부하게 존재할 수 있다. 그러나 우리는 완벽해질 수 없다.

4장

희망에 대항하는 희망

미국의 철학자 조너선 리어Jonathan Lear의 저서 『급진적 희망*Radical Hope*』에는 북아메리카 원주민부족들 중 크로우족*의 마지막 족장 플렌티 쿠스**가 '크로우족의 생활방식이 급격히 붕괴될 위기에 봉착했다'는 사실을 알고 "크로우족이 생존하려면 ― 그리고 혹시라도 다시 번영하려면 ― 그때까지 훌륭한 삶과 관련된 것들로 이해하던 거의 모든 것을," 비록 성공적 결과를 거두리라고 전혀 확신하지 못하더라도, "서슴

---

* Crow族: 현재의 미국 중북부에 위치한 몬테나Montana 주州의 남동부지역에 거주하던 원주민부족인 업살루게Apsáalooke족의 통칭.

** Plenty Coups(1848~1932): 크로우족민들 사이에서는 '수많은 업적'을 뜻하는 알라크치아 아후Alaxchíia Ahú로 호칭된다.

없이 포기해야 한다"고 판단한 과정이 기록되어있다.[1] 크로우족은 치명적인 외래질병에 걸려서 죽어갔고 그들의 오랜 적수들인 수sioux족과 블랙풋Blackfoot족의 습격을 받아 피폐해졌다. 게다가 크로우족은 자신들의 사냥터에 서식하던 버펄로(아메리카들소)들의 대부분마저 빼앗겼다. 그리하여 1890년대에 총인구의 약2/3나 잃어버린 크로우족은 끝내 원주민보호구역으로 이주할 수밖에 없었다. 플렌티 쿠스는 어느 날 꿈속에서 '크로우족의 생활방식이 크로우족을 파멸시켰다고 인정하라'는 신의 호소를 듣고 받아들였으며 '오직 그렇게 인정해야만 크로우족이 훌륭한 목적을 달성할 때까지 투쟁할 수 있으리라'고 믿었다. 조너선 리어의 기록대로라면 플렌티 쿠스의 희망은 "심지어 크로우족 주체성의 전통적 형식들이 사멸하더라도 크로우족은 생존하여 다시 번영할 수 있다"[2]는 것이었다. 이런 희망은 욥이 야훼에게 했던 다음과 같은 말을 상기시킨다. "심지어 당신이 저를 죽이실지라도 저는 당신에게 희망을 걸겠습니다."*

---

* Even if you kill me, I will have hope in you: 「욥」제13장 15절에 나오는 이 구절은 기독교경전들 중에 『새로운 국제판(NIV) 홀리 바이블』과 『새로운 미국 표준 바이블(NASB)』에서는 "Though He slay me, I will hope in Him."(비록 그분이 저를 죽이실지라도 저는 그분께 희망을 걸겠습니다.)로, 『킹 제임스 영역판(KJV) 홀리 바이블』에서는 "Though he slay me, yet will I trust in him."(비록 그분이 저를 죽이실지라도 저는 그분을 신뢰하겠습니다.)로, 한국의 『공동번역성서 개정판』에서는 "어차피 그의 손에 죽을 몸, 아무 바랄 것도 없지만"으로, 『성경전서 개역개정판』에서는 "그가 나를 죽이시리니 내가 희망이 없노라."로, 『성경전서 개역한글판』에서는 "그가 나를 죽이시리니 내가 소망이 없노라."로, 『성경전서 새번역』에서는 "하나님이 나를 죽이려고 하셔도, 나로서는 잃을 것이 없다."로, 『현대인의성경』에서는 "비록 하나님이 나를 죽이실지라도 나는 그를 신뢰할 것이다."로 번역되어있다.

족장 플렌티 쿠스는 크로우족 생활방식의 급격한 붕괴를 조금도 바라지 않았을 뿐더러 그런 붕괴로 초래될 결과의 의미를 알지도 못했지만, 크로우족은 그런 붕괴를 겪으면서 오히려 훌륭한 삶을 회복할 수도 있었을 것이다. 족장의 관점에서는 희망을 품는 과정이 '당장에 생각될 수 있는 것을 능가할 가능성들의 존재'를 인정하는 과정이었다. 신념과 희망은 지식이 그것들을 얻기 어려운 곳에서 가장 절실히 요구되기 마련이다. 플렌티 쿠스는 다음과 같이 토로했다. "버펄로가 사라져버리자 나의 부족민들이 품었던 용기도 사라져버려서 다시는 회복되지 못했다. 그때부터 아무 일도 일어나지 않았다."[3] 버펄로의 실종失踪은 역사의 종말을 예고했다. 조너선 리어가 주장하듯이, 크로우족은 서사 한 편을 너끈히 구성할 수도 있을 개념들을 망실忘失해버렸다. 일대 사건으로 생각될 만한 것을 결정하는 도식이 와해되었으므로 더 자세히 서술될 만한 것도 없어졌다. 그래도 조너선 리어가 "크로우족 주체성"으로 지칭한 것의 사멸이 재생의 기반을 명확하게 마련해줄 수 있었다면 역사도 다시금 시작될 수 있었을 것이다.

플렌티 쿠스가 직면한 결말들은 기존의 도덕적 용어들로써 판단될 수 있을 것들이 아니었다. 오직 거대한 격변 속에서 이해력의 새로운 모형이 생겨난 이후에야 쿠스는 자신이 품은 희망의 의미를 비로소 명확하게 이해할 수 있었다. 폭풍이 몰려오고, 쿠스는 꿈꾸지만, 폭풍이 초래할 파멸은 오직 '임박한 대혼란을 겪으면 변형될 개념들'에 비추어 회고되는 식으로만 이해되었다. 조너선 리어가 쓰다시피, 급진적 희망은

"아직까지는 그런 희망을 품기는 했으되 그것을 이해하는 데 적합한 개념들을 잘 모르는 사람들에게 유리한 결과를 기대한다." 그리고 조너선 리어가 논평하듯이, "어떤 문화는 그 문화의 젊은이들을 그 문화의 붕괴를 견딜 수 있도록 단련시키지 않기"[4) 때문에 그 문화의 붕괴를 생각조차 못하는 무능력은 대체로 그 문화의 맹점들 중 하나가 될 것이다. 하나의 문명이 그 문명의 비존재非存在를 ― 즉, 오직 그 문명이 자체의 껍데기를 벗고 바깥으로 뛰쳐나가야만 정확하게 파악할 수 있을 상황을 ― 완전히 간파할 수 있으려면 과연 상상 가능한 어떤 메타언어를 가져야만 할까?[5) 종족의 해석모형이 붕괴되었으므로, 아주 결정적인 형식을 띠는 어떤 희망도 더는 존재할 수 없었다. 토머스 스턴스 엘리엇이라면 아마도 '이런 상황에 처한 희망은 틀림없이 그릇된 것을 기대하는 희망일 것이다'고 주장했으리라. 그런 상황에서도 플렌티 쿠스는, 자신의 외아들 이삭Isaac의 목에 단도를 들이댄 아브라함처럼, 선善을 자신의 능력으로써는 도저히 파악할 수 없는 초월적인 것으로 간주하는 관점을 고집스럽게 유지했다. 플렌티 쿠스는 '우리가 앞에서 근본적 희망 혹은 절대적 희망으로 지칭한 것'에 귀의할 수밖에 없었다.

혁명적 격변들은 그런 격변들을 태동시킨 완고한 해석학적 모형들을 변모시키므로 그런 격변들을 충분히 이해하려는 시도는 언제나 유예되기 마련이다. 그렇게 유예되는 시도가 바로 '헤겔이 비유한 늦저녁에야 날갯짓을 시작하는 미네르바Minerva의 올빼미'*이다. 조너선 리어는 다

---

* 헤겔의 『법철학Grundlinien der Philosophie des Rechts』(1820) 서문 참조.

음과 같이 논평한다.

어떤 종족이 영위해온 생활방식의 역사적 한계 안에 진심으로 안주한다면 "다른 쪽을 슬쩍 넘겨다보는 곁눈질" 말고는 딱히 대단한 시도를 하지 못할 것이다. 틀림없이 그들은 역사적 파열을 감내해야 할 처지를 맞이할 것이므로, 다른 쪽에서 영위되는 생활의 자세한 내막은 그들의 이해범위를 벗어날 수밖에 없다(『급진적 희망』, 76.).

이렇게 미네르바의 올빼미에 비유되는 정신을 품고 『루이 보나파르트의 브뤼메르 18일 *The Eighteenth Brumaire of Louis Bonaparte*』을 집필하기 시작한 카를 마르크스의 목표는 혁명가들 — 즉 '마르크스가 "미래의 시詩"라는 신비한 이름을 붙인 것'에 동조하기보다는 오히려 과거로부터 상징수단들을 끌어오는 혁명가들 — 을 풍자적으로 질타하는 것이었다. 만약 급진적 변혁이 파악되기 어려운 개념이라면, 그것이 선견지명과 평정심, 정밀성과 치밀한 계산을 요구하되 어디까지나 필연적으로 불투명할 수밖에 없는 어떤 목적을 명분으로 내세워서 요구하기 때문에 그렇다. 미래를 설계하는 작업은 불가피하게 현재의 체험에 의존할 수밖에 없으므로 우리의 기존 지식을 능가하지 못할 수밖에 없다. 그런데 만약 그렇지 않다면 현재 우리의 이해력을 초월하는 미래는 어떻게 탄생할 수 있을까? 아주 이질적인 존재들이 우리의 거실들에서 떼로 몰려다닌다는 사실을 우리가 어떻게 알 수 있었는데 심지어 과거와 완전히 단절된 미래마저 어떻게 확인할 수 있었겠는가?

플렌티 쿠스는 '현재와 미래를 가르는 심연을 가로질러 명예로운 교량이 개설되기'를 희망할 만한 이유를 가졌다고 자처했다. 공교롭게도 그는 세례를 받은 기독교신자라서 그랬는지 '신에게 바친 그의 맹세가 어떤 미래 — 그가 이해하려고 노력했으되 도무지 이해하지 못한 미래 — 를 신뢰하는 그의 믿음을 지탱해준다'고 생각했다. 아무리 그랬어도 그는 '크로우족의 생활방식을 고수할 필요성은 전혀 없을 뿐더러 상상할 수 있는 어떤 결과들보다도 죽음이 오히려 더 바람직할 수도 있다'고 충분히 인정할 정도로 현실주의자였다. 결과적으로 그의 신앙은 그에게 유리하게 작용했다. 왜냐면 크로우족은 원주민보호구역에 거주하는 생활을 결국에는 받아들였지만 미국 정부는 크로우족의 옛 터전 중 일부를 크로우족에게 마침내 돌려주었기 때문이다. 물리학자 알버트 아이슈타인Albert Einstein(1879~1955)이 말했다시피, '처음부터 부조리하게 보이지 않는 것을 기대하는 희망'은 존재하지 않는다.

플렌티 쿠스가 예증하듯이, 가장 진실한 희망은 총체적 붕괴사태에서도 아무런 보증을 받지 못할지언정 어떻게든 지켜질 수 있다. 그런 희망은 양도되기를 거부하는 도저히 축소될 수 없는 잔여재산 같은 것이라서 '완전한 대재난이 충분히 발생할 수 있을 만한 상황'에서도 발랄한 명랑성을 뽑아 올린다. 그래서 그런 희망은 상상될 수 있는 한에서 낙관주의로부터 가장 멀리 떨어져있다. 그런 희망은 에른스트 블로흐의 발랄하게 들썩거리는 우주와 일정하게 떨어진 간격을 신중하게 유지한다. 그렇다고 모든 경험주의적 희망이 가장 진실한 희망이 되어야 할 필요는 확실히 없다. 내일의 맑은 날씨를 기대하는 희망이 쓰나미(지진해일) 같은 것의 발생 가능성을 음울하게 예측하는 영혼의 어떤 어두운 밤을 통과하도록 강요당하지는 않는다. 오히려 그런 희망의 양상은, 그것이 특히나 정치역사와 관련된 양상이라면, 일반적인 희망의 패러다임이다. 그러니까 역리적逆理的이게도, 희망을 예증하는 것이 바로 비극이라는 말이다. 아니면, 적어도, 비극에 포함되는 희망은 총체적 파국에서도 생존하려고 애쓰는 모든 것의 문제이다. 예술에서도 현실에서도 분명히 비극적 행위들이 행해질망정 기껏해야 슬픈 자들을 위로하려는 목적에만 부응할 따름이다. 어떤 비극적 행위도 나치 강제수용소들에서 자행된 행위들만큼 심대한 결과를 초래하지 못했다. 물론 그렇더라도, 어떤 가치를 기준으로 삼지 않는 비극은, 그런 가치가 실제로 풍성한 결실을 맺거나 말거나 상관없이, 결코 존재할 수 없다. 우리는 '우리가 찬양하지 않는 어떤 것의 파멸'을 '비극적 파멸'로 지칭하지 않을 것이다. 만약 비관주의보다도 비극이 인간의 골수에 더 깊게 사무친다면, 비극이 유발하는 공포들에 인간의 가치를 높이는 기준이 곁들여지기 때문에 그렇다. 아마도 우리는 오직 '처음부터 귀하게 여겨져야 할 어떤 것이 존재한다고 보는 견해'를 포기해야만 비극을 완전히 극복할 수 있겠지만, 그런 경우에 우리는 차라리 비극과 함께 머물러있는 편을 선택할지도 모른다.

＊

희망은 총체적 폐허에서도 살아남는 것이다. 그러나 그런 희망은, 셰익스피어의 희곡 『리어 왕』에서 예시되듯이, 거의 혹은 아예 없는 것으로 여겨질 수 있다. 설령 그렇더라도 "없는 것nothing"이라는 낱말은 희곡에서 불길한 메아리와 긍정적인 메아리를 동시에 자아낸다. 희곡의 도입부에서 공주 코딜리아Cordelia가 부왕父王 리어의 질문에 대답하면서 발설하는 그 낱말은 그녀의 언니들인 고너릴Goneril과 리건Regan의 거짓말을 일삼는 화술話術과 대비되는 진정성의 표시이다.

> 리어: …… 너의 두 언니들이 물려받은 영지領地들보다 더 비옥한 세 번째 영
>
> 지를 네가 물려받으려면 무슨 말을 할 수 있겠느냐?
>
> 코딜리아: 할 말이 없사옵니다, 전하.
>
> 리어: 없다고?
>
> 코딜리아: 없사옵니다.
>
> 리어: 할 말이 없으면 받을 것도 없느니라. 그러니까 다시 말해보라.
>
> 코딜리아: 저는 안타깝게도 저의 심정을 차마 형언하지 못하겠사옵니다. 저는
>
> 더도 덜도 아닌 오직 아버님의 핏줄로서 아버님을 사랑할 따름이옵니다.
>
> (제1막 제1장)

코딜리아의 "없사옵니다"는 사실상 정확한 대답이다. 왜냐면 일구이

언하는 그녀의 언니들이 언어를 모든 언어한계의 바깥으로 몰아내버려서 그녀가 언어로써 언니들보다 앞서나갈 방법은 사실상 아예 없어졌기 때문이다. 진짜로 없는 것(고너릴과 리건이 결여한 부왕에 대한 사랑)이 팽창하여 모든 것을 점령하면 오직 '수축하는 없는 것'만이 현실적인 것의 의미를 어느 정도 복원할 수 있다. 우리는 희곡을 계속 읽어가면서 바로 이런 '없는 것'의 원리가 '미쳐버린 리어 왕과 기만당한 글로스터 Gloucester 백작을 위해 에드거Edgar(글로스터 백작의 친자親子), 켄트Kent 백작, 어릿광대가 꾸며서 연극처럼 공연하는 치료용 허구들'에도 작용하는 경위를 간파할 것이다. 그 연극에서 에드거, 켄트 백작, 어릿광대는 '리어 왕의 거짓말쟁이 딸들이 일삼는 언동들'에서 언어(거짓말)들을 콕콕 집어내어 눈속임용 몸짓들, 간략한 그림들, 짤막한 즉흥연기卽興演技들로 표현하여 글로스터 백작과 리어 왕으로 하여금 알아맞히게 하는 놀이를 주도하지만, 그 놀이의 명분은 국왕과 얼빠진 신하의 제정신을 되찾아주겠다는 것이다. 고너릴과 리건은 진실을 '없는 것'으로 여겨 무시해버리지만, 코딜리아에게는 '없는 것'이 진실이다. 희곡의 도입부에서 발설되는 대사臺詞들에 줄기차게 편승하여 음울한 종소리처럼 메아리치는 "없는 것"을 뜻하는 낱말은 도덕적 현실주의를 전달하는 신호 같은 것인데, 만약 리어 왕이 그 낱말을 침몰시키지 않을 것이라면, 그 낱말은 그에게 필요한 것이다.

리어 왕의 현실적 문제를 언급하는 코딜리아의 태도는 대단히 신중하기도 하다. 리어 왕은 '나를 사랑하는 너의 마음을 나에게 확인시키려고 네가 할 수 있는 말은 무엇이냐?'고 코딜리아에게 묻기보다는 오히려 '네가 하는 말을 언니들의 거만한 언사보다 훨씬 더 거만하게 들리도록 연출할 수 있는 과장된 화술은 무엇이겠느냐?'고 (암암리에) 묻는다. 코딜리아는 '제가 아버님을 사랑하는 저의 마음을 전달하려고 해도 할 수 있는 말이 없사옵니다'고 대답하기보다는 오히려 '아버님께서 저를 위해 조성해주신 맥락이 놀랍도록 광범위해서 제가 할 수 있는 말이 없사옵니다'고 대답하고플 것이다. 그러나 미혹에 빠진 리어 왕은 코딜리아의 세심하고 정확한 대답을 무관심의 표명으로 알아듣겠다고 작심한다. 부모로부터 무조건적인 애정을 받으려는 아이처럼 자신의 자녀들로부터 그런 애정을 받으려는 탐욕에 사로잡힌 리어 왕은 딸의 대답을 기어코 무효하게 만들어버릴 연극 한 편을 꾸며냈다. 그래서 그는 딸에게 대답하라고 요구하는 동시에 딸을 침묵하게 만든다. 암중저의를 함유한 질문은 모호한 대답을 얻기 마련이다. 그러나 ("할 말이 없으면 받을 것도 없느니라"는 말로 암시되는) 리어 왕의 도덕적 계산은 희곡의 후반부로 가면서 가짜계산으로 판명될 것이다. 그런 반면에, 만약 무언가가 끝내 출현할 것이라면, 그것은 오직 어떤 착각을 유발하는 모든 것의 폐허에서만 출현할 수 있다. 리어 왕은 오직 자신의 세속적 탐욕과 정신적 악습惡習을 인정해야만 그런 탐욕과 악습을 스스로 벗어나는 길을 모색할 수 있으리라고 기대하는 희망 같은 것을 품을 수 있다. 코딜리아의 "없사옵니다"라는 대답의 세심하고 정밀한 성격은 "핏줄"이라는 낱말의 정확하고 엄밀한 성격과 어우러진다. 여기서 "없사옵니다"라는 대답은 이례적으로 일종의 결정요소를 — 구속요소들과 구별요소들의 문제를 — 의미하는데, "핏줄"이라는 낱말도 비슷하게 이례적으로 사랑의 결정적 형식 같은 것을 암시한다. 셰익스피어는 『베니스(=베네치아)의 상인The Merchant of Venice』에서도 그러듯이 『리어 왕』에서도 "핏줄"이라는 낱말의 이중의미二重意味를 활용하는데, 두 희곡 모두에서 그 낱말은 형식적 계약과 세속적 혼인관계를 동시에 의미한다. 리어 왕은 딸 코딜리아의 신중하고 정확한 대답에서 단지 의뭉스러운 과묵함밖에 발견하지 못하므로 '전통적 의무감에서 생겨난 애정은 에로틱한 충동이나 주관적 변덕에 좌우되는 애정보다 더 풍부하고 더 지속적인 결실을 맺는 것으로 증명될 수도 있다'는 사실을 전혀 알아채지 못한다. 코딜리아가 물려받은 핏줄대로 리어 왕을 사랑하는 과정은 헌신적인 딸로서 그를 사랑하는 과정이다.

코딜리아의 "없사옵니다"라는 대답은 과잉을 반대하는 핑계이다. 왜냐면 『리어 왕』은 생기를 북돋우는 과잉의 형식들('아량,' '용서,' '인색한 실리實利를 거부하는 태도,' '탁월한 기준이 인류에게 어울리는 규범이라고 믿는 신념')과 피폐한 형식들을 대조하려는 의도를 내포하기 때문이다. 예컨대, 켄트 백작은 자신의 발언양식을 "온전한 진실입니다. 그러니까 토씨 하나 더하지도 빼지도 않은 정확한 진실이라는 말입니다"(제4막 제7장)라고 설명하는데, 이런 발언의 균형은 제1막 제1장에서 자매들의 과다한 발언 때문에 말을 줄일 수밖에 없는 코딜리아가 거부하는 것이다. 그러나 일반적으로 그런 균형은 달성되기 어렵다. 왜냐면 여분餘分을 소유하려하거나 스스로를 능가하려는 인간의 천성 — '우리가 역사나 문화나 욕망이라는 이름을 붙이는 결정된 필요량'보다 더 많은 것을 생산하려는 본성 — 이 바로 인간의 특징이기 때문이다.

> 리어 왕: 오, 필요량을 논리적으로 따지지 마라! 가장 비천한 거지들도 가장
>
> 형편없는 물건들의 여분마저 소유하느니라.
>
> 자연이 필요량보다 더 많은 것을 내어주지 않는다면,
>
> 인간의 삶은 짐승들의 삶이나 마찬가지로 형편없으리라.
>
> (제2막 제4장)

『리어 왕』에서 행해지는 낭비의 더욱 파괴적인 양상들은 "여분"이라는 낱말의 경제학적 의미를 나타내는 "잉여"를 포함하는데, 그것은 빈민의 비참한 처지를 봐도 측은지심을 느끼지 못하도록 부민富民을 감싸는 피하지방층皮下脂肪層 같아서 빈민의 비참한 처지를 다소라도 개선해주려는 부민의 행동을 미연에 방지한다. 리어 왕의 관점에서 이런 잉여의 형식은 경제적 재분배를 요구할 만큼 무르익었다.

> 헐벗고 불쌍한 빈민이여, 그대들은 어디에 있거나
>
> [이토록 무자비한 폭풍우를 세차게 얻어맞으며 견뎌야 하거늘*]

---

* That bide pelting of this pitiless storm,: 이 구절은 테리 이글턴이 인용하면서 누락 또는 생략한 것으로 추정된다.

편히 쉴 집도 없는 그대들의 머리와 앙상한 팔다리가,

그대들의 굽은 허리와 구멍 숭숭 뚫린 누더기가 어찌 그대들을

이토록 사나운 악천후들로부터 보호해주겠느냐? 오, 나는 여태껏

이 문제를 거의 생각조차 못해봤노라! 정신 차려라, 호화생활자들이여,

비참한 자들이 느끼는 것을 그대들도 느낄 수 있다면,

그대들이 소유한 것들의 여분을 빈민에게 나눠줄 수 있을 테니

더욱 공정해진 하늘을 보여줄 수도 있으리라.

(제3막 제4장)

리어 왕이 새롭게 자각한 자신과 빈민의 연대관계는 '없음의 정치 politics of nothingness'로 지칭될 만한 것을 수반한다. 어차피 자신의 허약함을 직면할 수밖에 없는 리어 왕은 이제는 국왕이 아닌 빼앗긴 자들의 전형으로서 대표자의 지위를 스스로에게 다시금 부여할 수 있다.

그런데 리어 왕이 상황에 떠밀려 자신의 지위를 이토록 괴롭게 스스로 박탈할 수밖에 없다면, 에드거는 지위를 박탈당한 자신의 처지를 자유롭게 이용한다.

나는 나의 목숨을 지킬 테고, 또 이왕이면

가장 비천하고 가장 구차한 몰골로 변장할 테야

자고로 지독한 가난은 인간을 능욕하여

짐승과 흡사하게 만들어버렸으니까 말이야. 나의 얼굴에는 지저분한 검댕을

처바르고,

허리에는 남루한 헝겊대기를 두르고, 부랑아처럼 봉두난발하고,

당당하게 헐벗고 다니면서

비바람도 추위도 더위도 아랑곳하지 않겠어 ……

…… 불쌍한 털리곳Turlygod, 가련한 톰Tom!

그래도 아직 뭔가 남았어. 에드거 없는 내가 남았다는 말이야.

(제2막 제3장)

하여튼 부랑아로 전락한 에드거는 자신의 운명을 스스로 선택하는 비극적 주인공에 속하며, 자신의 지위를 박탈당한 처지를 포용하고 심지어 패러디하기도 하지만, 그래도 (그는 하고픈 행위를 자유자재로 결행하기 때문에) 바로 그렇게 함으로써 그런 처지를 초월한다. 코딜리아의 남편인 프랑스의 왕King of France의 눈에 비친 코딜리아와 비슷하게 프랑스의 왕도 "가장 부유하면서, 가난한 인간"이다. 그래서 그는 희곡의 결말까지 살아남을 수 있다. 그와 함께 살아남는 주요 등장인물들은 소수에 불과하다. 그의 형제 에드먼드(글로스터 백작의 서자庶子)도 억지로 자신을 낮춰서, 적어도 잠시나마 활약하지만, 실제로 그는 자신의 사나운 약탈본능이 시키는 대로 자신을 낮출 따름이다. 셰익스피어가 창작한 많은 악당처럼 에드먼드도 순전한 냉소주의자 겸 자연주의자라서 도덕적 가치를 '현실적으로 완전히 무근거하고 단지 인습적으로 구성된 개념'에 불과한 것으로 간주한다. 또한 그는 (그의 욕구들을 포함하는) 자연을

중립적이고 엄밀하게 결정주의적인 것 — 그렇더라도 그것의 불변하는 법칙들을 먼저 파악한 사람이 자신에게 유리한 대로 조작할 수 있는 것 — 같은 것으로 간주한다. 에드먼드는 '인간은 마땅히 이런 자연의 개념 — 교육이나 문화가 결코 집착하지 않을 개념 — 을 충성스럽게 섬겨야 한다'고 주장한다. 그러나 자연에는 확실히 그 개념을 섬기는 충성심을 자극할 수 있을 정도로 결정적인 것이 전혀 내재하지 않으므로 그의 주장은 일관성을 결여한 믿음의 소산에 불과하다. 요컨대, 자연을 따르는 순응주의가 사실인지 아니면 가치인지 여부는 확실히 규명될 수 없다. 만약 에드먼드의 악행이 도덕적 판단의 결과라면, 그의 악행을 그의 결정주의적인 견해들을 약화시킬 만한 것으로 보아 수상쩍게 여기면서도 그런 악행의 대담무쌍함을 칭찬할 사람도 있을 수 있다. 그래서 만약 에드먼드가 타고난 천성대로 도덕적 악인이 될 수밖에 없다면, 그의 철학은 그의 뻔뻔스러운 좌절들을 향한 우리의 칭찬을 한동안 유보시킬 것이다.

에드먼드는 자신이 아닌 다른 누구도 될 수 없다고 자처한다. 그래서인지 그는 코딜리아와 얄궂게 닮은 구석을 가졌지만, 그녀와 다르게 그는 자기본성의 요구사항들을 만족시키려고 그 본성을 감추고 위장할 수 있다. 그렇게 자신을 감추고 위장할 수 있는 재주는 그의 본모습에 속하는 것이라서 그의 변할 수 없는 정체성의 일면이다. 보호색이나 보호무늬로써 자신을 지키는 동물의 위장술僞裝術 같은 그의 재주는 잔인무도한 자연이 그의 우세를 보장해주는 방편들 중 하나이다. 셰익스피어의 희곡 『오셀로*Othello*』에 나오는 흉악한 이아고Iago도 에드먼드와 매우 흡사하다. 그러나 고너릴과 리건은 에드먼드와 다르다. 그녀들은 처음에만 꼼수를 부리고 나중에는 자신들의 고정된 본성들을 가장 파괴적인 방식으로는 거스르지 못하는 인물들로 판명된다. 설령 그녀들이 부왕 리어에게 수다스러운 감언이설로 아첨하며 자신들의 거짓여유를 과시할 수 있더라도 그렇듯 무익하기 그지없는 행위를 결코 즐기지는 않을 것이다. 리어 왕의 도덕적 계산도 그랬듯이 그녀들의 도덕적 계산도 빗나갔다. 왜냐면 그녀들은 '부왕 리어가 기사騎士 100명으로 구성된 수행원단을 전혀 대동하지 않아도 될 때에도 굳이 대동하고파하는 까닭'을 알아챌 수 없기 때문이다. 코딜리아의 세심한 정확성과 다르게 고너릴과 리건의 치밀성은 잔혹하고 자동적이며 비인간적인 것이다.

『리어 왕』에 희망으로 일컬어질 만한 것이 존재할까? 실제로 셰익스피어가 이 희곡의 소재로 삼은 모든 원천자료에서는 코딜리아가 끝까지 살아남지만, 이 희곡에서는, 하여튼, 코딜리아가 죽는다. 그리고 다른 주요 등장인물들의 대다수도 죽든지 아니면 징벌을 받아 유순해지거나 왜소해진다. 그러나 이 희곡은, 마치 희망이 순전히 목적론적인 것이라도 되는 듯이, "참극慘劇"으로 끝나리라고 쉽사리 예상될 수 없는 것이다. 게다가 리어 왕의 죽음과 코딜리아의 죽음은 이런 예상을 꺾어버릴 뿐 아니라 '결말을 예상하는 감각에 완전히 몰입하지 말라'고 우리에게 경고하기도 한다는 사실도 유의미할 수 있다. 예컨대, '우리가 목격하는 쓸쓸한 결말은 예정된 운명이 결코 아니다'는 사실에는 희망이 내재한다. 그래서 이 희곡 자체는 에드먼드의 포악한 결정주의를 공유하지 않는 듯이 보인다. 만약 리어 왕이 그토록 고집스럽게 굴지 않았다면 사태가 다르게 돌아갔으리라고 어렵잖게 예견될 수 있다. 미국의 철학자 스탠리 커벨Stanley Cavell(1926~)은 "모든 비극서사에는 근본적 우연성이 늘 붙어서 따라다니기 마련이다"고 쓰는데, 이런 주장은 보편적으로 적용되는 진실(운명의 비극들은 존재한다)이 아니지만 『리어 왕』에게는 충분히 적용될 수 있는 진실이다.[6] 리어 왕에게 할당된 대사의 끝에는 부족하나마 희망이 있을 수도 있겠지만, 처음부터 희망을 품을 만한 어떤 충분한 이유도 없다. 이런 의미에서 에드거와 켄트 백작처럼 폭행당하고 피를 흘리면서도 살아남는 인물들이 '희망은 많이 있는데 나를 위한 희망은 없다'고 토로할 가능성도 충분히 있다.

우연성과 불확정성은 토머스 하디의 소설에서도 그리하듯이 비극을 발생시키는 데 일조할 수 있지만 '비극의 무효해질 가능성'을 돋보이게 만들 수도 있다. 프랑스의 철학자 캉탱 메야수Quentin Meillassoux(1967~)가 '증여물의 명백한 불필요성'으로 간주하는 것은 '필요성의 거짓형식들'과 '그런 거짓형식들을 띠는 비극적 숙명의 날조된 의미'를 취소시킬 수 있는 것이다. 메야수의 견해대로라면, 희망의 뿌리에는 무신론이 있다. 왜냐면 신의 죽음은 '필연성의 죽음과 우연성의 죽음'을 알리는 신호이기 때문이고, 우연성이 있으면 희망도 있기 마련이기 때문이다.[7] 메야수는 다음과 같이 논평한다.

정의로운 개인이 사라지지 않고 엄연히 존재하는 한에서, "신의 비존재非存在"라는 표현은, 달빛처럼 맑고 순수한 이 표현은, 희망을 보증해준다.[8]

역사가 종결되지만 않으면 희망은 존재한다. 만약 과거가 현재와 달랐다면 미래도 현재와 다를 수 있으리라.

리어 왕은 거의 절망하지는 않지만 죽는다. '코딜리아는 아직 숨을 쉰다'고 굳게 믿는 그의 확신은 망상일 수 있지만 부활의 약속처럼 보일 수도 있다. 이 장면을 해석하는 잉글랜드의 문학비평가 월터 스타인 Walter Stein은 "그리스도의 대속구원을 표현하는 고전적 상징이 바로 스스로 처형당한 꼼짝달싹하지 않는 육체이다"[9]는 사실을 우리에게 상기시킨다. 오만한 폭행을 일삼고 이기적 공상에 사로잡혀 현실에서 퇴출당하는 리어 왕 같은 인물들은 자신의 온몸을 흠씬 두들겨 맞아서 그 몸의 어떤 부위도 자신의 것이라고 주장하지 못할 정도로 철저히 부서지고 개조되어야 한다. 그래서 이런 해체개조과정을 겪는 인물이 온전히 살아남을 기회를 전혀 보장받지 못한다는 사실도 그런 과정의 가치를 말소하지 않는다. 그런 인물의 자기기만들과 결별하는 과정이 칼을 휘두르는 과격행동일 수는 없을지라도, 비극예술에서 그런 과격행동은 대체로 그런 결별과정의 전제조건이다. 설령 리어 왕의 마지막 대사가 거짓희망을 표현할지언정, 바로 이런 견지에서 그의 인생행로는 셰익스피어의 오셀로부터 입센의 도편수*와 아서 밀러의 윌리 로먼에 이르

---

* "도편수Master Bulider(=Bygmester Solness)"는 헨리크 입센의 희곡 『도편수』(1892)의 주인

는 비극적 인물들의 인생행로보다 더 순조로운 편이다. 오셀로, 도편수, 윌리 로먼은 죽음으로 행진하면서도 여전히 철저하게든 미약하게든 스스로를 기만하는데, 이런 의미에서 그들의 처지는 인자하고 명민한 인물들의 처지보다 더 위험하다. 마지막에야 비로소 자신의 허위의식을 직시할 수 있는 리어 왕은 후회하면서 겸허하게 용서를 구하는데, 그의 이런 행위가 바로 그를 맥베스와 쥘리 아가씨*와 다른 인물로 보이게 만드는 요소일 수 있다. 리어 왕도 코딜리아도 끝내 살아남지 못한다는 사실은 이런 행위의 가치를 파괴하지 못한다. 물론 주요 인물들의 죽음들도 그런 죽음들을 기록하는 시詩의 정직성을 침윤하지 못한다. 이런 의미에서 『리어 왕』의 예술적 효과는 지나치게 경솔한 어떤 환멸에 내려지는 판결을 대신한다.

우리가 앞에서 살펴봤듯이 『리어 왕』은 다양한 초현실적 허구들과 눈속임용 몸짓들을 포함한다. 그리고 이것들의 대부분은, 도버 절벽**의 상징적 끝에서 뛰어내리는 체하는 글로스터 백작의 눈속임용 몸짓과 마찬가지로, 현실을 묘사하는 기교들이다. 광기에 휩싸인 군왕, 매우 혼미한 신하, 직업적 어릿광대, 얼빠진 체하는 청년귀족, 막말하는 평민으

공이다.

* Miss Julie: 스웨덴의 극작가 겸 시인 겸 소설가 아우구스트 스트린드베리August Strindberg(1849~1912)가 1888년 발표한 희곡 『줄리 아가씨*Fröken Julie*』의 주인공.

** Dover cliff: 이것은 도버 해협Strait of Dover 북쪽의 잉글랜드 남동해안선의 석회암지대에 형성된 최고해발 110미터에 달하는 해식절벽海蝕絶壁인 이른바 "도버 백색절벽White Cliffs of Dover"을 가리킨다.

로 변장한 귀족은 기괴한 환상들을 엮어서 심리적 올가미 같은 것을 만드는데, 그런 환상들은 진실에 접근하는 유일하게 잔존하는 통로를 리어 왕과 글로스터 백작에게 제공한다. 리어 왕은 마치 '정식절차로는 자신이 폐위당할 수 없고 오직 어릿광대들과 미치광이들의 음모에 걸려들어야만 폐위당할 수 있으리라'고 착각하는 망상에 푹 빠진 듯이 보인다. 진실자체가 눈속임용 거짓으로 변질되면 오직 동종요법용同種療法用 환상들의 혼합물만이 진실을 복원할 수 있다.

이렇듯 자기발견을 촉진하는 허구들을 형성하는 『리어 왕』은 고유하게 보유한 치료능력들을 완곡하게 에둘러 암시한다. 이 비극에서 주인공을 끌어당기는 극한(절벽의 끝)은 명확한 발음으로 묘사되는데, 이 비극은 바로 그런 묘사행위에 편승하여 극한의 너머까지 응시할 수 있다. 여기서 고찰될 만한 일례는 베르톨트 브레히트가 연극이론서 『놋쇠구매흥정용 대화들The Messingkauf Dialogue』에서 피력한 다음과 같은 견해이다.

선명한 발음들을 사용하거나 더 조용하게 발음되는 낱말들을 사용하는 언어는 '괴로운 사람이 무언가를 생산하기 시작했다는 사실'을 의미하므로 막대한 해방 같은 것이다. 그는 '자신에게 가해진 타격들에 관한 설명'과 '자신의 슬픔'을 이미 혼합하고 있다. 그는 완전히 파괴적인 것들을 이용하여 무언가를 이미 만들고 있다. 관찰은 이미 시작되었다.[10]

프랑스의 철학자 겸 비평가 롤랑 바르트Roland Barthes(1915~1980)가
『라신을 위하여Sur Racine*』에 쓰듯이, 비극에서 등장인물은 언제나 말
하기 때문에 결코 죽지 않는다. 어떤 재난에 이름을 붙이는 행위는 그
재난의 한계들을 명시하고 그 재난에 선명한 모양을 부여하는 행위이
므로, 윌리엄 버틀러 예이츠가 지은 「라피스라줄리**」라는 시詩에서 셰
익스피어의 비극희곡들인 『햄릿Hamlet』과 『리어 왕』에 관해 노래하듯
이, "그 재난은 1인치도 더 자라지 못하거나 1온스도 더 무거워지지 못
한다." 우리가 두 비극희곡의 공연무대에서 목격하는 불운을 제외한 다
른 어떤 불운도 리어 왕이나 햄릿을 괴롭히지 못한다. 이런 의미에서,
『리어 왕』자체는 '그것의 주인공을 괴롭히는 슬픔들'에 하나의 절대적
목적을 각인하는데, 왜냐면 예술자체가 바로 '예술이 다루는 죽음의 이
미지'로 변하기 때문이다. 물론 그렇더라도 혹자는 '상징형식에서 고통
의 보답을 추구하는 비극은 비극의 위력을 약화시키는 위험에 처한다'
고 주장할지 모른다. 균형 잡힌 모양을 갖춘 것과 결합하는 비극은 임의
적이고 무정형적인 것에 대처하기 어려워진다.

비극예술이 극한에 내몰리면 삶은 완전히 중지되든지 아니면 다시
분발하기 시작한다. "우리가 '이건 최악이야'라고 말할 수 있는 한에서
아직 최악은 아니야"라고 절규하는 에드거는 최악의 가능성을 생각하

---

*   라신Jean Racine(1639~1699)은 프랑스의 유명한 극작가이다.

**   Lapis Lazuli: 보석만큼 귀하게 취급되는 청색 암석의 일종으로 한국에서는 '청금석靑金石'
    으로 통칭된다.

는 인물로 보일 수 있다. 재난은 발설될 수 있는 한에서 결말이 되기를 중지한다. 우리가 잔혹성과 불의不義의 본색을 더는 확인할 수 없을 때에만 희망은 곱드러져서 꼼작하지 못할 것이다. 희망상실이 운위되려면 논리적으로 희망개념이 반드시 전제되어야만 한다. 비극의 의미가 붕괴하면 그때부터 비극은 존재할 수 없다. 그래서 만약 『리어 왕』 자체가 예술적 사건의 하나로서 부단히 성공한다면 그런 성공이 바로 '아직 파국은 오지 않았다'는 사실의 증거일 것이다. 새뮤얼 베케트의 작품 속에는 "최악"이 전혀 없는 듯이 보일 수 있는데, 왜냐면 인간은 언제나 조금씩 분해될 수 있지만 그런 와중에도 자기 신체의 한 부위가 경직된다고 느낄 수 있으며, 또 다른 부위는 조금씩 노쇠해질 수도 있기 때문이다. 그래서인지 잉글랜드의 시인 제러드 맨리 홉킨스Gerard Manley Hopkins(1844~1889)는 자신의 더 암울한 소네트들 중 한 편에서 차라리 어지러워하며 '한 가지 절망의 고통'으로부터 '완전히 끝없는 것으로 보이는 또 다른 절망의 격통'으로 곤두박질하는 듯이 보인다. 그래도 베케트의 작품 속에는 어떤 죽음도 결정적인 폐절도 존재하지 않는데, 왜냐면 언어는 흡사 맹인거지처럼 앞길을 더듬거리며 계속 나아가기 때문이다. 알베르 카뮈는 다음과 같이 논평한다.

만약 절망이 발언이나 추론을 유발한다면, 그리고 무엇보다도 절망이 집필로 귀착한다면, 우애단체가 설립되고 자연물自然物들이 정당해지며 사랑이 태어날 것이다. 절망문학은 용어상 모순이다.[11]

'격변이 운위될 수 있을 가능성'은, 그것이 비록 착잡한 전보나 휴지 조각 같은 것에 불과할지언정, '격변의 와중에도 살아남는 것은 반드시 있기 마련이다'고 우리에게 말해준다. '버펄로가 사라지자 모든 것이 중단되었다'고 단언하는 플렌티 쿠스의 발언은 일종의 자기논박自己論駁이다. 왜냐면 바로 이런 발언자체가 비록 아무리 애처롭고 빈약하더라도 하나의 사건으로 간주될 수 있기 때문이다. 발언과 증언능력은 흔들린다. 모든 것의 종말은 아무것도 남기지 못했다. 그런데도 몇 년 전에 미국의 복음주의자들은 예수의 재림을 다룬 영화를 제작하기로 계획하고 연출효과를 극대화할 수 있게 맞춰야 할 카메라의 각도(남극? 적도赤道?)를 숙고했다. 이 경우와 비슷하게, 죽음은 '죽어가는 자들이 겪는 사건'이 아니고 '서사성敍事性의 종말'이다.

이것은 다음과 같은 에드거의 대사가 일찍이 예시한다.

…… 최악상황에 처해도,

가장 비참하고 가장 실망스러운 운명에 휩쓸려도,

여전히 희망을 품고, 두려움 없이 살아간다.

최선상황에서도 비참한 변화를 맞이하고,

최악상황에서도 웃음을 되찾는다.

(제4막 제1장)

최악상황은 다소 왜곡된 의미를 띠는 희망의 원천이다. 왜냐면 최악상황에 처한 사람은 그것보다 더 나쁜 상황으로는 내몰릴 수 없다고 생각하며 안심할 수 있기 때문이다. 그는 아무리 노력해도 자신의 처지를 바꿀 수 없으므로 차라리 편안해질 수 있다. 예컨대, 어떤 사람이 다른 사람에게 "상황이 더 악화될 수는 없어"라고 단호히 주장하면 다른 사람은 "오 맞아, 그럴 수는 없지"라고 응답하는 뜬금없는 문답도 있을 수 있다. 이 두 사람 중에 누가 낙관주의자이고 누가 비관주의일까? 에스파냐의 소설가 엔리케 빌라-마타스Enrique Vila-Matas(1948~)가 소설 『더블린 사람Dublinesque』에도 썼다시피, "인간은 최악처지에 내몰려도, 가장 비참해지고 가장 철저히 망각되어야 할 운명에 휘말려도, 언제나 희망을 품을 수 있고 두려움 없이 살아갈 수 있다." 막스 호르크하이머는 『도구적 이성비판Critique of Instrumental Reason』이라는 저서에서 '쇼펜하워는 정확히 완전한 희망부재상황希望不在狀況을 직면하므로 희망에 관해서 다른 어느 사상가보다 더 많이 안다'고 논평한다.[12] 블레즈 파스칼의 관점에서는 인류의 지독한 참상이 바로 희망의 아이러니한 원천으로 보이는데, 왜냐면 그런 참상을 개선할 수 있는 손에 인도되어야 할 '신의 은총에 쓰일 재료들의 종류'를 암시하는 것도 바로 그런 참상이기 때문이다. 잉글랜드의 예술역사학자 맬컴 불Malcolm Bull은 '나치 강제수용소에서도 워낙 굶주리고 탈진하여 살아있는 송장처럼 보인다고 무젤만Muselmann으로 지칭되던 재소자들은 희망을 아예 품지 못하므로 상처받을 수도 없는 "그들의 희망부재상황 때문에 구제될" 수 있었다'고 말한다.[13] 권력은 권력술책들을 감지할 수 없는 사람들에게 어떤 영향력도 행사하지 못한다. 에드거가 변장할 인물로 선택하는 부랑아처럼, 혹은 셰익스피어의 희곡 『법에 대항하는 법*』에 나오는 정신병자 같은 악당 바너딘Barnadine처럼, 잃을 것을 전혀 소유하지 않은 남녀들은 전혀 두려워하지도 상처받지도 않으므로 위험하지도 않은 개인들로 판명될 수 있다. 자기박탈은 극한으로 내몰리면 거꾸로 뒤집혀서 기묘한 종류의 자유로 변할 수 있는데, 왜냐면 아무것도 아닌 것에서 태어나는 귀중하고 희귀한 것도 있기 때문이다.

그래서 언어가 존재하기만 하면 희망은 계속 존재할 수 있다. 그러나 실제로 에드거는 그렇게 생각하지 않는다. 그는 '불행들은 여전히 아직도 다가올 수 있다'고 경고하면서 '공포심을 발설할 능력마저 우리에게 용납하지 않을 상황'을 예견한다. 소포클레스의 희곡 『필록테테스』에 나오는 주인공 필록테테스가 자각하듯이, 고통은 발언되지 않으려고 유달리 심하게 저항한다. 리어 왕이 코딜리아를 경악시켜서 거의 침묵시켜버리듯이 진짜비극도 비극을 경악시키고 침묵시켜서 비극을 초월할 것이다. 진짜재앙은 확실히 언어를 소멸시킬 것이다. 언어가 말살되면 희망은 소멸한다. '언어는 누군가의 상황에 그냥 이름을 붙이기만 하면 그의 상황을 개선시킬 수 있다'고 말해지기보다는 오히려 '언어는 누군가의 상황에 이름을 붙이지 않으면 그의 상황을 개선시킬 수 없다'고 말해져야 옳다. 마르크스의 유명한 '포여바흐에 관한 11번 논제(=테제)'

---

* Measure for Measure: 셰익스피어 1603년 즈음 집필하여 1623년에 발표한 이 희곡의 제목은 한국에서는 '법에는 법으로'나 '자에는 자로'도 번역되어왔다.

는 '세계를 해석하기보다는 오히려 변화시켜야 할 필요성'을 강조하는데, 이 논제는 겉으로는 '세계해석은 세계변화의 본질적 전제조건이다'고 인정하지 않는 듯이 보인다.

파울 첼란*은 나치 강제수용소에 관해서 "잃어버린 모든 것 중에 유일하게 남아서 입수될 수 있는 친밀하고 안전한 것: 언어"라고 쓴다. "그렇다, 언어. 모든 것이 사라져도 언어는 소멸되기를 거부하고 안전하게 남는다."[14] 그러나 언어도 역시 완전히 소멸될 수 있다. 소멸되지 않으려는 언어의 방어체계는 결코 철통같지 않다. 홀로코스트(=나치의 유태인학살)의 잔혹한 참상들을 '모든 언어를 구걸하는 것들'로 간주하는 사람들이 있는데, 그렇게 구걸된 언어로 설명되는 참상들은 비극예술의 범위를 벗어난다. 햄릿이나 헤다 가블러** 같은 인물들은 오직 결정적인 연극대본에 정형화된 모형들로서만 존재하므로 그들의 이력들이 정연하게 묘사되지만, 홀로코스트 같은 사건은 그런 모형을 설정하려는 어떤 구상에도 반발한다. 그렇더라도 에드거의 발언에 내재된 경쟁하는 두 가지 의미를 결합하려고 애쓰는 사람이 있을 수 있다. 우리가 전혀 이해하지 못할 상황에는 이름을 붙이지도 못하고 그렇게 이름을 붙이는 행위로써 그 상황에 순응하려고 시도하지도 못할까? 이것은 논점을 완전히 빗나간 질문이 아니다. 왜냐면 치매에 걸렸다고 진단받은

---

* Paul Celan(1920~1970): 루마니아에서 태어나고 자라서 1948년부터 파리에 거주하며 독일어로 시를 쓴 시인 겸 번역가.

** Hedda Gabler: 입센이 1891년에 발표한 희곡 『헤다 가블러』의 주인공.

사람들도, 향후 몇 년이 지나면 자신이 정연하게 말할 수 있는 언어능력을 완전히 상실할 수 있다고 자각하는 사람들도, 계속 살아가는 데 필요한 자원들을 아직은 입수할 수 있을 것이기 때문이다.

에드거의 심정은 불안하다. 그렇더라도 셰익스피어가 말년에 창작한 희극희곡喜劇戱曲들은 희망을 충분히 머금은 듯이 보인다. 그런 희곡들에서는 실종된 아이들이 발견되고, 과거의 적대적 반목들이 해소되며, 악인들이 후회하고, 죽은 아내들이 기적적으로 소생하며, 자연이 재생력再生力으로 묘사되고, 시간의 치유작용은 옛 상처들을 지운다. 코딜리아의 죽음은 『겨울 이야기』에서 허마여니Hermione(=헤르미오네)의 부활을 가능하게 만드는 근거를 제공한다. 그래도 이런 셰익스피어의 후기 희곡들에서는 신의 가호, 예술, 마술, 기적의 도움을 받지 않는 인물은 결코 구원되지 못하는 듯이 보인다. 아무렇게나 굴러가도록 방기된 역사와 정치는 새로운 예루살렘을 예고하지 못할 수 있다. 우리는 이런 영역들을 벗어나서 ― 시골로, 머나먼 외딴섬으로, 평민들 속으로, 신화 속으로, 동화 속으로, 자연의 회복주기들 속으로, 젊은 세대 속으로, 대양大洋의 재생력 속으로 ― 이탈하여 이런 영역들을 쇄신하는 데 필요한 자원들을 찾아야 한다. 눈부신 창의력을 과시하는 『겨울 이야기』는 추악한 현실을 멀리하며 비극행위를 양식화樣式化하고 간결하게 압축한다. 셰익스피어의 희곡 『폭풍The Tempest』에서 프로스퍼로Prospero는 자신의 적敵들을 참패시킬 수 있고 자신의 왕국을 탈환할 수 있다. 그러나 그는 오직 초자연적인 불가사의한 능력들을 발휘하기 때문에만 그렇게 할 수 있는데, 티몬*이나 게오르크 뷔히너의 당통은 그런 능력들을 부정한다. 우리는 필시 이런 능력들을 예술자체의 상징능력들로 인식하겠지만, 예술은 오직 대본이나 연극의 한계들 안에서만 이런 능력들을 조화시키고 미화할 수 있다. 이런 의미에서, 『폭풍』의 비현실적인 무대와 관련해서도 일정한 비관주의가 존재하듯이, 프로스퍼로에게 매혹된 참모와 관련해서도 일정한 비관주의가 존재한다. 어느 소설에서 마술적인 섬에 거주하는 어느 인물은 자신의 뜻대로 악당들을 다스릴 속셈으로 어느 정도 자유롭게 활동할 권리를 악당들에게 부여하기로 계획하지만, 현실에서는 이런 계획이 도저히 수립될 수 없다. 확실히 갈등과 위험은 존재한다. 그러나 그런 갈등과 위험은 '악당들이 미래를 예상하여 확고하게 품는 결심'의 형식을 띤다. 물론 아무리 그래도 『겨울 이야기』의 결말에서 어린 마밀리어스Mamillius(=마밀리우스)의 죽음이 취소될 수 없듯이, 과거의 비극도 온전히 회복될 수 없다. 실제로 죽음은 결코 취소될 수 없다. 심지어 예수의 부활한 육체에도 그가 십자가형을 당한 흉터들이 남아있다.

그렇더라도, 어쩌면, 셰익스피어의 후기 희극희곡들에 포함된 교묘한 간계들은 어디까지나 현실주의적인 것들이리라. 그것들은 예술뿐 아니라 신의 은총도 상징하므로 셰익스피어와 그의 관객들에게는 충분히 현실적인 것들로 보였을 것들이 틀림없다. 만약 마술을 부리는 유령

---

* "티몬Timon"은 셰익스피어가 고대 아테네의 전설적인 인간혐오자人間嫌惡者를 모델로 창작한 희곡 『아테네의 티몬Timon of Athens』의 주인공이고, "뷔히너의 당통"은 게오르크 뷔히너의 희곡 『당통의 죽음』의 주인공이다.

들과 움직이는 조각상들이 연극용 술책들에만 머물지 않는 더 의미심장한 것들이라면, 그것들이 더 심오한 초월형식을 우의적으로 비유하는 상징들로 기능하게끔 고안되었기 때문에 그렇다. 셰익스피어의 드라마는 '신의 은총은 자연을 말살하기보다는 오히려 완성시킨다'는 가톨릭 교리를 신뢰하는 작품으로 보일 수 있다. 인간본성 자체는 어떤 구세주도 내포하지 않지만, 인간본성은 자체의 자기초월능력을 기꺼이 받아들일 수 있다. 스스로를 초월할 수 있는 인간성의 원동력은 인간조건에 붙박인 것이다. 이것이 바로 니체가 자신의 독자들에게 "언제까지나 대지大地를 믿어라, 그리하여 저승세계의 희망들을 그대들에게 설교하는 자들을 믿지 [말라]"[15]고 훈계한다고 오인되는 까닭이다. 그런 반면에 변화된 미래를 기대하는 인간의 희망을 유발하는 것은 현재에 애착하는 고집이므로, 우리가 소유한 것을 믿는 과정은 소유한 것의 변모한 형상을 믿는 과정이다.

'자연은 자체능력들을 발휘해도 스스로를 초월하지 못한다'는 사실은 일정한 비관주의를 함유하지만, '자연을 변형시키는 신의 은총은 자연에 내재하는 잠재력이다'는 사실은 희망을 근소하게 함유한다. 그래서인지 예술은 오히려 '자연이 재구성하는 물리적 현실'에서 토대를 확보한다. 신의 은총이 자연을 변모시키듯이 예술도 물리적 현실을 변모시킬 수 있지만, 예술이 변모시킨 것의 결과가 예술일 수도 있다. 그것은 『겨울 이야기』의 폴리진스Polixenes(=폴릭세네스)가 발설하는 다음과 같은 대사에 포착된 변증법이다.

그래도 자연은 결코 더 잘 만들어지지 않아요

그러나 자연은 서툴게라도 예술을 만든답니다.

그러니까 아가씨께서 말씀하신 자연에 보태지는 것이 예술의 일종이라면

자연이 예술을 만드는 셈이지요…….

…… 이것도 예술이라서

자연을 고치거나 아예 바꿔버릴지라도, 여전히

예술자체는 자연이지요.

(제4막 제4장)

    예술작업은 자연이 자연변형수단을 제공하는 한 가지 방식이다. 그래도 이런 방식은 '자연'과 '신의 은총'의 관계들에는 부응하지 않는데, 그런 경우에 이미지와 현실이 엇물리며 서로를 손상시키는 사태가 발생한다. 신의 은총은 인간본성에 내재할 수는 있지만 인간본성의 소산은 아니다. 오히려 신의 은총은 세속역사의 경계선들을 벗어난 바깥으로부터 안쪽으로 증여되는 신의 선물이다. 이 두 영역을 가르는 이런 괴리는 지나치게 천진난만한 어떤 희망을 반드시 이완시키기 마련이다. 신의 은총은 인간에게 낯선 것이 아니므로 인간은 절망하지 않아도 된다. 또한 신의 은총은 장미꽃의 만개과정처럼 자연스럽고 유기적인 과정이 아니므로 인간은 오만하게 굴지 말아야 한다. 셰익스피어의 후기 희극희곡들은 자연을 "위대한 창조하는 자연"으로 보는 관점을 견지하는데, 이런 자연관은 에드먼드의 암울한 자연관과 길항하는 긴장관

계에 있다. 바로 이런 긴장관계 때문에 희망은 적절하게 이완되어야 한다. 그렇지 않으면 인간은 속죄되어야 할 것의 악행을 과소평가하면서 인간의 초월능력을 헐값에 구매한다. 셰익스피어의 희곡 『열두 번째 밤 *Twelfth Night*』에 나오는 맬볼리오Malvolio(=말볼리오)처럼 갱생되지 않는 영혼들도 언제든지 존재한다. 맬볼리오는 우스꽝스러운 해결책으로 끌려들기를 거부하는데, 그런 거부행위는 그런 해결책의 한계들을 우리에게 상기시킨다. 우스꽝스러운 해결책들은 그것들을 고안하는 교묘한 술수로 관객들의 야릇한 시선을 유도하는 방식으로 무대에서 연출될 수도 있다. 유덕한 자들은 보상을 받고 타락한 자들은 빈손으로 퇴출당하지만, 오직 우리가 극장 안에 있기 때문에 그럴 수 있다.

게다가 퍼디터의 자연감각도 존재하는데, 그것은 에드먼드의 것보다도 혹은 폴리진스의 것보다도 잠재적으로 더 전복적인 것이다. 희곡에서 폴리진스가 자신의 지위를 이용하여 젊은 연인들을 강제로 이별시키려고 하자 퍼디터는 다음과 같이 단언한다.

저는 별로 두려워하지는 않아도, 한두 번쯤
그분께 솔직하게 말씀드리고 설명해드릴까 생각하기도 했는데,
그분의 궁전을 비추는 태양과 똑같은 태양이
우리의 오두막도 비추니 그분이나
우리나 별로 다르지 않은 셈이죠.

(제4막 제4장)

에드먼드가 주장하듯이, 자연은 도덕의 특성들을 전혀 모를 수 있지만 사회의 특성들을 존중하지도 않는다. 그런 자연과 관련하여 존재하는 졸속한 인류평등주의는 지배적 권력구조를 위협한다. 그러므로 『겨울 이야기』에서 채택되는 전략은 '남녀들의 천부적 평등을 변호하는 퍼디터에게 태어나면서 줄곧 왕족이던 그녀의 신분을 알리지 않고 철저히 비밀에 붙임으로써 평민의 생활공간에서 수집한 갱생용 자원들을 궁전으로 반입하는 과정에 수반되기 마련인 위험들을 무마하는 전술'을 포함한다. 퍼디터는 공주이면서 농민이다. 평민의 관점에서는, 하여튼 그녀는 비밀스러운 귀족으로 보이기 때문에, 고귀한 신분으로 승격할 만한 자신의 가치를 증명하는 그녀의 처신은 '신의 은총이 승격시킨 자연 속에서 그 은총이 잠재적으로 작용하는 방식'의 적절한 이미지로 보인다.

*

초월능력을 헐값으로 구매하는 개인의 행위는 그런 개인이 키르케고르에게 전가시킬 수 있는 잘못이 아니다. 『죽음에 이르는 병』에서 절망은 애석한 것이면서도 긍정될 수 있는 것이다. 왜냐면 기성복 같은 낙관주의와 대조적으로 절망은 구원수단을 아주 비싼 값으로 구매할 수 있기 때문이다. 희망과 상반되는 것은 천진난만한 발랄함이고 확실히 비극은 아니기 때문이다. 키르케고르는 다음과 같이 쓴다.

절망은 결코 끝장나지 않는 최대불운과 다름없는 병이다. 그래서 비록 그 병을 앓는 인간이 치료받고자 하지 않으면 그 병이 세상에서 가장 치명적인 중병으로 악화될지라도, 그 병이야말로 진정한 신벌神罰이다. [16)

충분히 기묘하게도 희망을 포기할 수 있는 능력은 무한한 장점을 함유한다. 키르케고르가 주장하듯이, 자아는 "오직 신의 품에서, 정확히 절망함으로써, 근거를 투명하게 확보해야만 비로소 절망을 벗어나서 건강해지고 자유로워진다."[17) 절망할 수 있는 능력은 짐승들보다 우세해질 수 있는 인류의 강점強點을 대표하고 또 그래서 '어떤 경우에도 정신을 완전히 상실하지는 않을 인간의 **지복한 타락**felix culpa'처럼 기능한다. 절망하는 인간들은 독립자치를 열망하지만 독립자치상황을 달성하지 못한다. 그리고 그런 상황 자체는 희망의 부정적 지표이다. 그 지표는 당연하게도 '절망자들이 소유할 수 없는 불멸할 자아'를 가리킨다. 키르케고르가 쓰듯이, 진실에 도달하려는 "인간은 모든 부정성을 통과해야 한다. 그런 과정은 옛날이야기에 묘사되는 '어떤 마법주문을 깨뜨리는 과정'과 흡사하다. 왜냐면 그런 주문은 토씨 하나 빠짐없이 정확하게 거꾸로 읊어져야만 깨뜨려지기 때문이다."[18) 회개하려는 사람은 "먼저 보복을 포기하고 완전히 절망해야 하는데, 그래야만 정신생활이 시종일관 막히지 않고 진행될 수 있다."[19)

그런 과정은 프랑스의 시인 샤를 보들레르Charles Baudelaire(1821~1867)부터 잉글랜드의 소설가 그레이엄 그린Graham Greene(1904~1991)

에 이르는 문인들의 계열에서 시종일관 발견될 수 있는 정신적 엘리트주의의 낯익은 형식이다. 이런 엘리트주의의 관점에서는 남녀들의 대부분이, 토머스 스턴스 엘리엇의 내허인간*들처럼, 정신적으로 너무나 공허하여 심지어 저주마저 받지 못하는 자들로 보인다. 만약 그런 남녀들이 사탄(=악마)을 더 잘 알았다면 신을 조금이나마 알았을지도 모른다. 오직 독특한 개성을 타고난 자아의 소유자들만이 '그런 자아가 영원 속에 근거를 마련하는 방식'을 인식할 수 있지만, 그런 진정한 개성은 획득되기 어려운 것이다. 입센의 비극희곡 『브란드*Brand*』(1865)에 나오는 수도원장의 견해대로라면, "한 인간을 파멸시킬 수 있는 가장 확실한 방법은 그를 개인으로 만들어버리는 것이다." 만약 키르케고르가 평범한 인간으로서 살았다면 이 견해를 진심으로 찬성했을 것이다. 절망자들은, 둔감한 군중들과 다르게, 적어도 자신들의 도덕적 내면성만은 여실히 증명한다. 순전히 메타자연학적인 인간들도 그렇듯이 절망자들도 종교계의 성자聖者들과 유사하게 행동하여 '도덕적 중류계층들로 분류될 만한 인간들'보다 우월하게 보일 수 있다. 이런 행동을 유발하는 심리는 『브라이튼 록』** 증후군'으로 지칭될 수도 있다. 이런 의미에

---

* 內虛人間: 이 낱말은 "내실 없는 인간," "알맹이 없는 인간," "속 빈 인간"을 뜻하는 영어표현 "할로우 맨hollow man"의 가장 간략한 번역어이다. "속이 빈 상태에 있음"을 뜻하는 "내허內虛"라는 낱말은 『국립국어원 표준국어대사전』에도 등재되어있다. 엘리엇은 내허인간을 소재로 지은 「내허인간들The Hollow Men」이라는 장시를 1925년에 발표했다.

** 『Brighton Rock』: 이것은 그레이엄 그린이 1938년 발표한 살인범추적소설의 제목이다. 이 소설의 주요무대는 1930년대의 잉글랜드 남동부 해변휴양지 브라이튼Brighton에 있는 "브라이튼 록"이라는 제과점이다. 열일곱 살에 조직폭력단의 두목으로 등극할 정도로 난

서 희망부재상태는 영예로운 자긍심 같은 것을 상징한다. 오직 자신의 영원한 자아를 충분히 확고부동하게 전유하는 인간들만이 절대적 상실의 가망성을 직면할 수 있고, 또 그래야만 '구원받아도 될 만한 가치를 보유한 정신'을 과시할 수 있다. 이 조건을 감안하는 관점에서는 절망이 결국에는 거의 낙원만큼이나 귀중한 듯이 보이는 상태에 이른다. 키르케고르가 순전히 절망만 느끼는 공포감의 심도를 — 독일의 소설가 토마스 만Thomas Mann(1875~1955)의 장편소설 『파우스트 박사*Doktor Faustus*』(1943~1947)에서 시행試行되는 방식대로 — 측정한다는 사실은 거의 무의미하다. 그런 공포감은 오히려 정신의 성장에 불가결한 신의 은총을 알리는 본질적인 전조前兆이다.

그래도 하여튼 키르케고르는 신앙에도 희망에도 함유된 비극적 역리 같은 것을 포착한다. 키르케고르의 견해대로라면, 자신의 외아들 이삭을 죽여 신에게 바칠 제물로 삼으려고 작심한 아브라함은 자신들의 파멸을 확신하듯이 믿으면서도 '그런 파멸이 최종결말 같은 것은 아니라는 사실'도 신뢰한다. 키르케고르는 "여기서 모순은 '인간의 차원에서

폭한 반사회적인 청소년이면서도 로마가톨릭교신자인 핑키Pinkie는 어느 날 자신의 불법행위를 보도한 신문기사를 쓴 기자를 살해하고 자신의 범죄흔적을 지워가며 무죄알리바이를 날조하다가 우연히 만난 소녀 로즈Rose와 사랑에 빠지고 마침내 결혼한다. 제과점에서 점원으로 일하는 가난하고 얌전하며 순진무구한 로즈도 핑키처럼 로마가톨릭교신자이다. '강력하면서도 비종교적인 도덕감정'을 지닌 여탐정 아이더Ida는 로즈를 보호하는 동시에 핑키를 붙잡아 경찰에 넘기려고 집요하게 핑키를 추적한다. 이글턴이 여기서 말하는 "『브라이튼 록』 증후군"은 "(아이더의) 비종교적 도덕감정보다는 (로즈의) 종교적 신념으로써 범죄자를 뉘우치게 만들려는 심리"를 가리키는 듯이 보인다.

확실히 파멸하리라고 믿는 신념'과 '여전히 가능성은 존재한다고 믿는 신념'이다"고 쓴다.[20] 이것은 단순히 비논리적인 소견으로 치부될 수 없는 견해인데, 오스트리아의 신경학자 겸 심병학자이면서 홀로코스 생존자인 빅토르 프랑클의 조언도 이 견해를 뒷받침한다. 그가 조언하다시피, 나치 강제수용소의 희생자들은 희망을 상실할 수밖에 없었기보다는 "오히려 '생존사투를 치르면서도 아무 희망도 품을 수 없는 우리의 처지가 그런 생존사투의 존엄성과 가치를 손상시키지 않으리라'고 확신하면서 용기를 간직해야만 했다."[21] 여기서 내가 다시 말하건대, 희망은 단순히 목적론적인 것이 아니다. 인간이 희망을 상실할 수 있어도 절망을 상실할 수는 없다. 비극과 마찬가지로 가치도 '인간이 짊어져야 할 운명'의 문제일 뿐 아니라 '인간이 운명과 맺어야 할 관계'의 문제이기도 하다. 인간은 적어도 '타인들이 나의 곤경을 보면서 교훈을 배울 수 있기'를 기대하는 희망을 언제나 미미하게라도 품을 수 있다. 더구나 희망은 문화나 교육 같아서 비록 희망을 상실한 인간도 자손에게 유산을 물려주듯이 희망을 물려줄 수 있다. 아우구스티누스는 "희망은 오직 선善한 것만, 오직 미래의 것만, 오직 희망을 품는 인간을 감동시키는 것만 대상으로 삼는다"[22]고 쓰면서도 이런 희망대상의 세 가지 사항 모두를 오해한다. 예컨대, 자신들의 죽음들로써 만든 선물을 자신들의 사후에 살아갈 사람들에게 유증하는 사람들도 있는데, 그래서 실패도 풍요로운 결과를 낳을 수 있다.

슬로베니아Slovenija의 철학자 슬라보예 지젝의 저서 『종말시대에 살아가기*Living in the End Times*』에는 '미국의 영화감독 스탠리 큐브릭 Stanley Kubrick(1928~1999)이 제작한 영화 『스파르타쿠스』*에서 스파르타쿠스와 어느 해적이 언쟁하는 장면'이 인용된다. 그 장면에서 해적은 반란노예지도자 스파르타쿠스에게 '당신의 반란은 아무래도 필패할 수밖에 없다는 사실을 당신은 아는가?'라고 묻는다. 스파르타쿠스와 그의 부하들은 심지어 불가피한 패배를 무릅쓰고라도 끝까지 줄기차게 항쟁할까? 그의 답변대로라면, 노예들의 항쟁은 노예들의 처지를 개선시킬 수 있을 뿐 아니라 자유를 대의명분으로 삼는 원칙대로 절조節操를 지키는 반란이기도 하므로 설령 그들이 몰살할지언정 그들의 반란은 헛되이 수포로 돌아가지는 않을 것이다. 오히려 정반대로 그들의 반란은 해방투쟁에 무조건 헌신한 그들의 의지를 명백히 표현할 것이다. 지젝의 논평대로라면, "그들의 반란행위자체는, 행위결과와 무관하게, 이미 개시되었으므로 성공한 행위로 평가될 수 있다."[23] 스파르타쿠스와 그의 부하들이 아무 항쟁도 하지 않고 살아남으려면 그들의 절조를 포기해야만 했을 것이다. 남녀인간들이 '삶을 살아갈 가치를 지닌 것으로 만들어주는 원칙'을 사수하느라 죽어갈 수밖에 없는 경우들도 있다. 행동은 실망스러운 결과를 낳을지 흡족한 결과를 낳을지 여부의 문제에만 국한되지 않는 더 많은 문제와 관련된다. 예컨대, 어느 건물에서 무너진 지붕대들보에 깔려서 괴로워하는 남자를 목격한 행인이 '곧이어 무너

* 스탠리 큐브릭이 1960년에 제작한 이 영화의 제목이자 영화주인공이 연기하는 역사적 인물인 스파르타쿠스Spartacus(?~서기전71)는 서기전73~71년에 로마에서 노예들을 이끌고 로마 공화정치를 반대하는 항쟁을 지휘한 검투노예였다.

질 그 건물의 나머지부분들도 그 남자를 덮쳐서 그 남자의 목숨마저 빼앗아갈 것이다'고 알았다는 단순한 이유만으로 그 남자에게 물 한 잔을 건네주는 쉬운 행동조차 거부하는 경우도 있을 수 있다. 희망은 도저히 불가피한 실패나 파멸을 용인할 수 있지만 낙관주의의 몇몇 유파와 다르기 때문에 그런 실패나 파멸에 조건부로 항복하기를 여전히 거부할 수 있다. 자신의 존엄성과 절조를 일정하게 간직하면서, 가브리엘 마르셀의 말마따나, 완전히 망쳐버리지 않도록 자제할 수 있는 사람도 있다. 타인들을 지독한 공포심에 빠뜨리는 쾌감을 자신의 적수에게 안겨줘서 그 적수의 승리에 묘미를 더해주고픈 사람은 없을 것이다. 무절망無絶望에 내재된 이런 의미를 감지하는 사람은 '인류는 여전히 인간정신을 믿더라도 끝내 파멸할 수밖에 없으리라'고 생각할 수 있다. "모든 것이 파멸해도 우리는 파멸하지 않으리라"는 문구는 이렇듯 비참한 항복을 거부하는 좌우명의 역할을 수행할 수 있다. 독일의 철학자 프리드리히 셸링이 비극적 희망에 관해 쓰듯이, "한 가지 할 일이 아직 남아있는데, 그것은 '어떤 객관적 세력이 우리의 자유를 파괴하려고 위협한다는 사실'을 우리가 분명히 알아서, 우리의 가슴에 이토록 견고하고 명확한 확신을 품고, 그런 세력에 대항하여 싸우며, 우리의 모든 자유를 발휘하여 그런 세력을 괴멸시키는 일이다."[24]

발터 벤야민의 견해대로라면, 행위를 개시했으되 결과들을 달성하기 전에 행위를 중단하고 유보하는 사람은 역사의 연속체계를 구성하는 하나의 사건을 무산시켜서 자신의 죽음을 재촉하는 사람이다. 그 사람이 죽음에 도달하는 시점은 무엇보다도 '그 사람의 행위 결과들이, 적어도 그 사람 자신에게는, 중요하지 않게 보이기 시작하는 순간'인 동시에 '그 사람의 행위들이 행위를 위한 행위들로서 실행될 수 있기 시작하는 순간'이기도 하다. 그는 필시 자신의 모든 행위를 자신의 최후행위와 같은 행위들로 간주하고, 과거를 (역사주의가 하듯이) 현재와 미래에 주입하기보다는 오히려 미래를 현재에 주입하며, '영원성의 견지에서 자신의 행위들이 출현할 수 있는 경위'를 파악하려고 애쓸 것이다. 그는 이렇게 하면서 역사에 참여하는 동시에 불참하는 아이러니한 방식으로 살아갈 수 있는데, 사도 바울의 「코린트인들에게 보낸 첫째 편지」에 언급되는 "세상을 아예 무시하듯이 상대하는" 사람들도 그런 방식으로 살아갔다. 그런 삶의 자세는 수도승들의 전형적 자세이듯이 혁명가들의 전형적 자세이기도 하다. 테오도르 아도르노가 쓰다시피 "믿음직하게 실천될 수 있는 유일한 철학은 '모든 것을 대속구원의 관점에서 나타날 만한 것들로 기대하여 관조하려는 시도'이다."[25] 하여튼 모든 행위는 일단 개시되기만 하면 좋든 나쁘든 취소될 수 없으므로 죽음의 최종판결을 받기 마련이다.

　이 모든 것은 정치적 좌파와 관련된다. 정치적 좌파의 문제들 중 하나는 너무나 드물게 제기된다. 정치적 좌파가 실패하면 어찌될까? 이 질문을 받는 좌파의 신경질적 반응은 이해될 만하다. 왜냐면 이 질문은 좌파들의 기를 단숨에 꺾어버리고 반대파들을 안심시키기 때문이다. 그래서 결국에는 비관주의를 사상범죄思想犯罪 같은 것으로 간주해버리는 좌파도 많지만, 자신들을 변장한 반신반인半神半人들로 믿게끔 미국의 기업경영자들을 납득시키는 강연이나 특강에 종사하는 직업적 자기계발강사*들도 비관주의를 사상범죄 같은 것으로 간주한다. 에른스트 블로흐가 쓰다시피, '이런 혹은 저런 상황에서는 아무 이익도 거두지 못한다고 평가하는 냉정한 판단'을 정신적 배반의 일종으로 간주하는 듯이 보이는 "어떤 마르크스주의자는 비관주자가 될 권리를 보유하지 못한다."[26] 심지어 맷 리들리조차 부러워할 정도로 순진한 자기기만에 빠져든 몇몇 열광적 급진주의자들에게도 혁명기회들은 언제든지 주어질 수 있지만, 오직 대담무쌍한 자만이 그런 기회들을 붙잡을 수 있다. 치유효과를 발휘하는 이런 자기기만의 허구에는 계급투쟁의 가장 어두운 밤들을 지새우는 투사鬪士들의 다수도 빠져든다. 자본주의의 위태로운 불안정성은 실제로 자본주의반대자들의 용기를 북돋우는 원인이라서 각별하게 강조되지만, '자본주의체계가 재량껏 사용할 수 있는 무기들은 반反자본주의체계들의 무기들보다 훨씬 더 많다'고 보는 견해는 사실이 아니다.

정의로운 사회를 구현하려는 투쟁은 일종의 도구적 합리성을 요구하기 마련이지만 오직 그것만 요구하지는 않는다. 좌파는 비록 자본주의가 당장에 꿋꿋이 버틸 것이라고 도덕적으로 확신할지라도 과중한 노동과 대규모 실업을 반대하는 항의를 계속할 것이다. 베르톨트 베르히

---

* 自己啓發講士(motivational speaker): 청강자들이나 청중의 의욕과 자신감을 유발하여 촉진하는 강의나 강연이나 특강을 생업으로 삼는 강연자나 강사.

트는 「후인들에게An die Nachgeborenen」라는 시詩에서 '오직 불의不義가 존재하는데도 반란은 결코 감행되지 않는 곳에서만 절망하리라'고 말한다. 그러나 비록 모든 반란이 수포로 돌아갔을지언정 '수세기를 넘는 세월이 흐를 동안에도 자유를 획득하려는 남녀반란자들의 투쟁이 그토록 끈질기게 지속되어왔다는 사실'은 여전히 가치의 원천일 수 있다. 그러니까 요컨대, 최후심판일에도 구원받을 가능성은 여전히 남을 수 있다는 말이다. 하물며 정의는 끝내 구현되지 못할지라도, 정의추구에 바쳐진 인생은 언제까지나 명예로운 인생으로 남는다. '만사형통하면 끝까지 만사형통하다'고 보는 견해가 옳지 않듯이, 끝내 성공하지 못한 노력이 반드시 실패한 노력은 아니다. 결과에만 얽매이는 이런 오해를 우리에게 재촉하는 것은 단지 목적론의 매력에 불과하다. 비록 역사가 명백한 파멸로 치달을지라도, 오직 파멸이 운명적으로 예정되었어야만 역사는 절망의 관건이 될 수 있을 것이다. 심지어 그럴 경우에도 우리는 많은 비극주인공처럼 불가피한 것에 맞서 항전하는 과정에서 가치를 뽑아낼 수 있다. 실제로 불가피한 것에 맞서 항전하지 않는 사람은 그것이 애초에 얼마나 불가피한 것이었는지 결코 알지 못한다. 그래도 '역사의 진로에는 희망이 기입되지 않듯이 파멸도 기입되지 않는다'고 보는 견해는 진실하다. '미래는 황폐하리라'는 예상이 아무리 사실로 입증될 수 있을지라도, 미래는 언제든지 그런 예상과 달라질 수 있다. 우연성은 실패를 초래할 수도 있지만 성공에 일조할 수도 있다. 아리스토텔레스도 인정하듯이, 만사를 좌절시킬 수 있는 이유(변덕)가 만사를 형통시킬 수 있는 이유도 된다. 더구나 지배력을 행사하는 탐욕스러운 소수자들이 참담한 미래를 초래할 가능성은 거의 확실하지만 인류전체가 그리할 가능성은 거의 없다.

이 모든 것이 감안되더라도 희망이 지나치게 실존주의적인 관점에서 이해될 필요는 없다. 목표들은 실제로 중요하다. 발터 벤야민의 역사철학은, 비록 정신적 분별력을 함유할지라도, '역사진보관념에 대한 과잉반응'을 재현하는데, 그런 역사철학의 맥락에서는 그런 과잉반응도 이해될 만한 것이다. 벤야민의 것과 같은 메시아주의는 역사를 거의 신뢰하지 않는다. 프레드릭 제임슨은 다음과 같이 논평한다.

> 진짜로 혁명이 진행되는 시대에는, 도처에서 진행되는 변화들이 감지될 수 있는 시대에는, 메시아 같은 것이 상기되지 않을 것이다. 그런 의미에서 '메시아 같은 것'은 '즉감卽感되는 희망'을 의미하지 않고 어쩌면 심지어 '희망에 대항하는 희망'을 의미하지도 않으리라. 메시아 같은 것은 "희망"류類의 독특한 변종이라서 희망류의 일반적 특성들 중 어느 것과도 거의 무관하고 오직 절대적 희망부재시대에만 번성한다.[27]

희망은 절대적 관점에서나 무조건적 관점에서 이해될 필요도 없다. 블로흐는 희망을 취소될 수 없는 양자택일의 문제로 상상하는 오류를 범한다. 심리분석이론은 '우리는 욕망을 결코 벗어나지 못하리라'고 주장하지만, 이것이 '우리가 욕망을 상대로 외교협정 같은 것을 체결할 수 없다'는 주장일 수는 없다. 설령 향후에 어떤 유토피아도 존재하지 않을지라도, 유토피아가 '불화不和와 불만이 깨끗이 일소된 세계'를 의미한다면, 냉정한 현실주의는 '우리의 여건은 대폭적으로 개선될 수 있다'고 믿을 수 있다. 그런 현실주의는 '만사형통하리라'고 믿기보다는 '만사는 충분히 형통할 수도 있으리라'고 믿는다. 우리가 집단학살이나 성노예밀매를 예방하려고 굳이 강대한 실력자들을 양성할 필요는 없다. 이런 불필요성을 분별하는 양식良識을 부정하는 자들은 아무리 실용주의를 과시하더라도 환상을 탐닉하는 공상꾼들일 수밖에 없다. '우리가 아는 바와 같은 세계는 이승에 꿋꿋이 존속하리라'는 억측보다 더 확실히 저승에 속하는 공상은 없다.

그렇지만 비록 토대들의 변화에는 희망이 대체로 필요하지 않을지라도, 급진적 변화에는 바로 바로 이런 희망의 변종이 필요한데, 왜냐면 급진적 변화를 노린 계획은 엄청난 저항을 직면할 것이기 때문이다. 최후에는 신학자 허버트 맥케이브가 "패배하여 십자가에 매달려 처형되어도 부활하는"[28] 희망으로 지칭한 것이 필요할 것이다. 그렇지 않다면 레이먼드 윌리엄스가 훨씬 더 세속적인 견지에서 주장하듯이, "'선연한 유토피아의 형식'도 심지어 '실현될 수 있는 미래들의 더 엄정하게 검정된 윤곽들'도, 우리가 '그것들을 지금 억제하는 분열들과 모순들'을 필수적인 깊이에서 직면하기 전까지는, 원활하게 유동하기 시작할 수 없다는 것은 사실이다."[29] 언젠가 어느 텔레비전 방송에 출연하여 인터뷰하던 아일랜드의 가수 겸 작곡가 쉬네이드 오코너Sinéad

O'Connor(1966~)는 자신은 '부활하는 순간은 마치 자신이 선택할 수 있는 스카프의 색상들 중에 자신의 기질에 부합하는 것을 선택할 수 있는 순간과 흡사하므로, 십자가에 매달려 처형당하는 순간보다 부활하는 순간이 훨씬 더 기쁜 순간일 줄로 안다'고 말했다. 그녀는 '부활은 정확히 십자가에 매달려 처형당하는 괴로움과 쓸쓸함을 대속구원하는 과정이므로 희망될 수 있다'는 사실을 이해하지 못했다.

*

8세기 중엽에 당나라에서 발생하여 9년간 무려 4억2,900만 명에 달하는 인명을 희생시켰다고 추산되는 안사의 난*은 여태껏 인류역사상 가장 처참한 유혈사건으로 공언되어왔다.[30] 안사의 난은 당나라 총인구의 2/3를 사망시킨 원흉으로 생각된다. 13세기에 몽골이 자행한 정복전쟁들 때문에 사망한 인명도 안사의 난 때문에 사망한 인명보다 별로 적잖은 무려 2억7,800만 명에 달했으리라고 추산된다. 타메를란**이 살육한 남녀들은 스탈린이 살육한 남녀들보다 다섯 배나 더 많았고, 30년전쟁에서 사망한 인구는 제1차 세계대전에서 사망한 인구보다 두 배나

---

* 安史之亂(755~763): 당나라의 절도사 안녹산安祿山(703?~757)이 일으킨 안녹산의 난, 그 아들 안경서安慶緒(?~459)가 일으킨 반란, 안경서의 부하 사사명史思明(703~761)이 일으킨 반란, 사사명의 아들 사조의史朝義(?~763)가 일으킨 반란의 총칭.

** Tamerlane(=태멀레인): "절름발이 티무르"를 뜻하는 이 호칭은 티무르 제국Timurid Empire(1370~1507)을 건국한 티무르Timour(1336~1405: 1370~1405 재위)의 별칭이다.

더 많았다. 제2차 세계대전은 약5,500만 명에 달하는 사망자를 남겼고, 잉글랜드 내전English Civil War(1642~1651) 때문에 사망한 인구도 그 당시 잉글랜드 총인구의 절반에 육박했다. 아메리카에서 학살당한 원주민의 인구는 중국에서 마오쩌둥이 학살한 인구의 두 배를 초과했다. 20세기에 치러진 전투들에서 사망한 인구는 약4,000만 명에 달한다.

우리의 동시대인들 중에는 실제로 아주 흉악한 자들이 많듯이 우리의 선조들 중에도 그런 자들이 실제로 많았다. 바이블(유태교-기독교경전)은 강간, 약탈, 신체고문, 노예노동과 무분별한 살인이 횡행하는 세계를 묘사한다. 고대 로마인들은 강제로 탈의된 여자들의 알몸을 말뚝들에 결박해두고 강간당하게 하거나 짐승들의 먹잇감으로 전락시켰다. 잉글랜드와 조지아Georgia의 기독교신자들 사이에서 수호성자로 신봉되는 세인트조지Saint George(=게오르기오스=게오르기우스: 275/281~303)는 처참하게 순교했다. 육중한 추錘들이 단단히 묶인 그의 두 다리는 양쪽으로 벌려져 날카로운 칼날에 걸쳐졌고, 칼날 밑에서 타오르는 불길이 그의 몸을 지졌으며, 그의 두 발에는 구멍이 뚫렸고, 쇠못 박힌 수레바퀴는 그의 온몸을 짓뭉갰으며, 그의 머리에는 쇠못 60개가 박혔고, 그의 몸통은 톱질되어 양분되어버렸다. 그가 당한 처절한 치욕들은 훗날 그가 보이스카우트 운동의 수호성자로 영예롭게 추서됨으로써 보상받았다. 어느 흉악행위연구자atrocitologist는 십자군들한테 살해당한 인구의 비율은, 당대세계의 총인구를 기준으로 비교하면, 홀로코스트에 희생당한 인구의 비율과 거의 동일하다고 단언한다. 과거에는 남을 험담하는 사람이 사형당할 수 있던 시대, 양배추 몇 포기를 훔친 사람이 사형당할 수 있던 시대, 안식일에 나무블록빼기놀이를 하는 사람이 사형당할 수 있던 시대, 부모에게 말대꾸하거나 왕족들을 비판하는 사람이 사형당할 수 있던 시대를 포함하여 다양한 시대들이 있었다. 최근까지도 신체고문은 드물게나 은밀하게 자행되지도 않고 널리 지탄받지도 않았을 뿐더러 오히려 체계적으로 공공연하게 자행되었고 심지어 이따금 기술적 창의력을 진작시켰다고 칭찬되기까지 했다.

이런 사연은 단연코 희망을 전혀 고취하지 못한다. 실제로 만약 인체를 난도질하고 후벼대는 극악한 흉행들로 점철된 이토록 섬뜩한 사연이 단지 인간본성의 탓으로만 돌려진다면, 우리의 상황이 개선될 가망이 얼마나 많을지 가늠되기는 어려울 것이다. 이런 사연이 실제로 인간본성과 유관하다는 사실은 의심될 수 없을 것이다. 만약 인간들이 그토록 흉악하게 행동할 수 있다면, 인간들은 결국 그렇게 행동할 수 있는 소질을 함유한 본성을 타고났을 수밖에 없다. 그렇다면 이것은 불길한 소식이다. 희소식은 '본성은 결코 자유롭지 않다'는 것이다. 인간본성을 규정하는 것은 여태껏 인간에게 별로 유익하지 않던 역사적 상황이다. 인류역사의 처음부터 줄곧 정치의 대부분은 폭력과 부정부패로 점철되어왔다. 그런 정치가 번성해온 곳에서 미덕은 대체로 개인이나 소수자의 몫이었다. 아일랜드의 시인 겸 극작가 셰이머스 히니Seamus Heaney(1939~2013)는 시집 『트로이에서 실현된 구원The Cure at Troy』(1991)에서 '희망과 역사가 화합하는 사이비기적似而非奇蹟들이 이루어지는 순간들'을 운위하지만, 희망과 역사의 관계는 무미건조한 이 시집의 말미에 배치된 시행들의 관계를 더욱 통속적으로 닮아왔다. 그러나 이랬던 까닭의 일부는 남녀인간들이 여태껏 '궁핍, 폭력, 상호적개심을 조장하는 사회체계들'의 지배를 받으며 살아야만 했다는 데 있다. 마르크스가 '과거역사 전체는 생존자들의 두뇌를 악몽처럼 짓누른다'고 말하면서 염두에 두는 것이 바로 '이런 사회체계들의 지배를 받아야만 하는 삶'이다. 그리고 과거의 것은 언제나 현재의 것보다 훨씬 더 많다. 과거의 것은 위기순간에는 언제나, 입센의 어느 비극희곡에서도 그렇듯이, 해방된 미래의 가능성을 짓눌러 으깨버릴 정도로 육중해지기 십상이다.

그런 상황들에서는 남녀인간들의 도덕심이 가장 감동적인 수준에까지 승격할 가능성은 거의 없다. 그들의 썩 칭찬받을 만하지 않은 성정들은 오히려 악화되는 경향을 보일 것이다. 이런 경향은 '오직 그들이 그런 상황들의 압력을 벗어나서 자유로워져야만 어린 천사들처럼 행동할 수 있으리라'고 암시하지는 않을 것이다. 일반시민들 사이에도 여전히 흉악범들, 사디스트sadist들, 행패를 일삼는 악질분자들이 상당규모로 틀림없이 존재할 것이다. '우리의 삶을 지배하는 체제들이 우리의 많은 흉행을 조장한다는 사실'은 도덕적 올가미에 걸린 우리를 완전히 풀어주지 않는다. 어쨌거나 우리가 바로 그런 체제들을 처음부터 수립한 장본인들이었다. 물론 그렇더라도, '우리가 바로 그런 체제들의 수립자들이라는 사실'은 '점잖고 관대한 사람들이 역사적 악덕들에 대항하여 그런 체제들의 미덕들을 실천해야 할 당위성'을 의미한다. 도덕적 실험도 여태껏 바로 이런 의미에서 준비되어왔다. 이것이 우리가 원죄론原罪論을 전적으로 책임질 수도 없듯이 우리의 실수와 호전성好戰性을 전적으로 책임질 수도 없는 까닭이다. '우리를 괴롭히는 원흉들의 대부분이 체계에 내재할 수 있다'는 사실은 우리를 얼마간 의기소침하게 만든다. 왜냐면 체계들이 변하기는 굉장히 어렵기 때문이다. 그러나 그런 어려움이 희망의 근거이기도 하다. 만약 이런 체계들의 제도制度들이 변한다면 우리가 도덕적으로 얼마나 더 눈부시게 변할지 우리는 모른다. 아마도 우리가 그렇게 변할 가능성은 미미할 것이다. 그래도 우리는 스스로 그런 가능성을 발견해야 한다. '인간들의 심정들에 가득한 어둠'을 운위하는 자들이 조급하게 서둘다가 과오를 범하는 자들일 수는 없다. 그러므로 이것은 희소식이다. 불길한 소식은 '인위적으로 생겨난 악질들이 치료될 가능성은 자연발생적인 악질들이 치료될 가능성보다 원칙적으로 조금이라도 더 높다'고 추정될 만한 이유가 전혀 없다는 것이다. 앞으로 우리가 어쩌면 암癌을 퇴치할 치료법을 발견할 수는 있겠지만 살인을 근절할 방법을 발견하지는 못할 것이다.

비극적 희망은 극한지경에 처한 희망이다. 진보개념은, 발터 벤야민이 강조하듯이, 비극적 파국을 예지豫知하는 인식의 근간에 자리 잡아야 한다. 낙관주의자는 절망할 수 없지만 진정한 희망을 알지도 못한다. 왜냐면 그는 진정한 희망을 본질적인 것으로 만드는 상황들을 부인하기 때문이다. 에릭 에릭슨이 아동심리의 발달과정과 함께 설명하는 희망은 "존재의 출발점을 표시하는 어두운 충동들과 분노들을 무릅쓰고 뜨거운 소망들을 달성할 가능성을 굳게 믿는 끈질긴 신념"[31)]이다. 아동은 오직 자신을 돌보는 사람의 애정을 신뢰해야만 해로운 영향력들에 굴복하지 않고 저항할 수 있다. 악惡을 묘사하는 모든 문학작품 중에 어쩌면 가장 장대할 토마스 만의 소설 『파우스트 박사』의 말미에서 작중 해설자는 자신이 "여태껏 이 세상에서 터뜨려진 가장 끔찍한 비탄悲嘆"으로 지칭한 것을 해설한다. 이 소설 속에서 저주받은 아드리안 레버퀸Adrian Leverkühn은 자신을 꾀어 지옥으로 끌어가려는 악마와 계약을 체결하기 전에 마지막으로 『파우스트 박사의 비탄The Lamentation of Dr. Faustus』이라는 교향성악곡을 창작한다. 극심한 비탄을 노래하는 이 교향성악곡은 "끝까지 어떤 위안도 양보도 변모도 용납하지 않는 암울한 시詩"와 같다. 그런데 아직도 "절대로 치유될 수 없는 불치의 희망에서도 싹틀 수 있을 것"이 과연 상상조차 될 수 없을까? 이렇게 자문自問한 작중해설자는 다음과 같이 자답한다.

그것은 오직 희망부재상태를 넘어서는 희망일 수밖에, 절망을 초월하는 것일 수밖에 — 절망을 배반하는 희망이 아닌, 도저히 믿기지 않을 기적일 수밖에 없으리라. 그러므로 끝까지 귀를 열고, 나와 함께 경청해보자. 악기들이 한 무리씩 꼬리에 꼬리를 물듯이 차례로 연주되다가, 마치 허공으로 사라져가는 작품처럼, 남는 것은 첼로 한 대의 고음G현에서 나오는 음, 최종음最終音, 점점 여리게 늘어지며 서서히 사멸하는, 가냘픈 마지막 음이다. 그리고 아무 소리도 들리지 않는다. 침묵과 어둠만 남는다. 그러나 침묵 속에서도 전율하는, 이 제는 사라져버린, 오직 정신만이 경청하는, 비탄하는 목소리였던, 그 마지막 음조차 이제 사멸했다. 그 음은 자신의 의미를 변화시킨다. 그것은 이제 한 떨기 빛처럼 어둠 속에 머문다.

교향성악곡은 가녀리게 전율하는 희망적인 음표에서 끝나지 않는다. 그것은 정반대로, 모든 음악작품처럼, 무음無音 속으로, 침묵 속으로 진입하는 순간에 끝난다. 그런데 이 특이한 침묵은 기묘하게도 뚜렷이 감지되는 침묵이다. 이것은 비탄하는 최종음을 긍정하는 최종음으로 소급시키듯이 변형시키고 그런 최종음으로 하여금 사라져가는 도중에 스스로 새로운 최종음 같은 것을 생성시킬 수 있게 해주는 침묵이다. 음악의 죽음은 유령 같은 여음餘音을 생성시킨다. 교향성악곡은 마치 두 번 끝나는 듯하다. 그것은 '최종음이 사라지는 현실' 속에서 한 번 끝나고 나서 곧이어 '무음 속에서 신비하게 생겨나는 단순한 유령 같은 어떤 음이 사라지는 정신' 속에서 또 한 번 더 끝난다. 최종음은 두 번 체험되는데, 첫째 최종음은 살아서 체험되고 둘째 최종음은 죽어서 체험된다. 그러나 두 가지 최종음 중 가장 생생하게 체험되는 것은 죽어서 체험되는 것인 듯하다. 최종음은 아직 선연히 살아있을 때에는, 파우스트 박사처럼, 임박한 자신의 죽음을 예감하고 비탄하는 절절한 슬픔에 휩싸인다. 그러나 최종음은 허공 속으로 사라지자마자 곧장 변화된 의미를 머금고 되살아나서 특이하게 반복된다. 만물이 사멸한다는 사실에는 슬

폼이 내재하는 만큼이나 희망도 내재한다. 어쩌면 자비慈悲의 어떤 불가해한 원천이 심지어 소설의 악마적 주인공에게마저 은혜를 베풀 수 있으리라는 사실에도 희망이 내재할 것이다. 그 주인공은 자신이 작곡한 교향성악곡의 최종음처럼 삶과 죽음 사이에 갇혀버렸을지라도, 죽음충동에 휩싸인 그의 천재성은, 하여튼 결국, 삶에 이바지하는 예술작품을 탄생시켰다.

번역자 후기

만약 오직 정치의 위기와 자본주의체제의 위기를 제외한 거의 모든 분야의 위기와 심지어 때로는 그런 분야들의 죽음마저 운위될 정도로 워낙 심하게 퇴락해서 암울하게나 암담하게 실감되는 지역이나 시대가 있다면, 그런 지역에나 시대에 살아가는 인간들에게 희망은 오히려 괴롭게 느껴질 수도 있으리라. 희망이 기본적으로 "앞일에 대하여 어떤 기대를 가지고 바람"이나 "앞으로 잘될 수 있는 가능성"이고, "바람"은 "어떤 일이 이루어지기를 기다리는 간절한 마음"이며, "가능성"은 "앞으로 실현될 수 있거나 성장할 수 있는 성질이나 정도定度"*이거늘, 희망이 그것을 품는 인간을 괴롭힐 수 있다면, 희망은 불교계에서나 심리학계에서 "욕망"으로 일컬어지는 부정적 심정의 일종일 수도 있지 않

---

* 『국립국어원 표준국어대사전』의 '희망,' '바람,' '가능성' 항목들 참조.

을까?

그러나 테리 이글턴은 희망이 비록 욕망과 비슷할지언정 일치하지는 않는다고 본다. 그의 관점에서 희망이 괴로운 것으로 보일 수 있다면 비극적 성질을 함유하기 때문에 그렇다. 그래서인지 그가 주시하는 "진정한 희망"은 비극과 밀접하게 맞물려서 연동하는 것으로도 보인다. 이런 관점에서 보이는 욕망은 비극을 초래하고 비극은 희망을 제련하여 정련하는 것으로 보일 수 있다. 희망의 이런 비극성은 그리스 신화에서도 극명하게 표현된다. 판도라의 상자는, 적어도 서양에서는, 여태껏 희망을 심지어 인간을 가장 심하게 끝까지 괴롭히는 최후최심악덕 같은 것으로 인식시켜왔으리만큼 비극적인 희망의 상징이었다.

그렇더라도 한편으로는 희망이 "실제로 『옥스퍼드 영어사전』에서 고대에는 '신뢰감'을 의미했다고 설명된"다면, 그리고 '어떤 기대'를 품는 사람의 '바람'이나 '잘될 수 있을 가능성'으로 생각된다면, 어쩌면 이른바 실낱같은 희망마저 불허하는 듯이 보이는 암담한 지역에나 시대에는, 그러니까 언필칭 '희망을 품을 수 있는 희망이나 가능성'조차 도무지 발견되기 어려우리만치 절망스럽고 참담한 지역에나 시대에는, 기묘하게도, 희망은 최후최심악덕이기는커녕 오히려 최후최심미덕의 묘미를 띠고 거듭날 수 있을 듯이 보이곤 한다. 그래서 희망이 절망 속에서 최후가치를 획득할 수 있을 듯이도 보인다.

이글턴이 감지하는 '희망의 초월성'은 바로 경박한 낙관주의에 오염된 희망을 정련하고 제련하는 이런 '희망과 욕망의 비극적 관계'와 여태껏 의외로 저평가되어온 희망의 가치를 상승시키는 이런 '희망과 절망의 역리적逆理的 관계'가 교차하고 융합하는 인격과 정신에서 생성될 만한 것이다. 그런 관계들이 바로 이글턴이 상정하는 "진정한 희망"의 여건을 조성하고 에른스트 블로흐의 허망하고 낙관적인 희망에 대항하는 '값지고 현실적인 희망'의 조건을 구성할 것이다. 그렇게 생성되는 희망은 욕망과 비극과 절망을 엄밀하게 직시하면서 낙관하지도 절망하지도 않을 것이다.

2016년 5월

번역자

주

서문

1) 레이먼드 윌리엄스, 『현대주의(모더니즘) 정치*The Politics of Modernism*』(London, 1989), 103.

1장 낙관주의의 진부함

1) 「허구예술The Art of Fiction」, 『헨리 제임스: 문학비평선집*Henry James: Selected Literary Criticism*』, 모리스 섀피러Morris Shapira 편찬(Harmondsworth, 1963), 97.
2) 낙관주의에 철학적 기품을 일정하게 부여하는 보기 드문 학자들 중 한 명인 마거릿 앤 보든Margaret Ann Boden(1936~)이 《필로소피*Philosophy*》(41, 1966: 291-303)에 발표한 에세이「낙관주의Optimism」는 '오늘날의 지성계에서는 비록 낙관주의가 대체로 존경받을 만한 것으로 생각되지 않더라도 18세기의 지성계에서는 존경받을 만한 것으로 생각되었다'는 사실을 우리에게 상기시킨다.
3) 에릭 에릭슨, 『통찰력과 책임감*Insight and Responsibility*』(New York, 1994), 118 참조.
4) 빅토르 에밀 프랑클Viktor Emil Frankl(1905~1997), 『인간의 의미 탐구*Man's Search for meaning*』(London, 2004), 140 참조.
5) 헨리 제임스, 『문학비평집 제2권: 유럽의 작가들: 뉴욕 출간본에 부치는 서문들*Literary Criticism, vol. 2: European Writers: Prefaces to the New York Edition*』(New York, 1984), 931.
6) 발터 벤야민, 『『일방통행로』를 포함한 산문집*One-Way Street and Other Writings*』(London, 1979), 238(영역된 문장을 조금 수정함).
7) 개리드 스테드먼 존스Gareth Stedman Jones(1942~: 브리튼의 역사학자), 『폐기된 런던: 빅토리아 시대 사회 계급들의 관계에 관한 연구*Outcast London: A Study in the Relationship between Classes in Victorian Society*』(Harmondsworth, 1976); 마르크 앙주노Marc Angenot(1941~: 벨기에계 캐나다 사회학자 겸 문학 비평가), 『1889년 프랑스 혁명 100주년*Le Centenaire de la Révolution*』(Longueuil, 1989) 참조.【'빅토리아 시대'는 브리튼 여왕 빅토리아Victoria(1819~1901)의 재위 기간(1837~1901)이다.-역자】
8) 진보와 계몽을 옹호하는 (그러나 맹종하지는 않는) 견해는 잉글랜드의 철학자 겸 작가 레이먼드 톨리스Raymond Tallis(1946~)의 『약속의 적들*Enemies of Promise*』(Basingstoke, 1997)에서 운위된다.

9) 리처드 스윈번, 『신의 존재*The Existence of God*』(Oxford, 1979), 219.

10) 케네스 서린Kenneth Surin, 『신학과 '악惡의 문제'*Theology and the Problem of Evil*』(London, 1986), 32.

11) 심지어 정치적 좌파의 일부도 미래를 철폐하자는 견해를 지지해 왔다. 티머시 제임스 클라크Timothy James Clark(1941~: 잉글랜드의 예술역사학자 겸 작가), 「미래는 없다고 말하는 어느 좌파를 위해For a Left with No Future」, 《뉴 레프트 리뷰*New Left Review*》(no. 74, March/April 2012) 참조.

12) 라여널 타이거, 『희망생물학』(London, 1979), 282.

13) 앤서니 스키올리Anthony Scioli와 헨리 빌러Henry B. Biller, 『불안시대의 희망』(Oxford, 2009), 325.

14) 윌리엄 제임스, 『「실용주의」를 포함한 산문집*Pragmatism and Other Writings*』(London, 2000), 129.

15) 가브리엘 마르셀, 『호모 비아토르*Homo Viator*』(London, 1953), 34 참조.

16) 맷 리들리, 『합리적 낙관주의자』(London, 2011), 353.

17) 앞 책, 108.

18) '유기적 사회'에 관한 레이먼드 윌리엄스의 견해는 그의 『시골과 도시*The Country and the City*』 (London, 1973) 제2장을 참조.

19) 요제프 피퍼Josef Pieper(1904~1997: 독일의 가톨릭 신학자 겸 철학자), 『희망과 역사*Hope and History*』 (London, 1969), 75에서 인용.

20) 리들리, 앞 책, 86.

21) 앞 책, 86.

22) 앞 책, 10.

23) 앞 책, 105.

24) 앞 책, 358.

25) 티머시 제임스 클라크는 「미래는 없다고 말하는 어느 좌파를 위하여」(72)에 인습적 진보주의 사상의 "끝없는 정치경제적 미코브리즘"이라고 쓴다.

26) 리들리, 앞 책, p. 9.

27) 앞 책, 28.

28) 앞 책, 359.

29) 앞 책, 32.

30) 앞 책, 111.

31) 앞 책, 67.

32) 앞 책, 219.

33) 스티븐 핑커, 『우리의 본성에 내재된 더 착한 천사들』(London, 2011), 250.

34) 리들리, 앞 책, 351.

35) 앞 책, 214.

36) 앞 책, 350.

37) 앞 책, 27.

38) 앞 책, 19.

39) 레온 트로츠키, 『문학과 혁명』(New York, 1957), 254-256.

40) 발터 벤야민, 「역사철학론」, 『조명들*Illuminations*』, 한나 아렌트Hannah Arendt(1906~1975: 독일 출신 유태계 미국 정치철학자) 편찬(London, 1999). 헝가리 출신 독일의 유태계 문학자 페터 손디Péter Szondi(1929~1971)는 "미래의 징후가 숨어 있는 유년기의 순간들"에 쏠리는 관심을 '발터 벤야민이 자서전 『베를린에서 보낸 유년기A Berlin Childhood』에서 사용한 방법의 특징'으로 이해한다. 손디, 『원문이해론*On Textual Understanding*』(Manchester, 1986), 154 참조.

41) 조르조 아감벤, 『잔존하는 시간: 「로마인들에게 보내는 편지」에 관한 해설*The Time That Remains: A Commentary on the Letter to the Romans*』(Stanford, 2005), 제2장 참조.

42) 코스타스 두지나스Costas Douzinas(1951~)와 슬라보예 지젝Slavoj Žižek(1949~) 공편, 『공산주의 사상 *The Idea of Communism*』(London, 2010), 10에 인용된 알랭 바디우의 견해.

43) 앙투안 콩파뇽, 『현대성의 다섯 가지 패러독스*The Five Paradoxes of Modernity*』(New York, 1994), 44-45.

44) 미카엘 뢰비Michael Löwy(1938~: 브라질 출신의 프랑스 마르크스주의 사회학자), 『화재 경보: 발터 벤야민의「역사 개념론」Fire Alarm: Walter Benjamin's 'On the Concept of History'』(London, 2005), 32에서 인용.

45) 앞 책, 84에서 인용.

46) 에른스트 블로흐, 『희망원칙』(네빌 플레이스Neville Plaice와 스티븐 플레이스Stephen Plaice와 폴 나이트Paul Knight가 총 3권으로 영역: Cambridge, Mass., 1995), 1:200.

47) 뢰비, 앞 책, 65-66.

48) 마르크스, 『잉여가치 이론들Theories of Surplus Value』(London, 1972), 134(고딕체는 원서에서 이탤릭체로 인쇄된 것이다).

49) 프레드릭 제임슨, 『마르크스주의와 형식Marxism and Form』(Princeton, 1971), 134.

50) 뢰비, 앞 책, 31에서 인용.

51) 조지 스타이너, 『비극의 죽음』(New York, 1961), 129.

52) 애브리 덜레스,「희망 옹호론An Apologetics of Hope」, 『위대한 실험: 희망의 에세이들The Great Experiment: Essays in Hope』(조지프 웰런Joseph Whelan 편찬: New York, 1971), 134.

2장 희망이란 무엇인가?

1) 조지 스타이너,「"비극," 다시 고찰되다"Tragedy," Reconsidered」, 『비극에 관한 재고찰Rethinking Tradedy』(리타 펠스키Rita Felski 편찬: Baltimore, 2008), 40.

2) 예컨대, 로저 스크루턴Roger Scruton, 『비관주의의 용도들과 거짓희망의 위험The Uses of Pessimism and the Danger of False Hope』(London, 2010) 참조.

3) 피터 기취: 『덕목들The Virtues』(Cambridge, 1977), 48.

4) 리베커 콜먼Rebecca Coleman과 디브러 페러디Debra Ferredy 편찬, 『희망과 여성주의이론Hope and Feminist Theory』(London, 2011), 16.

5) 레이먼드 윌리엄스, 『현대비극Modern Tragedy』(London, 1966), 59 참조.

6) 아우구스티누스, 『신앙, 희망, 사랑에 관한 지침서Enchiridion: On Faith, Hope, and Love』(Washington, D.C., 1996), 8.

7) 패트릭 쉐이드Patrick Shade, 『희망습관들Habits of Hope』(Nashiville), 70.

8) 데니스 터너, 『토마스 아퀴나스』(New Haven, 2013), 161. 아우구스티누스는 『신앙, 희망, 사랑에 관한 지침서』에서 '자선심의 전제前提는 희망이고 자선심과 희망의 전제는 신앙이다'고 본다.

9) 에릭 에릭슨, 『통찰력과 책임감』(New York, 1994), 115, 117.

10) 도미니크 도일Dominic Doyle의 『기독교 인본주의의 약속: 토머스 아퀴나스의 희망론The Promise of Christian Humanism』(New York, 2011), 76에서 재인용. 여기서 아퀴나스가 염두에 두는 희망은 신학적 덕목이 아니라 일상적 감정을 의미한다.

11) 카를 라너, 『희망신학론On the Theology of Hope』, 《티올러지컬 인베스티게이션스Theological Investigations》, vol. 10(New York, 1977), 254.

12) 데이빗 노크스David Nokes, 『새뮤얼 존슨 전기Samuel Johnson: A Life』(London, 2010), 133에서 재인용.

13) 『예일 판 새뮤얼 존슨 저작집The Yale Edition of the Works of Samuel Johnson』(London, 2010), 133.

14) 로버트 고든Robert M. Gordon, 『감정들의 구조The Structure of Emotions』(Cambridge, 1987), 85.

15) 가브리엘 마르셀,「욕망과 희망」, 『존재현상학Existential Phenomenology』(너새니얼 로렌스Nathaniel Lawrence와 대니얼 오코너Daniel O'Connor 편찬: Englewood Cliffs, N.J., 1967), 280 참조.

16) 콜린 랫퍼드Colin Radford와 존 마이클 힌튼John Michael Hinton,「희망하기와 소망하기Hoping and Wishing」, 《프로시딩스 오브 디 아리스토텔리언 소사이어티Proceedings of the Aristotelian Society》 44(1970): 78 참조.

17) 이 문제들과 유관한 기타 문제들에 대한 탁월한 연구조사는 제임스 뮤스킨스James L. Muyskens의 『희망의 충분성The Sufficiency of Hope』(Philadelphia, 1979) 참조.

18) 실현 불가능한 것을 바라는 소망에 관해서는 휘틀리J. M. O. Wheartley의 「소망하기와 희망하기Wishing and Hoping」,《어낼러시스Analysis》18, no. 6(June 1958) 참조.

19) 폴 리쾨르, 『바이블 해석에 관한 에세이들Essays on Biblical Interpretation』(Philadelphia, 1980), 161.

20) 스탠 반 후프트, 『희망Hope』(Durham, N.C., 2011), 25 참조.

21) 로버트 오디, 『합리성과 종교적 헌신Rationality and Religious Commitment』(Oxford, 2011), 74 참조.

22) 앞 책.

23) 토마스 아퀴나스, 『신학대전Summa Theologie』, vol. 33(London and New York, 1966), 7. 아퀴나스의 희망론을 다루는 간략한 논평은 한스 우르스 폰 발타자르Hans Urs von Balthasar의 『우리는 '모든 인간이 구원되기'를 감히 희망하는가?Dare We Hope 'That All Men Be Saved'?』(San Francisco, 1988), 제4장 참조.

24) 아퀴나스, 앞 책, 13.

25) 앞 책.

26) 칸트의 희망론에 관한 유용한 해설서는 커티스 피터스Curtis H. Peters, 『칸트의 희망철학Kant's Philosophy of Hope』(New York, 1993)이다.

27) 피터슨C. Peterson과 마틴 셀리그먼Martin E. P. Seligman, 『성격의 장점들과 덕목들Character Strengths and Virtues: A Handbook and Classification』(Oxford, 2004), 570.

28) 에른스트 블로흐의 '비동시대성noncpntemporoneity'이라는 개념은 특히 그의 『우리 시대가 물려받은 유산Heritage of Our Times』(Cambridge, 1991), 제1부를 참조.

29) 에른스트 블로흐, 『희망원칙』, 1:188.

30) 비트겐슈타인, 『철학탐구들Philosophical Investigations』(Oxford, 1983), part 2(1), 174e.

31) 나는 이 정보를 아일랜드 서부의 어촌마을 로스로우Ross Roe에서 어부들로부터 입수했다. 비트겐슈타인은 그 마을에서 얼마간 머물렀는데, 그 마을에는 '비트겐슈타인은 『철학탐구들』을 집필하는 동안 이웃사람들에게 기르는 개가 짖어대지 않도록 주의해달라고 부탁했다'는 일화가 전설처럼 전해진다.

32) 콜린 랫퍼드, 「희망, 소망, 개들Hoping, Wishing and Dogs」,《인콰여리Inquiry》13(Spring, 1970): 100-103.

33) 위르겐 몰트만, 『희망신학Theology of Hope』(London, 1967), 35에서 재인용.

34) 위르겐 몰트만, 「희망하기와 계획하기Hoping and Planning」,《크로스 커런츠Cross Currents》18, no. 3(Summer 1989): 310.

35) 위르겐 몰트만, 『희망신학』, 16.

36) 볼파르트 판넨베르크, 「희망의 신The God of Hope」,《크로스 커런츠》18, no. 3(Summer 1989): 289, 290.

37) 폴 리쾨르, 「희망과 '철학체계들'의 구조'Hope and the Structure of Philosophical Systems」,《프로시딩스 오브 디 아메리칸 가톨릭 필로소피컬 어소시에이션Proceedings of the American Catholic Philosophical Association》44(1977): 60.

38) 니컬러스 보일, 『지금 우리는 누구인가?Who Are We Now?』(Notre Dame, Ind., 1998), 178.

39) 아리스토텔레스, 『수사학』(Cambridge, Mass., 1994), 117-118 참조.

40) 존 로크, 『인간의 이해력에 관한 에세이A Essay Concerning Human Understanding』(New York, 1959) 2:9.

41) 데이빗 흄, 『인간본성론A Treatise of Human Nature』(Oxford, 1958), 438 참조.

42) J. P. 데이J. P. Day, 「희망Hope」,《아메리칸 필로소피컬 쿼털리American Philosophical Quarterly》6, no. 2(April 1969) 참조.

43) 후프트, 『희망』, 16.

44) 제인 워터워스, 『희망에 관한 철학적 분석A Philosophical Analysis of Hope』(London, 2004), 54.

45) 데이, 앞 글, 98.

46) 아퀴나스, 『신학대전』, 3.

47) 존 스튜어트 밀, 『무신론Theism』(Nwe York, 1957), 163.

48) 마르틴 루터, 『루터가 설교하는 것What Luther Says』(St. Louis, 1959), 668.

49) 알랭 바디우, 『사도 바울: 보편주의의 토대Saint Paul: The Foundation of Universalism』(Stanford, 2003), 93.

50) 이 견해에 관한 논의는 독일의 신학자들인 루돌프 불트만Rudolf Bultmann(1884~1976)과 카를 하인리

히 렝스토르프Karl Heinrich Rengsdorf(1903~1992)의 『희망Hope』(London, 1963), 4-5 참조.

51) 데니스 터너, 『토마스 아퀴나스』, 175.

52) 워터워스, 앞 책, 74.【여기서 '붙박인다'의 기본형은 '붙박다'라는 능동사의 피동형 '붙박이다'이다. 그리고 '붙박히다'는 표준어가 아니다. 『국립국어원 표준국어대사전』 참조.-역자】

53) 후프트, 앞 책, 102.

54) 가브리엘 마르셀, 『호모비아토르: 희망 메타자연학 입문Homo Viator: Introduction to a Metaphysic of Hope』(London, 1951), 32.

55) 요제프 피퍼, 『희망론On Hope』(San Francisco, 1986), 38.

56) 웨인 허드슨Wayne Hudson, 『에른스트 블로흐의 마르크스주의 철학The Marxist Philosophy of Ernst Bloch』(London, 1982), 108.

57) 가브리엘 마르셀, 『실존주의철학The Philosophy of Existentialism』(New York, 1995), 28.

58) 가브리엘 마르셀, 『호모비아토르』, 48.

59) 앞 책, 67.

60) 앞 책, 65.

61) 앞 책, 66.

62) 앤드루 벤저민, 『현존하는 희망: 철학, 건축, 유태교Present Hope: Philosophy, Architecture, Judaism』 (London, 1997), 128.

63) 앞 책, 125.

64) 잉글랜드의 철학자 겸 사회학자 대런 웹Darren Webb은 '특수한 대상을 기대하는 희망'과 '더욱 일반적인, 어쩌면 "희망참"으로 지칭될 수 있을, 무한한 희망' 사이에서 비슷한 차이점을 도출한다. 대런 웹, 「희망을 품는 방식들Modes of Hoping」, 《히스토리 오브 더 휴먼 사이언시스History of the Human Sciences》20, no. 3(2007) 참조.

65) 칸트, 『순일한 이성의 한계들의 벗어나지 않는 종교Religion within the Limits of Reason Alone』(New York, 1960), 159-160. 커디스 피터스는 '희망의 개념이 칸트의 사상에서 차지해온 중심적 역할은 일반적으로 생각되어온 역할보다 훨씬 더 크다'고 주장하면서 '칸트의 관점에서 희망은 종교철학의 중대한 주제이다'고 논증한다. 커디스 피터스, 『칸트의 희망철학』 참조.

66) 럼스펠드는 미국의 외교정책을 운위하면서 '우리가 알며 우리가 안다고 아는 것들'과 '우리가 모른다고 우리가 아는 것들'과 '우리가 모른다고 우리가 알지 못하는 것들'을 구별했다. 그는 이념론(=이데올로기론)과 관련하여 한 번 더 변환될 수 있는 것들 — 우리가 알면서도 우리가 안다고 알지 못하는 것들 — 을 무시해버렸다.

67) 기독교적 희망의 모호함에 관해서는 미국의 종교철학자 루이스 듀프레Louis Dupré, 「희망과 초월 Hope and Transcendence」, 『중대한 실험: 희망에 관한 에세이들The Great Experiment: Essays in Hope』, 조지프 휠런Joseph P. Whelan 편찬(New York, 1971), 219 참조.

68) 에리히 프롬, 『희망혁명The Revolution of Hope』(New York, 1968), 13.

69) 프레드릭 제임슨, 『마르크스주의와 형식』, 155.

70) 루트비히 포여바흐, 『기독교의 본질The Essence of Christianity』(New York, 1957), 236.

71) 에리히 프롬은 희망을 가리켜 "신앙에 수반되는 기분"이라고 쓸 때 신앙과 희망의 관계를 충분히 파악하지 못한다. 『희망혁명』 15 참조.

72) 레이먼드 윌리엄스, 『1780~1950년의 문화와 사회』(Harmondsworth, 1985), 320.

73) 카를 라너, 「희망신학론」, 257

74) 앞 논문, 258

75) 몰트만, 『희망신학』, 22.

76) 존 맥쿼리, 『기독교 희망Christian Hope』(London, 1978), 27. 희망신학에 관한 유용하고 포괄적인 연구 결과는 브라질의 신학자 겸 철학자 후벰 아세베두 알베스Rubem Azevedo Alves(1933~2014)의 『인간 희망신학A Theology of Human Hope』(St. Meinrad, Ind., 1972) 참조.

77) 불트만과 렝스토르프의 『희망』에서 재인용.

78) 키르케고르, 『죽음에 이르는 병The Sickness unto Death』(Harmondsworth, 1989), 92.

79) 가브리엘 마르셀, 『존재와 소유Being and Having』(New York, 1965), 91.

80) 조지프 고드프리Joseph J. Godfrey, 『인간희망철학A Philosophy of Humana Hope』(Dordrecht, 1987), 3, 34.

81) 존 그레이, 『일회용 가짜제물들Straw Dogs』(London, 2002), 151.【이 책의 제목은 중국 춘추시대 철학자 노자老子(서기전604경~531경)의 『도덕경道德經』제5장에 나오는 '제물로 한 번 사용되고 버려지는 짚으로 만들어진 개'를 지칭하는 '추구芻狗'에서 차용된 것으로 알려졌다. 추구는 한국에서 '음력 1월 14일 저녁에 액막이용으로 길가에 버려지는 짚으로 만들어진 인형'인 '제웅'에 비견된다. 한국에서 이 책은 『하찮은 인간 호모 라피엔스』라는 제목으로 소개되었다.-역자】

82) J. P. 데이, 「희망」, 98-99.

83) 키르케고르, 앞 책, 48.

84) 이런 선의 존재조건에 관한 더 구체적인 논의는 테리 이글턴의 『악惡On Evil』(New Haven, 2010) 참조.

85) 키르케고르, 앞 책, 105.

86) 앞 책, 88.

87) 앞 책, 64.

88) 예컨대, 버나드 다웬하워Bernard Dauenhauer, 「희망과 정치Hope and Politics」, 《필로소피 투데이 Philosophy Today》 30(Summer, 1986): 93.

89) 콩도르세, 『인간정신진보를 역사적으로 묘사하는 데 필요한 밑그림Sketch for a Historical Picture of the Progress of th Human Mind』(London, 1955), 173 참조.

90) 알랭 바디우, 『사도 바울』, 15.

91) 장-뤽 낭시, 『예배: 기독교의 해체Adoration: The Destruction of Christianity』 II(New York, 2013), 88.

92) 발타자르, 『우리는 '모든 인간이 구원되기'를 감히 희망하는가?』, 87에서 재인용.

93) 폴 리쾨르, 「희망과 '철학체계들의 구조'」, 64.

94) 니컬러스 래쉬, 『희망의 문제: 카를 마르크스의 사상에 관한 어느 신학자의 고찰들A Matter of Hope: A Theologian's Reflections on the Thought of Karl Marx』(Notre Dame, Ind., 1982), 62.

95) 찰스 샌더스 퍼스, 『논문집Collected Papers』(Cambridge, Mass., 1965), 357.

96) 불트만과 렝스토르프, 『희망』, 13.

97) 토마스 아퀴나스, 『신학대전』, vol. 33, 161. 이 해설자의 이름은 밝혀지지 않았다. 아퀴나스의 희망론에 관한 학술적 해설은 월터 콘런Walter M. Conlon, OP, 「희망의 확실성(제1부)The Certitude of Hope(Part I)」, 《더 토미스트The Thomist》10, no. 1(January 1947).

98) 쉐이드, 『희망습관들』, 70.

99) 어윈 제임스Erwin James, 《가디언Guardian》(Manchester), July 8, 2013.

100) 키케로, 『훌륭한 인생On the Good Life』(London, 1971), 61.

101) 세네카, 『도덕에 관한 에세이들Moral Essays』(Cambridge, Mass., 2006), 2:215.

102) 쇼펜하우어, 『세계는 의지이고 표상이다The World as Will and Representation』(New York, 1969), 1:87.【한국에서 이 저서의 제목은 여태껏 『의지와 표상으로서의 세계』로 번역되어왔다.-역자】

3장 희망철학자

1) 위르겐 하버마스, 「에른스트 블로흐 ─ 마르크스주의적 낭만주의자Ernst Bloch ─ A Marxist Romantic」, 《잘마군디Salmagundi》, nos. 10-11(Fall 1969-Winter 1970): 316(교정된 번역).

2) 에른스트 블로흐, 『희망원칙』, 네빌 플레이스Neville Plaice와 스티븐 플레이스Stephen Plaice와 폴 나이트Paul Knight가 영역, 3 vols.(Cambridge, Mass., 1955), 1:303(이 영어판은 블로흐의 산문을 딱딱한 것으로 인식되게 만든 책임을 얼마간 짊어져야 한다.)

3) 데이빗 밀러David Miller, 「마르크스주의 시학A Marxist Poetics」, 『희망의 사유화私有化: 에른스트 블로흐와 '유토피아의 미래'The Privatization of Hope: Ernst Bloch and the Future of Utopia』, 피터 톰슨Peter

Thomson과 슬라보예 지젝 편찬(Durham, N.C., 2013), 204에서 재인용.

4) 빈센트 거히건Vincent Geoghegan, 『에른스트 블로흐Ernst Bloch』(London, 1996), 4. 블로흐의 스탈린 주의는 오스카 넥트Oskar Negt의 「에른스트 블로흐 — 10월 혁명의 독일철학자Ernst Bloch — The German Philosopher of the October Revolution」,《뉴 저먼 크리틱New German Critic》, no. 4(Winter 1975) 와 얀 로버트 블로흐Jan Robert Bloch(1937~2010)의 「직립보행하면서 허리 숙여 인사하는 자들을 우리가 어찌 이해하겠는가?How Can We Understand the Bends in the Upright Gait?」,《뉴 저먼 크리틱》, no. 35(Fall 1988)을 참조.

5) 하버마스, 앞 논문, 322.

6) 페리 앤더슨, 『서구 마르크스주의에 관한 고찰들Considerations on Western Marxism』(London, 1976), 제1장.

7) 하버마스, 앞 논문, 319-320.【피타고라스Pythagoras(서기전580경~490)는 고대 그리스 이오니아Ionia의 수학자 겸 철학자이고, 카발라Cabbalah(=Kabbalah)는 유태교 신비주의사상들 및 비밀의례들의 총칭이다.-역자】

8) 레셰크 코와콥스키, 『마르크스주의의 주류계열主流系列들, 제2권: 분석Main Currents of Marxism, vol. 2: The Breakdown』(Oxford, 1978), 421.

9) 더글러스 켈너Douglas Kellner와 해리 오하라Harry O'Hara, 「에른스트 블로흐의 유토피아와 마르크스주의Utopia and Marxism in Ernst Bloch」,《뉴 저먼 크리틱》, no. 9(Fall 1976): 16.

10) 정치철학자 로널드 애런슨Ronald Aronson도 이런 의문을 낳는 견해에 동감한다. 거히건, 『에른스트 블로흐』, 45 참조.

11) 블로흐, 『희망원칙』, 1:198.

12) 앞 책, 1:336.

13) 앞 책, 1:238.

14) 앞 책, 1:196.

15) 웨인 허드슨, 『에른스트 블로흐의 마르크스주의철학The Marxist Philosophy of Ernst Bloch』(London, 1982), 95.

16) 앞 책, 157.

17) 이런 의미에서 토머스 하디의 탐구는 비록 간과되어왔어도 매우 독창적인 것이다. 로이 모렐Roy Morrell, 『토머스 하디: 의지와 길Thomas Hardy: The Will and the Way』(Kuala Lumpur, 1965) 참조.

18) 블로흐, 앞 책, 1:235.

19) 테리 이글턴, 『악』, 제2장 참조.

20) 이 문제는 릭비S. H. Rigby, 『마르크스주의와 역사Marxism and History』(Manchester, 1987)에서 충분히 논의된다.

21) 프레드릭 제임슨, 『마르크스주의와 형식』, 133. 여기서 제임슨이 블로흐에게 동의하는지 아니면 다른 의도를 블로흐에 빗대서 말하는 일종의 복화술을 구사하는지 여부는 불확실할지라도 블로흐의 저서에 대한 제임슨의 견해는 아주 놀라우리만치 무비판적인 것이라는 사실은 주목될 만하다.

22) 하버마스, 앞 논문, 312.

23) 제임슨, 앞 책, 41.

24) 블로흐, 앞 책, 1:285.

25) 코와콥스키, 앞 책, 446.

26) 톰 모일런Tom Moylan은 블로흐의 사상에 내재된 '역사시간의 직선적 개념과 비非직선적 개념을 상충시키는 모순'을 「블로흐를 반대하는 블로흐: 『희망원칙』이 신학계에서 수용되는 방식과 '유토피아 기능의 해방'Bloch against Bloch: The Theological Reception of 『Das Prinzip Hoffnung』 and the Liberation of the Utopian Function」, 『미완: 에른스트 블로흐 재고찰Not Yet: Reconsidering Ernst Bloch』, 제이미 오웬 대니얼Jamie Owen Daniel과 톰 모일런 공편(London, 1997)에서 탐구한다. 이 유익한 에세이집이 거장[=블로흐]에 대한 단일하고 중요한 비판을 거의 유발하지 못한다는 사실은 주목될 만하다. 최근에 톰슨과 지젝이 편찬한 블로흐에 관한 또 다른 에세이집 『희망의 사유화』도 역시 그런 비판을 유발하

지 못한다.

27) 블로흐, 앞 책, 1:3.

28) 앞 책, 3:1358.

29) 앞 책, 3:311.

30) 앞 책, 3:312.

31) 앞 책, 3:309.

32) 앞 책. 【이 인용문에 언급된 '펠로폰네소스Peloponnesos 전쟁'은 고대 그리스에서 서기전431~404년에 아테네를 중심으로 결성된 델로스Delos 동맹과 스파르타를 중심으로 결성된 펠로폰네소스 동맹이 벌인 전쟁이고, '30년 전쟁Thirty Years' War'은 중부유럽에서 1618~1648년에 연발한 잔혹한 전쟁들의 총칭이며, '네로Nero(37~68)'는 역사상 폭군으로 유명한 로마의 황제이다.-역자】

33) 앞 책, 1:1173.

34) 앞 책, 3:1182.

35) 앞 책, 1:288.

36) 앞 책, 3:1192.

4장 희망에 대항하는 희망

1) 조너선 리어, 『급진적 희망』(Cambridge, Mass., 2006), 92.

2) 앞 책, 97.

3) 앞 책, 2.

4) 앞 책, 83.

5) 앞 책, 101.

6) 스탠리 커벨, 『셰익스피어의 희곡 일곱 편에서 자책하지 않는 지식Disowning Knowledge in Seven Plays of Shakespeare』(Cambridge, 2003), 112.

7) 캉탱 메야수, 『유한성有限性 이후After Finitude』(London, 2008) 참조.

8) 그레이엄 하먼Graham Harmon, 『캉탱 메야수: 형성되는 철학Quentin Meillassoux: Philosophy in the Making』(Edinburgh, 2011), 121에서 재인용.

9) 월터 스타인, 『대화對話 같은 비평Criticism as Dialogue』(Cambridge, 1969), 144.

10) 베르톨트 베르히트, 『놋쇠구매흥정용 대화들The Messingkauf Dialogues』, 존 윌렛John Willett 영역 (London, 1965), 83.

11) 레이먼드 윌리엄스, 『현대비극』, 176에서 재인용.

12) 미카엘 뢰비, 『화재경보: 발터 벤야민의 「역사개념론」』, 83에서 재인용.

13) 맬컴 불, 『반反-니체Anti-Nietzsche』(London, 2009), 123.

14) 파울 첼란, 『산문집collected Prose』(Manchester, 1986), 34.

15) 니체, 『니체 저작선집The Portable Nietzsche』, 월터 카우프만Walter Kaufmann(New York, 1982), 125.

16) 키르케고르, 앞 책, 56.

17) 앞 책, 60.

18) 앞 책, 74.

19) 앞 책, 91.

20) 앞 책, 70.

21) 빅토르 프랑클, 『인간의 의미탐구』, 71.

22) 아우구스티누스, 『신앙, 희망, 사랑에 관한 지침서』, 8. 아우구스티누스가 자신이 "선善"으로 간주하는 것이 바로 "희망을 품은 남자나 여자가 소망하는 것"인지 여부를 당연하게도 맨 먼저 따져보았다는 것은 사실이다.

23) 슬라보예 지젝, 『종말시대에 살아가기』(London, 2010), xiv-xv.

24) 페터 손디, 『비극적인 것들에 관한 에세이*A Essay on the Tragic*』(Stanford, 2002), 8에서 재인용.

25) 테오도르 아도르노, 『최소도덕론*Minima Moralia*』(London, 1974), 227.

26) 피터 톰슨과 슬라보예 지젝, 『희망의 사유화』, 91에서 재인용.

27) 알베르토 토스카노Alberto Toscano, 『광신狂信*Fanaticism*』(London, 2010), 244에서 재인용.

28) 허버트 맥케이브, 『희망Hope』(London, 1987), 15.

29) 레이먼드 윌리엄스, 『현대주의 정치』, 104.

30) 스티븐 핑커, 『우리의 본성에 내재된 더 착한 천사들』, 제2장 참조. 여기서 내가 언급하는 역사적 사건들과 관련된 통계기록들의 출처는 핑커의 저서이다.

31) 에릭 에릭슨, 『통찰과 책임』, 118.

찾아보기

낙관하지 않는 희망

초판 1쇄 | 2016년 5월 20일

지은이 | 테리 이글턴
옮긴이 | 김성균
편 집 | 강완구
디자인 | 임나탈리야
브랜드 | 우물이 있는 집

펴낸이 | 강완구
펴낸곳 | 써네스트

출판등록 | 2005년 7월 13일 제313-2005-000149호
주 소 | 서울시 마포구 동교동 165-8 엘지팰리스 빌딩 925호
전 화 | 02-332-9384   팩 스 | 0303-0006-9384
이메일 | sunestbooks@yahoo.co.kr
ISBN 979-11-86430-18-7 (03110)   값은 표지에 표시되어 있습니다.

정성을 다해 만들었습니다만, 간혹 잘못된 책이 있습니다. 연락주시면 바꾸어 드리겠습니다.

이 도서의 국립중앙도서관 출판사도서목록(CIP)은 서지정보유통지원시스템 홈페이지
(http://seoji.nl.go.kr)와 국가자료공동목록시스템 (http://www.nl.go.kr/kolisnet)에서
이용하실 수 있습니다. (CIP제어번호 : CIP2016011297)